儒学的返本开新

——深圳学人·南书房夜话第一季

张骁儒　主编

中国社会科学出版社

图书在版编目（CIP）数据

儒学的返本开新：深圳学人·南书房夜话第一季 / 张骁儒主编. —北京：
中国社会科学出版社，2016. 2
ISBN 978-7-5161-7574-3

Ⅰ.①儒… Ⅱ.①张… Ⅲ.①儒学—文集 Ⅳ.①B222.05-53

中国版本图书馆 CIP 数据核字（2016）第 017567 号

出 版 人　赵剑英
责任编辑　王　茵
特约编辑　马　明
责任校对　英岁香
责任印制　王　超

出　　版　中国社会科学出版社
社　　址　北京鼓楼西大街甲 158 号
邮　　编　100720
网　　址　http://www.csspw.cn
发 行 部　010-84083685
门 市 部　010-84029450
经　　销　新华书店及其他书店

印　　刷　北京君升印刷有限公司
装　　订　廊坊市广阳区广增装订厂
版　　次　2016 年 2 月第 1 版
印　　次　2016 年 2 月第 1 次印刷

开　　本　710×1000　1/16
印　　张　17.75
插　　页　2
字　　数　282 千字
定　　价　66.00 元

编　委　会

文化的返本终究是为了开新

——南书房夜话之儒学系列综述
（代序）

王绍培

2014 年 11 月 8 日，在读书月浓厚的文化氛围中，深圳"南书房夜话"开始了第一讲"为什么是儒家"。2015 年 4 月 25 日，举行最后一讲"儒学的海外发展"。半年期间，共举办 10 场活动，内容涉及儒学的诸多大问题。十期活动下来，绽放许多美丽的思想花朵，这里撷取一二，以飨大家。

◇南书房夜话缘起

深圳图书馆位居深圳市中心地段。南书房则为深圳图书馆下属的一处供深圳市民举行文化学术活动的公共场所。2014 年，该馆负责人和深圳市社科院领导等就一直筹划如何更好地利用这个场所，做一点有助于丰富和提升深圳市民文化生活的实事。经过与诸多文化人士的反复商量，终于决定在这个场所，以"南书房夜话"之名，举行传统文化系列谈，而第一阶段就专门谈儒学。

2014 年 11 月 8 日，在读书月浓厚的文化氛围中，开始了第一讲"为什么是儒家"。2015 年 4 月 25 日，举行最后一讲"儒学在海外的发展"。半年期间，共举办 10 场活动，内容涉及儒学的诸多大问题。邀请来参与座谈的学者，则包括著名儒家学者秋风先生，文化学者艺衡先生和胡野秋先生，深圳社科院学者黄发玉先生和方映灵女士，央视百家讲坛嘉宾韩望喜博士，深圳大学教授景海峰、王兴国、王立新，香港中文大学教授黄勇等。每次活动过程，听众踊跃参与提问互动。谈话的文字记录经过媒体发表，产生了一定的影响。

之所以选择传统文化作为话题，原因之一是深圳乃是一个文化先锋之城，也是经济富庶之地。凡经济富庶之地都会成为人文渊薮，但是，这个人文渊薮的构成如何，则跟我们的选择有关。拥抱接纳现代文明不仅是时代潮流，也是理性决定。另外，传统文化是不是应该有一席之地？深圳对此的回答是肯定而且坚定的。事实上，最近几年，深圳有识之士就曾经将儒家的传统价值"仁义礼智信"提炼锻造，赋予其既有时代气息又有普适意味的蕴涵，以交响乐的方式进行文化推广与价值输出，产生了良好的回响。至于在民间社会，各种国学课堂和国学讲座，春风化雨，早就将儒学的点点滴滴洒向鹏城大地，深圳市民跟儒家文化以及传统文化，其实"不隔"。因此，在深圳谈儒学是有基础、有铺垫的。

而从更宏观的层面来看，现代文明经过数百年的发展，自身的问题越来越多，面对的挑战越来越严峻，亟须从各种传统文明中获得启示和帮助。中外学人亦深深认识到，儒学作为华夏文明的源头活水，具有很多返本开新的可能性。

◇精彩观点荟萃

儒家学者秋风认为，儒家有一个特别伟大的地方，那就是具有非常开阔的心胸，从一开始就保持着开放性。在中国，儒家虽是主流教化机制，但其他的学派、其他的价值、其他的宗教都可以在中国广泛传播。用一句话来概括中国文化的这幅图景："一个文教，多种宗教"，我们也可以说，"多种学说和多种价值并存"。我们有一个主体，但这个主体本身凝聚了多元的力量，因而，中国始终保持了多样性。秋风强调，中国文化在孔子以后2000多年中，一直保持了凝聚力，而又有多样性。所以，我们可以说，中国就是和平的世界秩序之雏形。

香港中文大学访问学者韩望喜认为，中国文化的价值或作为中国文化主流的儒家价值，不仅是中国的价值，也不仅是东亚的价值，应该是世界伦理的价值。如果儒家文化所倡导的"仁义礼智信"能够作为世界伦理价值很重要的一部分来确立的话，才可以谈到是儒学的复兴或者中国文化的复兴。东西方在爱的观念上的表达方式有所不同，但是正如朱子说的，"仁之发处便是爱"，博爱之谓仁，这是第一。在这点上，东西方是可以沟通的。第二是"和而不同"。君子和而不同。各种文化应当相互尊重，相互包容，相互聆听，相互欣赏，各美其美，美美与共。文化的尊重和保护，这也是教科文组织的宗旨。第三是"大同之世"，这和世界的价值观是一样的，大同是"大道之行也，天下为公，人不独亲其亲，不独子其子"，这是人类的理想。

在谈及儒家是一种怎样的人文主义时，景海峰教授指出，在《周易》中，天文和人文是一个对应的观念，就是天地与人，也就是自然和人类自身，从知识形态来讲即我们今天所说的"自然科学"和"人文科学"这两个不同的部类。这个"人文化成天下"的观念，也成为现在理解的所谓儒家人文精神的一个原点，今天一般讲儒家的人文精神大多都是从《周易》的这个思想开始的。"观乎人文，以化成天下"是从人的存在来理解天地的变化，掌握自然之序，达到天下之治，和畅社会的运行，亦如自然中四季有交替、有时令序节，人类社会也有它的规律、有可行合理的治道。另外，孟子"民贵君轻"学说，按照今天的理解，可能与西方所谓的"人本"意思比较接近，它重视的是人文的发挥，重视的是社会普遍的意愿。在中国传统文化里面，有对人重视的一面。它不是以神为本，不是拜服在天地自然和神灵的脚下，而是强调人的主体性，人可以自作主宰，因为人是天地万物之中最为特殊的存在。这大概就是我们一般理解的儒家人文主义。

在论及儒家文化的普适性时，深圳社科院的黄发玉研究员认为，在一定条件下我们的儒家思想具有普适价值。儒家探究了人类的一些最基本的问题，不管是现在、过去，还是将来，不管是国内，还是国外，这些最基本的问题就是人类面临的共同问题。比如说，如何处理好人与人之间的关系，采取什么样的准则、什么标准、什么行为模式，这是儒家所探究的。我们可以得出这样一个结论，儒家的思想有普适价值、有普适意义，其他民族的核心思想也在一定程度上具有普遍意义。

在论及儒家是不是宗教时，王兴国先生认为，儒学是宗教。因为，首先，我们今天讲宗教与30年前讲宗教是不一样的，30年前，宗教是一个贬义词，有点像是封建迷信，今天讲宗教是一种文明、一种文化，今天的语境已经发生了变化。其次，在很多学者眼里，东亚文明圈就叫儒教文明圈。再次，从儒学本身的内在规定性来看，它有它的超越性，超越性是一个宗教的比较核心的本质特征。复次，从历史上看，儒学曾经就是作为一种国教、一种宗教存在的，比如有很多地方有孔庙，在很多重要的场合需要祭拜孔子。最后，王兴国教授认为从面向未来的角度说儒学也应该是一种宗教，华人和很多文明在一起的时候，需要用儒学作为自己的宗教信仰。

王立新先生则认为儒学不是宗教。首先从产生的角度来讲，儒家就是为了解决现实生活的问题，解决政治的不良的东西，从一产生就是一个标准的人间性的东西。从儒家的性格来讲，我们也可以叫儒学，也可以叫儒教，不管你怎么叫，"儒"的性格都不具有强烈的宗教的排他性，在中国历史上，儒家没有为了保护儒教发生过一次战争，儒学不具有强烈的排他性，所以这是儒家的性格。从功能方面来讲，儒学所发生的功能是劝人为善，但是都是现世的，儒家说成为君子现世就可以达到，当下你就可以成为君子，这是从功能上讲的，儒学的功能就是救世、就是济民的，这都是实在的事。

◎返本是为了开新

艺衡先生则不仅理论上颇具洞见，而且长期在实践的层面上致力于深耕文化深圳。在论及儒家的核心价值时，艺衡先生认为，儒家的根本就是告诉我们怎么做事，儒学的核心就是教我们怎么做人。所谓"以人为本"，人又应该以什么为本？就是以"仁义礼智信"为本。这五个字加起来就是一个大写的人。"仁义礼智信"，缺一不可，缺了任何一个方面，这个人就不健全。当然，儒家文化一定有自己的缺点，这些缺点在民族发展道路上也给我们制造了遗憾，甚至过失和错误。儒学到底是什么？外国学者有很多评论，站在今天的角度，我们应该有自己的答案，因为时代的不同，他一直主张对任何伟大的学说都应该返本开新，就是返回到它本来的东西，再观察它，给它一个新的主张。

必须指出，艺衡先生的观点代表了深圳学人研究的较高成就。它比较客观公允，既看到了儒学的长处，又发现了儒家的不足；它既能够随时返本，但又非常明白，返本的目的是为了开新。这种清醒的、不偏不倚的态度是极为可贵的。

目　录

深圳学人·南书房夜话第一期：
为什么是儒学？

——21 世纪中国文化的复兴

韩望喜　姚中秋　魏甫华　王绍培（兼主持）
（2014 年 11 月 8 日　19：00—21：00）

王绍培：

　　大家晚上好！南书房夜话，今天是处女秀。南书房夜话是一个"旨在发现学术人物，发掘思想资源，发挥文化影响"的一个公共平台，我想了一句暂时还没有得到同意的广告语：聆听温润声音。这里有两个关键词，一个是聆听，一个是温润。聆听强调的是"听德"，我们很多人、很多时候都急于表达，不愿意也没有耐心去听人家讲了什么，所以"听德"非常重要，没有理解，就没有对话、没有交流。还有一个关键词，所谓"温润的声音"，我们这代人，在我们的成长环境中，充满了咄咄逼人的斗争性，所谓"与天斗、与地斗、与人斗，其乐无穷"。我们的声音里面，我们的表述里面，包括我们的文章里面，缺乏"温润"这种君子风范，所以，非常值得我们来提倡。今天的这个活动是在深圳图书馆的南书房举行，我们首先有请图书馆馆长张岩博士讲话。

　　张岩：各位晚上好！今天非常高兴，也非常荣幸。各位高朋雅士的到来，令南书房蓬荜生辉。儒学家姚中秋先生、哲学博士韩望喜先生、深圳市社科院文化研究所的魏甫华先生以及深圳的资深媒体人王绍培先生，将为我们带来首场对话。市委常委、宣传部部长王京生（艺衡）先生、市社科院张骁儒院长、王为理副院长、《深圳商报·文化广场》主编张清先生也拨冗来到现场。

　　2013 年 11 月深圳读书月期间，南书房正式开放。2014 年

"4·23"，我们联合专业机构、人士研究发布了首批"南书房家庭经典阅读书目"。南书房是深圳图书馆精选文史哲经典好书集中呈现给读者的经典阅览空间，也是倡导经典阅读、深阅读、慢阅读的公共文化空间。今天，我们又启动了"南书房夜话"，希望立足于深圳文化土壤，搭建思想平台，推动深圳学术与市民公众的交流，推动深圳学人在一些重大的文化课题上提出见解，也就是"全球视野，民族立场，时代精神，深圳表达"。

"南书房夜话"曾是深圳学人的一个梦想。今天在座的有很多是市民听众。大家可能知道半个多世纪前的"燕山夜话"，那是著名历史学家邓拓先生当年在《北京晚报》连载的一个专栏，发表杂文、评论，后结集出版，大大开阔了当时读者的文化视野。在中国学术文化的轴心期，战国时期齐国的官办高等学府"稷下学宫"，成为百家争鸣的重要场所，有力地促成了诸子百家的形成。只有在学术交流充分、平台空间开放的环境中，思想观点和学术流派才有望诞生。这也是我们对"南书房夜话"和深圳学术寄予的期待。在夜话筹备过程中，得到了深圳社科院和相关各级领导、部门的大力支持。在此，借这个机会，向给予我们各方面帮助与支持的领导、专家、学者表示深深的感谢！

王绍培：

现在进入我们今天的话题，"为什么是儒学？"我们都知道，早在"五四"时期，在"打倒孔家店"口号喊得最响亮的时候，就有人致力于恢复和保存中国的传统文化，比如说梁漱溟先生。还有国外著名的历史学家汤因比，很早就断言未来的世纪有可能会是中国的世纪，是中国文化兴盛于全世界的一个世纪。现在我们国家最高领导人也一再强调要注重传统文化，发扬传统文化。所有这些，是我们今天晚上谈话的一个比较宏大的背景。还有一个比较具体的背景是，杜维明先生最近出了一本书，叫《二十一世纪的儒学》。这本书对于21世纪儒家的未来，它可能遭到的问题，它的可能性，它的必要性，它的价值理念进行了比较全面的阐述。我们今天就以此书作为切入点来谈一谈，为什么是儒学？为什么在今天我们要优先选择儒学？

我们首先有请北京航空航天大学的教授、天则经济研究所的所长姚中秋，他的笔名可能要比他的本人更加出名，那就是秋风，著名的秋风先生，先做一个主题发言。

姚中秋：谢谢绍培！谢谢各位朋友！今天非常荣幸能够参加南书房夜话的处女秀。

今天的题目我非常感兴趣。为什么是儒学？刚才吃饭的时候，跟张馆长一起，谈到了南书房夜话的安排，未来的 5 个月会围绕儒学的话题来展开，包括这次，会有 10 次谈儒学。我想，这就是当下中国正在发生大变化的象征，那就是，儒学正在神州大地复兴，在我们南国的深圳，儒学以夜话的形式、以轻松活泼的形式，如此系统地，如此高端地，又如此接地气地展开，我觉得，这本身就是一个非常重要的、有象征意义的事件，由此就引出一个问题，为什么儒学在今天的中国复兴呢？下面简单讲讲我对这个问题的看法。

有些朋友知道，这些年，我在全国各地通过各种各样的方式来弘扬儒家的价值，经常会碰到一个问题，我讲儒学如何如何好，我们为什么要复兴儒学，评论的嘉宾或是台下的听众朋友总会问一个问题：你为什么看重儒学？你为什么要花那么大力气去复兴儒家？中国文化博大精深，我们有儒家，也有诸子百家，还有现代的各种各样的观念、价值，甚至精深的宗教，为什么你花那么大工夫去复兴儒学？

这个问题，我一直在思考，今天我想把自己关于这个问题的一些思考，跟大家交流一下。为什么是儒家？要回答这个问题，我想，我们需要回到孔子，需要理解孔子和中国文化的关系。在这个基础上，我们自然可以很好地理解儒学或是儒家与中国文明的关系。

孔子，我想大家都知道，但是，孔子究竟和我们中国文化是什么关系？可能大多数的朋友会说，孔子是儒学的创建者。当然，也有些朋友会说，孔子是教育家。不过，大多数人还是会讲，孔子是儒学的创建者。

我是这样想的，如果孔子仅仅是儒学的创建者，那他在我们中国文明中、在我们中国文化中的地位，就不会像现在这样高，因为诸子百家中，墨子创建了墨家，还有管子、商鞅这些人也都自成一家，为什么他们的地位比孔子低？这不是我自己得出的结论，过去 2000 多年中国人和外国人都这样认为，孔子的地位比诸子百家高。那么各位，孔子的地位为什么比他们高呢？如果我们可以回答这个问题，就可以理解为什么儒学在中国更重要。

想必大家都知道"六经"，诗、书、礼、乐、易、春秋。那么，六经是什么书？六经记载了孔子之前的中国文明的轨迹，需要强调的是，它记载的是孔子之前，即尧舜禹汤、文武周公这些圣王的言行事迹，以及他们所创建的制度。简而言之，六经记载的就是中国人在孔子之前所走过的那段路，所以我们说，中国之道在六经中。我们中国人是什么样的人，我们中国文明有哪些特质，我们中国人的治理之道是什么，我们中国人的道德观和价值观是什么，原原本本地记载在六经中。我们老祖宗从自觉的中国文明创始之初，就奠定了一些规模，其中有道。我们现在长大了，但我们是从小时候长起来的，圣贤走过的路，就是我们今天要走的路的起点。道是一贯的，道就在六经中。而六经是孔子删定的。

孔子在这些圣王创立的制度开始面临危机的时候，也即在所谓的礼崩乐坏的时代，把记录着圣王之言、行、制度的文献予以收集整理，编订为六部书，这就是六经。其实，不完全是书，还有很多是礼乐，礼乐是需要演习的。总之，在中国古典文明正在崩溃之际，孔子总结了中国古典文明，记下了我们中国人在最初一两千年所做的事情，由此呈现了我们中国人最基本的形象。在我看来，这就是孔子最伟大的意义所在。其实，孔子只是一介平民，他就是一位普通的好学之士，出生在很一般的家庭，但他有好学之心，他自己广泛搜集整理古典文献，而删述成为六经，中国之道就在其中了。

孔子对中国文明最为重大的贡献，就在这里。孔子的意义是"承上启下"，这就是孔子为什么要比其他各家创始人地位都要高的原因所在，因为，孔子通过编订六经告诉我们，中国是什么，中国人是什么样的。今天，我们打开六经，虽然它记载的事情发生在几千年前，但我们明明白白感受到，我们跟他们是"同呼吸、共命运"的，我们是同一群人，他们是我们的祖先，我们跟他们血脉相连。大家注意到习近平主席最近讲"唯政以德，德主刑辅"，这些是六经里的原话。几千年的话在今天，仍然是活生生有效的。

孔子的伟大意义就在于此，首先也在于此。孔子因此而成为我们文明的圣人，虽然他是一介平民，但他保存了我们的文明。没有孔子，我们恐怕没有办法知道，四千年前、三千年前的祖先们是如何思考的，创立了哪些伟大的制度。世界上大多数民族对于自己如此遥远的历史，没有清晰的记忆，只有一堆不靠谱的神话。而我们有，这是可靠的历史记载，因为我们有孔子。孔子是中国文明的大圣人。

孔子在向弟子传授六经的过程中，有自己的一些看法，比如在《论语》中就可以看到孔子对古人的很多评论，在《礼记》中也可以看到他关于三代的更多论述。孔子的这些论述就构成了我所讲的狭义的儒家，这个儒家跟诸子百家差不多在一个层次上，这个意义上的儒家可以与墨、道、法各家相提并论。

但是，孔子同时把六经和他自己的儒家思想传授给了弟子，所以，儒生与其他各家的信徒相比，有一个明显的优势，就是他们除了掌握孔子教给他们的儒家的具体看法之外，还掌握了另外一套知识体系，那就是我们中国古代最完整的一套知识体系——六经之学，也就是经学。

因此，关于儒家，我认为有一个大儒家和一个小儒家。大儒家是什么？它是包括六经之学的，既包括经学，也包括狭义的儒家。小儒家就是和道家、法家、墨家并列的。

这就是儒家在中国历史上之所以具有特殊地位的原因，这里的儒家，应当是大儒家。所以在中国历史上，我们会反复看到尊儒的大趋势，实际上是尊六经。比如说，汉武帝发动了一场影响深远的文化政治运动，其核心就是尊五经，他在政府中设立五经博士之位，要成为官员，必须学经学。

今天，我们复兴儒家的重点，仍然是回到中国的经典，回到诗、书、礼、乐、易、春秋。我们必须从这些经典出发来理解我们自己，理解中国，理解中国的治理之道。所以，我们要复兴中国文化，重点是复兴这个大儒家，尤其以六经中的中国之道为根本。

当然，我要补充一点，中国文化有一个特别伟大的地方，也可以说是儒家特别伟大的地方、孔子特别伟大的地方，那就是，有非常开阔的心胸，中国文化从一开始就保持开放性。今天，关于中国历史，知识分子有很多误解，比如讲汉武帝"独尊儒术"。其实，"独尊儒术"这个说法是后人强加的，而不是汉武帝说的。那个时候，儒家确实得到政府的重视，但要注意一点，政府从来没有为了尊儒家，而打击道家、打击墨家、打击法家，大家可以去看史籍，从来没有过。只不过是，政府在任用官员的时候，主要考核学习儒家经典的成绩，而不考核是不是掌握了法家思想，也不考核是不是掌握了道家思想。至于你自己要研究道家，自己要学习墨家，悉听尊便。

这就是中国文化特别伟大的地方。我们有一个主干，我们中国人怎么做人，我们中国社会如何治理，我们自己有一套主干性的想法。但是，我们给其他各种各样的想法，包括外来的宗教，都留出充分的发展空间。大家都知道，世界上最重要的宗教在中国都有广泛的传播，最有名的是佛教。佛教是从尼泊尔传到中国的。隋唐以来，中国人的基本价值观念中，多多少少都有佛教的因素。在很多其他文明，甚至西方文明中，也很难做到，我自己有一套主流的宗教信仰，允许其他宗教广泛传播。可是在中国，儒家虽然是一套主要的教化机制，但其他的学派、其他的价值、其他的宗教都可以广泛地传播。

我用了一个命题来概括我们中国文化的这幅图景，就是"一个文教，多种宗教"，也可以说"多种学说和多种价值并存"，或者可以用费孝通先生形容中华民族格局的一句话，叫"一体而多元"。我们有一个主体，但这个主体本身凝聚了多元的力量，当然也可以用中国人最熟悉的一个词来形容它，"和而不同"。我们要和，要协调，要共同相处，要和平相处，不去打架，不去发动宗教战争。靠什么？靠的就是儒家给大家提供的一套共同的底线性质的价值，就像杜维明先生在他的书里面讲的，提供一个普遍的公民伦理，在这个基础上，你爱信什么神、爱信什么价值观，随便。

所以，中国文化在过去2000多年中始终有文化的凝聚力，又有多样性。这样的中国就是和平的世界秩序的雏形。基于这样一个图景，我们复兴儒家什么东西？

第一，复兴中国人的基本价值，复兴中国人的生活方式，复兴中国的社会治理之道。为什么要复兴这个，因为我们就是中国人，我们不是美国人、不是日本人，也不是俄罗斯人。儒家所守护的那些价值，儒家所阐明的社会治理之道，最切合于我们中国人。

第二，复兴儒家绝不是要排斥其他的价值、其他的宗教。恰恰相反，通过复兴儒家，能够包容多样性，因为它可以给多样性提供一个共同的底座，提供一个框架，提供一个大家对话的共同话语体系，提供一个共同的底线价值，比如温良恭俭让，不管你持有什么样的意识形态，持有什么样的价值观，你信什么样的神，咱们在一起要温良恭俭让，你不能是因为我们信的神不一样就发动战争，或者因为我们的学术观点不同就打架。儒家复兴会带来中国文化的繁荣，而不会像很多人担心的"独尊儒家"，更不会导致文化萧条。中国过去2000多年的经验反复证明了这一点。比如说宋朝，儒家地位是比较高的，而宋朝的文化是异常繁荣的，市民文化就是在宋朝的时候开始兴旺发达起来的。

因此，复兴儒家是中华文化复兴的基础，而复兴儒家会给中国文化的复兴注入新的活力，这会让中国文明更加多样、更加繁荣，从而能让中国文化在整个世界文化格局中扮演更重要的角色，并且我认为这个角色一定会让世界变好，中国文化、儒家文化一定会给世界带来正能量。

王绍培：

秋风老师对为什么是儒学的回答概括起来就是两点，第一点，因为孔子本来就很伟大，孔子是中国文化的集大成者，属于给中国文化和中国人下定义的一个人，他本身就比其他诸子百家伟大一些，所以当然是儒家。第二点就是，儒家有一个特点，它特别有包容性，它不排他，这个其实在杜维明的《二十一世纪的儒学》这本书里面是强调得比较多的一个思想。杜维明强调儒家的"对话性"，我认为可以把这个对话归纳为"对话主义"，因为我们现在很多地方不是搞"对话主义"，而是一种我要战胜你的主义，孔子的儒学很早就有这样一个性格，它就是强调对话、强调包容，这就是它为什么在今天还有生命力的非常重要的原因。刚才说到我们南书房夜话，我想到一个广告语，"聆听温润的声音"，我想到这个广告语时，就想到韩博士的声音，如果听深圳的电台，就会听到一个温润的声音在讲中国的经典，那就是韩博士的声音。下面有请韩博士。

韩望喜：非常感谢，我觉得今天谈 21 世纪中国文化的复兴的话，什么是它的标志呢？如果说儒学只是我们自己在家里谈的话题，并没有得到世界学术界的反响的话，如何能谈到儒学的复兴呢？实际上我有一个梦想就是，中国文化的价值或作为中国文化主流的儒家的价值，不仅是中国的价值，也不仅是东亚的价值，应该是世界伦理的价值。如果儒家文化所倡导的"仁义礼智信"能够作为世界伦理价值很重要的一部分来确立的话，才可以谈到是儒学的复兴或者中国文化的复兴。

2013 年 9 月 21 日，"国际和平日"，我带深圳交响乐团去巴黎，在联合国教科文组织的总部演出大型儒家文化交响乐《人文颂》，当时法国古典音乐电台的主持人说，请您给我们欧洲的听众来解释一下，《人文颂》表达的是什么，你们儒家的主旨是什么。我用英文讲了二十分钟，讲了儒家的三个观念：第一个是"仁者爱人"。爱的观念，东西方表达的方式有所不同，但是正如朱子说的"仁之发处便是爱"，博爱之谓仁。在这点上，东西方是可以沟通的。第二个是"和而不同"。君子和而不同。各种文化应当相互尊重，相互包容，相互聆听，相互欣赏，各美其美，美美与共。文化的尊重和保护，这也是教科文组织的宗旨。第三个我说应该是儒家所讲的"大同之世"，这个和世界的价值观是一样的，我们讲小康与大同，大同是什么，大道之行也，天下为公，人不独亲其亲，不独子其子。这是人类的理想。不仅仅是儒家的理想，也是一切宗教、一切文化的精华。她说好了，你讲的这三点我明白了。其实万川归海，天下之水是相通的，中国文化和世界文化是可以相互聆听、可以沟通的，也是可以相互心领神会的。

说中国文化的价值和儒家的价值可以转变为普世的或是世界的伦理观念，这是有来历的。1989 年 2 月，天主教神学家汉斯昆，我们叫他孔汉思，他应教科文组织的一个会议的要求，在会上做了主题演讲。这个会议叫作"和平与世界宗教"，请了世界主要宗教的代表，犹太教、基督教、天主教、回教、佛教、印度教，同时也请了儒家的代表去参与讨论与回应。很奇怪的是，孔汉思在会上谈得最多的并不是关于信教的事情，而是关于人性、人道和人文的问题，就是说宗教其实是非常非常关注人类的现实生活的，在人文精神上面大家建立了一种精神性的感通。1993 年，孔汉思起草了《世界伦理宣言》，孔夫子的"己所不欲，勿施于人"的"恕道"一再被引用为此宣言的最重要的基石，联合国教科文组织后来还提出了"普遍伦理计划"。

真的要谈到人性和人文这块，我觉得在中国的文化里面莫过于儒家了。因为儒家在人文精神和人文价值上是谈得非常的深、非常的透的，儒家的"己所不欲，勿施于人"绝对可以作为全世界通用的普世伦理价值的一个原则和基础，这个是非常了不起的。"己所不欲，勿施于人"，是咱们儒家的宗师孔夫子说的，是放之四海而皆准的金律。如果我们谈到树立标准，就不仅是在产品上树立标准，我们如果能在哲学上树立标准，在人的行为上为世界树立标准的话，这就是中国文化的复兴，就是儒学的复兴。

谈到人文，人文里头最重要的是什么？中国文化讲心与物的关系。无论是儒家、道家、佛家，重要的不是物，或者不仅仅是物，立足点在"心"，如果抓不住这点，不能彻悟儒释道阐述的重点在哪里，就抓不住这个文化的核心，核心其实就是心。有一次，阳明大师带他的学生到禹穴去游学的时候，老师问学生："你看这里的禾苗长得如此茂盛，是什么原因呢？"学生说"是因为禾苗有根基的缘故"，大师立刻提问："禾苗的生长是因为有根基的缘故，那么请问，什么是人的根基？"人的根基是什么？人的根基就是两个字，"良知"。这个良知是什么，就是心。阳明大师说人是天地的心，这个心从哪里来？是天植的灵根，是天根植在我心中的灵明的根。有这个良知，这个世界才能生生不息，没有这个良知，这个世界就是一片黑暗。所以讲人道、讲仁心是儒家不二的法门。

孔子讲仁心、讲忠恕。"忠"是什么，"己欲立而立人，己欲达而达人"，这和《圣经》上讲的是完全一样的。现在联合国的墙上挂着一句名言，就是"你想别人怎样对待你，你就要怎么样对待别人"，就是这个，《圣经》上就是这句话。一部《圣经》最重要的就是两条诫命，第一是要尽心尽意爱主，你的神，第二要爱人如己，全部的《圣经》就是这两句话。我们全部的《论语》也可以浓缩为这两句话，孔夫子谓之"忠恕"。孔夫子讲忠恕之道，你想在这个世界站立，同时希望天下人都站立起来，你想自己在这个世界通达，同时希望天下的人都通达，这和《圣经》的话完全一样，而第二句就是普世伦理的金言，就是恕道，"己所不欲，勿施于人"，这是中国儒家文化对世界文化的贡献，是体谅人、同情人、关怀人、尊重人。孔子的学生问夫子说，夫子，你讲得太多，我记不住，如果只有一个字，能够使我行在这个世上的，那是一个什么字？夫子说一个字就是"恕"，恕，连我自己也不能完全做到，能够完全做到，那就是圣人了。这是孔子讲的。这人心到孟子那里更是不得了，发扬光大了，讲人有四肢，心有四心。哪四心？就是"仁义礼智"这四心。到了董仲舒加上"信"，讲了"仁义礼智信"，其实在孟子那里已经讲了很多的"信"，只是没有作为第五个"心"而已。

"仁义礼智信"，把人概括得非常非常全面，种种方面，你的仁爱之心，你的道义之心，你的尊重之心，你的智慧之心，还有你的信义之心，讲得非常非常清楚，其实就是一个完整的心、大写的心，有此心，便有此人，因此也是完整的人、大写的人。所以儒家文化在人文精神上传承得非常好，在人心的挖掘上也做得非常深。

还有一个最重要的是，儒家文化给人规定了非常好的生活的伦理和生活的规范，这就是"礼"，为什么这个东西可以做世界伦理的通约呢？我跟大家讲，所有宗教的诫命都分为两个部分，一个部分是关于神的，一个部分是关于人的。基督教有十诫，前几诫是关于神的，后几诫是关于人的，我讲给你们听。第一，主是唯一真神，你不可有别的神。这是关于神的。第二，你不可以拜偶像，所有的偶像都不可以拜，这是关于神的。第三，不可妄称耶和华神的名。这是关于神的。第四，必须要守安息日，就是第七日，不可以做工。这都是关于神的。到了后面的诫命都是关于人的生活的，首先当孝敬父母，直到地老天荒的那一天，这是关于人的。不可以杀人，不可以奸淫，不可以做假见证陷害人，不可以贪恋别人的房屋，不能贪恋别人的妻子、仆婢，不能贪恋别人的牛驴，并他一切所有的。这是不是关于人的？讲得何等清楚，你多少的税抽出来是要奉献给上帝的，多少是要留给人的，他讲得清清楚楚。

我们讲佛教，佛教的五戒十善，但是讲五戒十善之前，先要讲三皈依，要皈依佛法僧才可以讲到戒律，如果你不皈依佛法僧，你不必妄谈戒律，因为佛法僧是入门，你连佛都不敬你还搞什么戒律，你连法都不敬你还搞什么戒律，你连僧都不敬你还搞什么戒律，不必谈这个东西，所以它的宗教性是非常明显的。后面就是关于人的现实生活的戒律，出家或在家众的戒律。五戒是什么？不杀生，不偷盗，不淫邪，不妄语，不饮酒，讲的都是人间的生活，所以为什么我们现在都讲人间佛教，哪件事情不是人间的呢？佛法在世间，不离世间觉。西方的三大革命，一个是文艺复兴，一个是启蒙运动，一个是宗教改革，哪一个不是把人从天上拉到人间，文艺复兴要回到古希腊的人性上去，启蒙运动要回到人的理性上去，宗教改革要每一个人能与上帝直接进行对话。马克斯·韦伯写的《新教伦理与资本主义精神》，就是说明在西方宗教改革之后，出现一种新的宗教伦理，人可以与上帝对话，人在这个世界上的成功，就证明你是上帝所拣选的，人以俗世的成功同样可以荣耀上帝，那么你就有充分的理由在这个世界上取得成功。但成功并不是为了个人挥霍，而是以慈善来实现上帝的诫命：爱人如己，拼命地去赚钱、拼命地去捐钱，其实所有的东西最后都要落在人上，落在人的生活上，落在这个世界的行为规范上。

刚才讲的，基督教的十诫，前面几诫讲的是神，后面的讲的是人；佛教佛法僧讲的是佛，后面的五戒讲的是人，是众生。儒家就最好了，因为儒家不谈论鬼神，未知生，焉知死？未能事人，焉能事鬼？不谈那些不可知的东西，谈的就是人间的东西，谈的就是仁义礼智信，谈的就是做人的道理，归根到底你是怎么样对待人的，你怎么样对待道义，怎么样尊重人，怎么样适当对待处理各种关系，怎么样是明辨的智慧，怎么样是不渝的忠诚，这些东西正好和世界的伦理相通约，相共享，所以我觉得中国的文化一定可以作为世界的普世的伦理和普世的价值，可以作为世界的普遍认可的共同行为规范而存在。如果我们意识到这点，在哲理上能够厘清的话，在生活伦理上能够理清的话，那么发扬光大儒家文化，向世界阐明我们的价值观，说明中国文化的核心价值和世界优秀文化是相通的，就像万川之水是相通的一样，那样，我们儒家的复兴和中国文化的复兴，真正地大行于世的时候就到了。

王绍培：

韩博士对于这个问题的回答是这样的，我们现在讲中国文化的复兴、讲儒学的复兴，复兴的标志就是儒家的价值要成为一个普世价值、成为一个全球价值，那么儒家文化成为一个全球价值的可能性是存在的，因为儒家就是研究人性的，就是研究仁心的，就是人道主义，是人文性的，具体阐明了人文主义的特征，证明儒家的价值是可以成为普世价值的。下面我们请深圳市前社会科学院文化研究所的副所长，现在任华文国际传媒有限公司总经理的魏甫华先生来回答这个问题。魏甫华先生，大家知晓他的都知道他有一个特点，那就是他能讲一口非常地道的湖南普通话。

魏甫华：根据我们之前的议程设置，在秋风兄和望喜博士主讲结束后，到我这里会有一些对话和讨论，这个议程设置让我在这里扮演有一点不一样的角色。刚才秋风兄和望喜博士其实是以一个讲述者的身份，类似于布道者，向我们传播某种关于真理性的知识，例如秋风开头就讲从各种现象可以看出儒学已经复兴了，望喜也讲儒学的价值是世界普遍价值。他们讲的很多论断很精辟，发人深思，很有启发，但是我的角色要求我并不是来给他们投赞成票，而是希望从一个对话者，或者说一个相对外部的视角，来和大家一起澄清我们现在讨论的基本问题和基本概念，以推进对今天讨论的这个问题的理解。

首先，我要对我们今天的议题进行一下解题。"为什么是儒学——21世纪中国文化的复兴。"这个问题的设计其实并不科学，并且隐含了问题的陷阱。单从这个议题看，似乎21世纪中国文化已经复兴了，需要回答的是为什么是儒学导致了中国文化的复兴。而真正要讨论的问题是，21世纪中国文化有没有可能复兴，其复兴的条件是什么，这是第一个层面的问题。第二个层面的问题是儒学复兴在何种意义上成为中国文化复兴的根本条件，或者说，在一定意义上，儒学的复兴就是中国文化的复兴。这里有几组基本概念，我们需要进一步界定，第一个就是儒学这个概念，刚才秋风和绍培也谈到大儒学和小儒家的区分，我们这里谈的儒学是大儒学的概念，包含了诸子百家。第二个是中国文化，什么是中国文化。秋风讲孔子最大的贡献是界定了中国，即通过编撰六经确立了中国文化的主流，或者说从文化上界定了中国人是什么样的人。这是从一个政治哲学的角度来讲的。但我们讲到中国文化，其实是有一个比较的分析在里面，在早期是和华夏周边的蛮夷文化相比较，后来是和周边国家的文化相比较，现在到了21世纪，是全球社会，我们需要在一个全球视野的层面来看中国文化。第三个是复兴，我们在一个什么意义上来谈复兴？最近几年来中国崛起和中国复兴这些词很热，不仅是我们国内热，国际上也热，或者更热，中国问题已经成为全球议程里一个非常重要的话题。这当然是好事，说明中国在世界格局中地位的重要性越来越高了，但是它也可能导致布热津斯基所警示的"崛起后的自我错觉"，导致文化反思能力的丧失。

其次，我在这里针对秋风兄和望喜博士所谈到的两个话题做一点阐述。第一个是韩博士讲儒学价值不仅是中国的、是东亚的，而且是世界的，它是一种世界性普遍价值。关于儒学这个看法有不少专门的论述。杜维明先生的《二十一世纪的儒学》这本书里选了他的一篇关于儒学发展三期说的文章，李泽厚讲儒学四期，分期有些差别，那是儒学内部的学理之争，不影响我们这里要讨论的问题。杜维明先生讲，儒学的第一期，实际是孔子出生地曲阜这个地域文化慢慢地发展成为中原文化，这个时期基本上是从先秦到汉朝。第二期从中原宋明理学，传布到韩国、到日本、到东亚，使得儒学成为东亚文明的最基本价值。儒学的第三期是指到了现在，我们面对的不仅仅是中国的、东亚的问题，更是全球性的问题，儒学能不能回答全球性的问题，能不能提出儒学的解决方案，这构成里儒学能否复兴，能否有第三期说的根本性判断。所以，杜维明先生并没有说，我们儒学已经发展出来了第三期，而是文化人和知识人要立大志，我们要努力在我们手中发展出儒学第三期来。这是我理解他讲这个儒学三期的意思。那么，在这个意义上，秋风兄讲"儒学在中国已经复兴"，这还只能是一个价值上的意愿，是一个希望，并非一个事实性判断。

第二个话题是秋风兄提到儒学的伟大不仅仅是一套价值理念系统，而是它设计出了一套和平世界的治理秩序。关于这点秋风兄写了好几本专著，大家可以去看。国内对这个问题论述的比较深入的，一个是赵汀阳的《天下体系》，还有一个就是秋风兄的《华夏治理秩序史》数卷本了。秋风兄对此有很多创见，我是受益很多的。目前我们关于世界治理的知识基本上是欧美的，而其实传统中国有一套非常成熟的治理世界的秩序知识，我们认识不足。这和我们中国近代以来遭遇西方的冲击，三千年未有之大变局的知识设定有关。现在返本求新，回到中国的传统中去，我们发现中国有不少呼应当今世界有关问题的知识道路。中国文化复兴在某种程度上意味着我们可以提供解决全球治理秩序的知识方案。欧美的世界治理知识，基本上是由战争和民族国家这两种力量驱动形成的，在一定程度上，战争是这套治理秩序的内化机制。中国本身就是一个全球体，可以说在欧美国际秩序体系形成之前，中国已经为这个世界贡献了一套国际秩序知识，它和欧洲的国际治理体制有很大的不同，它基本上是由和平的文化力量主导的。我认同秋风兄谈到的中国文化在未来21世纪全球的社会中，可能会提供一个和平的世界治理秩序的解决方案。晚清之后，以朝贡体系为核心的传统中国的国际治理秩序遭到瓦解，但并非这套治理知识完全失效，美国一位国际政治学教授就认为美国主导的现今世界治理秩序，其实就是传统中国朝贡体系的一个翻版。传统中国这套国际治理秩序的知识，如何在21世纪全球治理秩序中得到复活，的确是一个很具有刺激性的题目，还需要我们更多的学术努力。

再次，我在这里要从布热津斯基的"崛起之后的自我错觉"警示出发，就我们的一些论断提出商榷。改革开放后，中国发展了30多年，成为全球的第二大经济体，这个经济体量的变化，自然会引发一系列的世界权力格局的变迁。美国学者保罗·肯尼迪分析了1500年至2000年来的整个世界权力格局的变化，探寻霸权的兴衰机制。他强调了两种力量，一种是军事性力量，一种是经济力量，这两种力量引发了世界权力格局的变化。近几年来，随着中国经济力量和军事力量的上升，世界权力的东移，作为一个过程的中国崛起，似乎已经成为一个众所周知的事实，这种舆论激发了一种并不健康的民族主义情绪，儒学复兴或者说中国文化复兴在某种程度上强化了这种文化民族主义的抬头。这就是"崛起之后的自我错觉"。中国有5000年的历史文化传统，这是中国之于世界最有可能的文明贡献，但是文化传统仅是一种资源，它并不必然地成为我们现代社会的价值，它需要我们更加理性地选择和现代阐释。所以，望喜博士讲儒学的仁心和良知，和而不同，大同世界，这些当然是我们传统儒学经典里最核心的价值，也具有世界普遍价值所要求的基本元素。但问题是，作为文本典籍中的价值观念和实践中的行为选择，它不具有同构性，而且有时还会存在知行不一的悖论。一个人的行为模式在很大程度上是由思维认知模式决定的，但一个群体的行为模式，并非由一个人的思维认知模式决定，而是由这个群体的各个个体的行为模式的布朗运动决定，这就说明群体行为模式的某种不确定性。这种复杂性表示我们需要探索思想观念到行为模式之间的制度性条件。同样的思想观念在不同的制度性条件下，它会产生不同的行为模式。所以，我们看汤因比的文明类型的比较，他研究了上百种文明，最后主要梳理了21种文明类型来进行比较研究，探究文明进步的动力机制和转化机制。刚才绍培提到汤因比在和日本池田大作的对话中讲到，21世纪的文明是东方文明，他看到西方文明的世俗性物质力量对文明本身的摧毁性，而东方文明，例如儒家文明和印度文明更强调精神性价值，其精神性力量是救治西方文明的一味药剂。汤因比名气很大，这种预言式论断影响也大，其实是不可以当真的，因为它经不起仔细的推理。一种文明里的价值如何转化成有世界性价值，这里面是有很多的条件的，不是说因为你有这个价值观念，比如说你有"己所不欲，勿施于人"的概念，它就自然成为一种世界性的价值，成为世界上每个人必须遵守的行为规范，这里存在一个制度性的转化机制，也就是说，中国的一种价值成为世界普遍性价值，必须要有一个制度性的转化机制。

最后，中国文化其实是非常复杂的，它有开放性、有包容性，更重要的它不是一种单一的文化，而是一种复数的文化，是非常多元的，我们用任何一种单一的文化观来思考中国文化问题，都会遮蔽我们对中国文化本身的思考。中国是个多民族国家，所以中国文化是多元的。同时中国具有强大的大一统传统，这个大一统还不仅仅是政治上的，更重要的是文化上的，这构成了中国文化非常独特的面相，这就是费孝通先生提出的中华民族的"一体多极"，表现在文化上就是"一体多元"。中国的一体多元既有很强的一体化，又有复杂的多元性，这种文化结构是怎样形成的，其中的文化机制是什么这一问题其实是值得我们认真研究的。对这个问题的思考，我推荐大家读读葛兆光的《何为中国》（香港牛津大学出版社2014年版），我们在谈中国文化的时候，不同时期、不同地域以及不同民族的人所理解的中国以及中国文化实际上是有差异的，这个"中国观"受不同的知识塑造，所以，葛兆光提出要重建关于"中国"的论述。葛兆光提出"从周边看中国",例如从韩国、日本、东亚等国家和地区,看中国是一个什么概念,作为一个地理的中国是怎样形成的,作为一个文化的中国是怎样形成的,作为一个政治的中国又是怎样形成的,也就是说,中国本身就含有复杂性。我们在谈论中国文化复兴这个主题时,要充分地关注到这个复杂性。我先说这些。谢谢。

王绍培:

我也来回答一下我对这个问题的理解,过去梁启超讲过,他讲中国有三期,第一期中国是中国的中国,第二期中国是亚洲的中国,第三期中国是世界的中国,这个三期论与杜维明讲的儒家的三期是可以加以比较的,他讲的儒家的第一期是从一个山东地方的学术文化成了中原的文明,到了宋明的时候,从一个中原的文明成了东亚的文明,第三期就是现在,我们正在经历、正在面对的事情,就是儒家文化面对全世界如何成为全世界的文明,这就是儒家的三期的发展,这是一个总体的宏观的背景。

那么儒家的第三期发展有没有可能性呢?有没有这个必要性呢?有没有它存在的理由和价值呢?杜维明先生认为这个理由是存在的,他的这本书其实就回答了这个问题,《二十一世纪的儒学》,什么是21世纪的儒学,他讲的就是作为一种精神性人文主义的儒学在21世纪的可能性。儒学文化有很多面相、有很多可能性,但杜维明讲的是其中的一个可能性,作为一种精神性的人文主义的可能性,这是第三期的一个重点。为什么要讲这个重点呢?就是因为从启蒙运动以来,启蒙运动带来了一个正面的东西、好的东西,正面的价值就比如法制、人权、理性,像这些,很多这种所谓的普世价值都是由启蒙运动带来的,这是正面的,而且已经成为全世界应该接受的价值。但是同时,杜维明其实对启蒙运动做了一个区分,他区分了一个启蒙心态,就是随着启蒙运动带来的另外一些负面的东西,比如个人主义的严重膨胀、泛滥的浮士德精神、对自然的宰制到了完全没有限制的地步、个人的贪欲泛滥导致了很多的社会问题,这些社会问题都是由启蒙心态所导致的,也就是说,启蒙运动经过了一个"祛圣化",上帝死了,神死了,一切都落到人方面，我们今天说到人文、说到人道的时候，往往会强调正面的东西，其实还有一个方面，就是杜维明讲的，他称之为凡俗人文主义，凡俗的人文主义就是一个世俗化的东西，一切以人的欲求作为终极目标，以物质目标作为我们追求的方向，这里面有很大的一个问题。西方文化已经经过了"祛圣化"的过程，现在需要寻找新的文化之源、精神之源，中国的儒家有没有可能作为一种古老而又很新鲜的精神文化资源出现呢？这是中国文化尤其是儒家文化复兴的背景。

我特别注意到这本书里面，杜维明不像我们国内的学者那么强调中国儒家的复兴和中国的崛起，他强调的是中国儒家文化对世界难题的应战和回答，就是我们现在全人类各种文明同时都面对了现代化的各种挑战，那么从我们传统文化角度来说，我们怎么应对这种挑战？我们可不可以经过一种创造性的转换来把全世界的文明带到一个新的境界里面去？这是书里呈现的一个主要用意。杜维明讲中国儒家文化是可能的，为什么？因为它有两个非常宝贵的东西，一个是韩博士刚才讲的恕道，"己所不欲，勿施于人"，还有一个就是它的仁道，"己欲立而立人，己欲达而达人"，就是说我自己要站起来，我自己要独立，我也要让人家独立，我自己要实现我自己，我也要让别人实现，这是一个比较积极的追求。还有一个比较消极的约束，就是我自己不想的，也不要将这个东西加到别人头上去，就是说恕道和仁道在今天我们这个凡俗的人文主义特别泛滥的时代，它特别具有一种针对性。而且我们在过去，中国的传统上已实行了非常长的时间，有很悠久的传统，有很宝贵的经验，所以儒家在今天是可以有第三期发展的。这是我对它的一个简单的理解，也是对杜维明这本书的一个概括。还有一点其实蛮重要的，因为它里面用了很多的篇幅讲儒家的对话，杜维明虽然没有提出"对话主义"，但是我想把它上升为儒家的对话主义。杜维明在儒家哲学家中，是一个有全球视野、有整体文明视野的学者，他有很多机会从事这个工作，所以他特别强调不同文明之间的对话。过去有一个非常普遍的问题，很多文明都认为自己是最优秀的、最好的，包括现在提倡儒家文化的人也有这种心态，我觉得这是应该值得警惕的，就是既然我认为是最好的，我就会向全世界、向所有的地方来推行，那么就可以无所不用其极了。但什么叫"对话"？对话的目的不是我来说服你，让你来认同我，而是经过对话，我承认你的存在，我理解你，我欣赏你，我学习你，然后我们一起实现自己。这样的一个对话的态度，这样一种对话的心胸，对我们现代的文明特别具有疗治的价值。

下面我们进入第二个议程。第二个议程是台上的嘉宾彼此之间以及跟台下的听众互动，这大概有半个小时的时间。谁先发言？

王为理副院长：我要利用一下我地理上的优势，抢占一下话语权。首先我有一个感触，以前没来深圳之前就知道深圳有一档很有名的节目，《深圳夜空不寂寞》，当时影响了很多人，甚至有全国性影响。今天我们很高兴听到深圳南书房有了一档夜话，我相信这个夜话可以将我们深圳的夜话水平大大提高一个层次。所以非常感谢几位专家。首先我非常赞同绍培既是学者又是主持人的定义，"倾听、聆听"，人的感官中哪个感官最有优先性，一般人是看，眼睛是最优先的，实际上这是一个绝对的错误，为什么呢？因为眼睛的作用实际是在人出生之后，是从人类文明的进程来看，它将人类获得知识，特别是进入理性的时代，看才慢慢占据了一个主要的地位。在人类文明的早期，在一个朦胧的懵懂的阶段，人类的感官最重要的就是听，在古希腊主张要倾听，什么是哲学，哲学就是要爱智慧，爱智慧是怎么出来的，智慧是如何产生的，就是在一个倾听的过程中产生的，有了倾听，才有对话，才有回应，在一个倾听和回应的过程中，我们人类的智慧慢慢出现了升华，所以我相信我们的节目在这样一个关键词的影响下，能够让我们的城市产生更多的智慧，这是我们倡导智慧性文化重要的成长。

其次，这个主题叫"为什么是儒学"，我个人认为，我们深圳的诞生和发展与儒学没有关系，但为什么我们这个城市在第一期学人夜话中会选择这个题目，这有一定的偶然性，但这个偶然性，恰恰说明我们这个城市，特别是像秋风先生讲的是非常开放的、非常包容的，尽管儒学在城市的成长过程中并非是主导型的文化，但是它能够成为我们首期的话题，意味着我们的城市开放和包容的品质保持得非常好，会更加发扬光大。在这样一个前提下，我们在思考21世纪中国文化和文学的时候，除了刚才的学者提出的一些观念来看，我们需要更开放、更宽容的思考，比如有一些问题，我们既要思考为什么儒家能够取得独尊儒术的崇高地位，长期统治中国文化和思想，在中国整个发展过程中起着关键性支撑精神的作用，同时我们也需要反思，它在国际上，很多国际上的学人，包括汉学家，他们关注中国的时候，可能不仅仅是儒家，可能对道家也关注，比如说通过日本的京都学派对我们禅宗的关注，包括对佛教的关注。另外一点，刚才有学者提到"己所不欲，勿施于人"是普世价值，我非常赞同，但是我们需要明白，这个是孔子的观点，在犹太教、基督教和伊斯兰教当中，都有非常相似的思想，甚至他们表达得更早。在当代，我们应该有更深层次的思考，己之所欲就应该施于人吗？我觉得己之所欲，也不一定要施于人，这个是儒学保持它的宽容性和开放性需要思考的问题。

最后，也是最重要的一点，这点我特别说明一下王京生部长，京生部长是深圳学派的创始人，也是我们深圳学派的奠基人。在《我们需要什么样的文化繁荣》的研究过程中，特别强调研究轴心期或轴心时代的问题，人类文化发展的轴心期或轴心时代的问题，儒学或儒家当年在世界上有这么大的影响，是因为公元前800—前400年，人类文明从中国、印度、古希腊等地同时爆发，尽管这几个地方的人类文明基本上没有交流，但是他们思考的几乎是同一个问题，在那个时代，产生世界性影响的有儒家、有老子、有诸子，那个时代中国文化成为世界或人类轴心期最核心的角色之一。今天需要思考的是人类文明正在进入一个新的轴心期或轴心时代，中国文化能否成为其中一个轴心文化？我们思考儒学问题，既需要考虑如何返本，更应该考虑如何开新，考虑那些可以在世界之林中站立起来的关键因素。

韩望喜：很感谢王院长很有哲理的阐述，我记得孟子说过孔夫子是"圣之时者也"，说明他是与时俱进的人。最近，习主席也强调，中华文化一定要实现一个创造性的转化，怎么样让古代的精华为今天所用，立足于中国又面向世界。其实儒学的成长历程就是一个既包容，又非常中道的过程，一直在吸收不同的文化。我记得贺麟先生在他的《文化与生活》这本书中讲到，儒家和道家曾经又冲突又融合，隋唐又和佛家又冲突又融合，儒学发展的第三期应该是和基督教又冲突又融合，虽然不容易，但总是在跟世界不同文化进行激荡冲突的同时又包容共存。

　　最近联合国教科文组织办了许多的文化论坛，有很多时候是儒家和基督教的对话，也有伊斯兰教和儒家的对话，儒家在发展中其实愿意对话，原因是要寻求一个中道的立场，就是既不过，也不要不及。这个是特别难的东西。《中庸》上说："喜怒哀乐所未发，谓之中，发而皆中节，谓之和。"这很不容易。我觉得在文化发展过程中，如何能够保持它文化本身的立场，同时又看到其他文化的发展，从而有所借鉴，是个很有意思的事情。我们对儒家要有一种真切的理解和同情。我们常常对儒家文化有一个误解，比如说，我们对于什么叫人的主体性，什么叫自私自利，经常搞混淆，也许会将一个人的主体性，当作是自私自利。但是儒家讲的养气、养心其实讲的是一种主体和道德的精神，孟子讲的"富贵不能淫，贫贱不能移，威武不能屈"，这是一个很大的主体性，这个是儒家伟大的主体精神，这么充沛的主体精神，刚劲的主体精神，其实没有一丝是为自己的精神，完全是为天地的精神。我们在分析儒家讲心的时候，不能只想它是唯心主义，你要想它实际是用道德的主体在天人之间做承担。在天地之间，人该怎么做？人是天地的心，天是我的父，地是我的母，天下鳏寡孤独颠连无告者是我的兄弟姐妹。一想到这个的时候，就能理解到他是怎样的道德主体，这种人文精神不是俗化的人文精神，反而是一种非常非常高妙的人文精神，在世俗生活中体现了道德的神圣性。

　　另外一个，儒家文化很特别，因为它是入世的，所以它不像基督教一样有上帝，在不同的文化体系中，谈人与人的关系是不一样的。在基督教的团体中是团契的关系，大家都是兄弟姐妹，在上帝之下，来谈论上帝。儒家文化没有上帝的观念，相反，这种文化要解决的是无限复杂的现实生活中的亲和疏、远和近、厚和薄、源与流等关系，所以厚薄、亲疏之间，都要处理得好，谁是中心、谁是外围，要处理得好，要处理好君臣、夫妇、父子、兄弟、朋友的关系，在这个关系圈中只有两对是血缘关系，其他的三对关系是非血缘的关系，这个时候如何处理，是非常需要思考的问题。

　　必须妥善处理人际关系中的角色关系，孟子发现了这个问题，他说，我一定要拒斥杨墨的学说，为圣人之说开辟道路。杨朱为我，一毛不拔，你把君王邦国放在哪里？这是无君！而墨子呢，墨子兼爱，别人的妈妈就是我妈妈，别人的爸爸就是我爸爸，那会不会别人的儿子就是我儿子？所以庄子说你自己害了自己，你还害了天下的人，情感上过不去，没法接受。墨子兼爱，就是无父。无父无君，就是禽兽。儒家非常清楚人际关系的处理，以及道德的情感如何立足，有句话叫作"登高必自卑，行远必自迩"，就是说攀登高山要从山脚下开始，行万里之遥要从第一步开始，就是从亲子之爱开始，从亲亲开始，慢慢推己及人，将心比心之后，从亲子之爱推到仁者爱人，从亲亲之爱推到博爱，这样爱才有地方落脚。你不爱自己的父母兄弟，却说爱天下的人，这样的话，有谁会信？你的爱从什么地方生根的，从什么地方发芽的？儒家认为，你从家庭里学到的"父慈子孝"在社会上都用得上，你在家尊重你的兄长，你在社会上肯定尊重老者，你在家里孝敬你的父母，你在社会上就会知道怎么对待尊者，这一套的修养次序是很清楚的，就是从正心、诚意、修身、齐家，最后落到治国、平天下，和佛家菩提修证的次序一样，一步一步来，才可以踏踏实实。所以说儒家在历史演化过程中逐步消融了不好的方面，借鉴了更多的东西，使它能够至今很渊博、圆融、中道，发展得很好。现在怎样面对西方世界的价值观的冲击，怎样对待他们的自由、法制、民主，借鉴他们，而不是完全仿效他们，理解世界，同时懂得吸取世界文化的精华来建立自己的核心价值观，这个是很重要的事情，你不可能不看世界，但是不可能跟着外面的世界跑，必须有自己的定力，有自己非常圆融的理论，这样你建立起来的价值才是全面而丰富的、合理的。谢谢。

听众：文化的复兴，这个题目很宏大。我想提一个问题，儒学在当下的生态环境被破坏了。中国文化要复兴，可供操作的路径和方法是什么？中国人怎么样来理解自己的文化？

姚中秋：这个问题非常好，我能听出这位听众非常关心中国文化复兴。儒家文化曾经遭到过很大的破坏，回顾一下过去的一个世纪，儒家的命运是越来越悲惨，从19世纪末开始，儒家内部就开始了对儒家的批评，非常激烈的批评，康有为、谭嗣同、梁启超、严复等人都有非常激烈的批判。到20世纪中期，儒家文化完全被否定了，甚至遭到了非常严重的破坏。

但是，儒家文化在中国无所不在，它不可能被连根拔起。儒家文化教给我们的是仁义礼智信，温良恭俭让，这个道理无处不在。今天我们参观明清的古村落，到处都是这些楹联牌匾，这就是中国文化的根，它无所不在。当然，五经也在，孔子的书还在，根始终都在。因此，中国文化必定复兴。

中国文化从 20 世纪 70 年代末开始复兴，80 年代以来的中国的历史，其实就是中国文化复兴的历史。儒家在 20 世纪是先下去，跌至低谷，中期的时候再往上走，走到 21 世纪，这个复兴的速度就加快了。今天，文化复兴之风已经吹入中南海，习近平主席带头复兴中国文化。

这位听众的第二个问题涉及如何复兴儒家的价值。我想，还是从教育开始。教育最为关键，因为，儒家不是一个宗教，孔子不是教人信神，孔子做的最重要的工作就是用心教育弟子，孔子就是教给别人学问。大家想一下《论语》的第一个字就是"学"，"学而时习之"，孔子之教就是学。这是非常伟大的观念。差不多所有的文明都是教人信神的，通过神来救人。可是，孔子教给我们成人之道是，我们每个人自己学，让自己成为一个真正的人。

这样的教化机制是普世的，因为它不假定任何一个神。我们每个人都可以学，不受神的限制。孔子教导我们，成为一个真正的人，就是学。当时孔子就开办了教育，所以中国文明中最根本的东西，或者说从孔子以后维系我们文明不坠的最重要的机制就是教育，我们看汉武帝立五经博士，为博士设弟子员，让博士带弟子，开办了公立教育。汉武帝开办了世界上第一个完整的公立教育体制，2000 多年了，这套体制基本上还在正常运作，读书、受教育就是中国文明传承最基本的机制。所以，中国文化复兴的根本是孔子式教育的复兴。大家都知道，习主席在北师大时发出了非常明确的信号，教育不能去中国化，我们不能说让孩子读了十几年书，最后恨中国，不喜欢中国。

我想还有一个非常重要的问题，儒家的教化特别注重精英，学是需要人的理解力的，不是随便一个什么人都可以学。所以，儒家的教育是教育那些愿意学习的人，教育那些有学习能力的人。这一教育理念对我们的启发是，重要的任务是教育精英。对于复兴儒家而言，当下首先要教育干部，各级干部首先要按习主席的要求学习中国经典，理解中国历史上的国家治理之道，这是关键。接下来就是教育我们的学者。大多数学者没有系统学习过中国文化，需要补课。再有，我们的企业家、教育工作者都需要学习中国文化。在社会中发挥领导作用的人要进行自我教育，这是补课性质的教育。经过这样的教育，各级领导干部、所有的老师、企业家在自己的岗位上以身作则，中国文化就自然复兴了。

所以我认为，中国文化的复兴很简单，并不难，只要 10 年、20 年，就会有很大的成效。谢谢。

韩望喜：我补充一点，儒家文化关于学有两条路径，当然孔夫子是最全面的，从孟子过来是学以养心，孟子讲"养心莫善于寡欲"，从人的内心讲良知、良能、良贵，都讲的是本心，就是本性善的东西，是养心、养性。但是另一派是荀子，荀子是很瞧不起思孟学派的，在《非十二子》中对思孟学派进行了指责。荀子认为孟夫子是非常迂腐的，迂阔而不切实际，不可能以孟子的方法去治国。《论语》一开头就是"学而时习之"，荀子的《劝学》，一开头也是"学不可以已"。他也是从"学"开始的，但这个学是向外的，学而知礼，与孟子的学而养心是两个学派，两个路径。荀子一派发展得非常壮观，因为荀子有两个学生，一个叫韩非，一个叫李斯，韩非就进一步把他的知礼推到了一个绝对的境地，就叫知法。明主治国，以法为教，以吏为师。儒家治国讲究"君仁臣忠"，法家说，最好是"君不仁，臣不忠"。普天下有德的君王能有几个？像比干、伍子胥那样的忠臣又到哪里去找？不如以法治国，一断于法。从孔子的仁、孟子的义、荀子的礼推到了韩非子的法，推到了极致。后来秦王推行"法治"，得到了天下。儒家其实是很有意思的，很浩荡，很广阔，它的分支是很清晰的，有两支，在内圣之学和外王之学，王道和霸道上是非常完备的，只是我们怎么样去深入了解、学习和挖掘，这是最重要的。我们要知道怎么样来修身养性，也要知道怎么样治国、平天下。儒家为什么有生命力，就是因为它有源有流、有本有末、有内有外，才可以做起事来像孟子讲的那样，左右逢源、游刃有余。另外，我觉得实现儒学的当代转化很重要，因为我们不可能回到过去，既要有儒学文化的精髓，又要切合当代的文化价值和当代文化生活，还能够与世界的优秀文化价值相对话相沟通。又说到仁义礼智信了，深圳创作并到全世界演出儒家文化交响乐《人文颂》并受到普遍的赞誉，就是在致力于这种现代性和创造性的转化。我们所说的仁爱是要跟世界的博爱怎么样沟通，我们所说的道义是要和公平正义怎么样来沟通，我们所说的礼仪已经不是过去繁文缛节的礼仪，是以人对人的尊重和人文精神来沟通。智慧，什么叫作智慧，智慧是小小的谋略还是不分种族和地域、心怀天下的智慧？信义如何沟通，中国人所讲的信义和契约精神怎么样来沟通？儒家伦理有很多人情味，在公平之外有怜悯，在正义之外有补偿，这些东西都是东方文化中很温柔敦厚的情怀，是世界伦理价值的一个不可或缺的部分，需要一点一点分析了解之后，才知道融通的地方在哪里，自己好在哪里，人家好在哪里。

听众：我看过两本书，一本书是《丑陋的中国人》，该书中将所有的错误归根于传统文化。第二本书是香港出版的，叫《来世不做中国人》，将我们中国现在的不好的东西归结于传统文化，骂祖宗的这个问题非常严重。你们怎么看？

姚中秋：你刚才讲的现象在 20 世纪确实存在。应该说，从 20 世纪初开始，就有越来越多的知识分子对于中国文化的信心有所动摇，最终发展成为激烈的批评。林毓生先生曾经说过，在中国知识分子的心中，有一种羡慕嫉妒恨的心理，羡慕西方文化，觉得人家什么都好，怨恨自己的老祖宗，认为老祖宗给自己留下的家底不行，这样一种怨恨心理就表现为激烈反传统的文化和政治运动。怨恨情绪的文字表述在 20 世纪非常多，一直到"文革"的大字报，乃至于 80 年代的论述。

但是，我还是比较乐观的，在过去 20 多年，这种现象越来越少了，有越来越多的人对中国文化逐渐产生了同情心理，乃至于认同中国传统文化。我身边有很多朋友，之前在大学受的教育都是西方的，对中国文化是疏远的，无知，但是怨恨。但到了三四十岁，有了思考和认识，便慢慢地转回来了，改变了原来的文化立场。我相信，有良心的中国知识分子，随着其阅历的增长，一定会回到儒家。所以，我对知识分子与儒家的态度和关系，持乐观态度，我相信，会有越来越多的知识分子、越来越多的精英认同中国文化，致力于复兴中国文化。

尤其是有习主席的提倡，这种政治力量的影响是非常巨大的，想想过去 60 多年，有哪个领导人纪念过孔子？有哪个领导人如此强调中国文化的复兴的意义？有哪个领导人公开表示要把儒家思想运用于社会治理中？这就是一个转折，这是中国文化与政治的大转折，这个转折的影响极其深远，不仅会影响中国未来的发展方向，也会影响整个世界的发展方向，中国文化复兴了，世界一定会产生巨大的改变。因为，中国自身的历史太长了，中国是极有政治文明积累的国家，所以，中国文化的复兴，中国重新回到自己的轨道，一定会改变整个世界未来的走向。

韩望喜：其实中国儒学文化了不起的地方，是对中华文化的整体面貌有一个塑形（塑造形态）的作用，我觉得这是了不起的，在这次读书月开幕式上，联合国教科文组织前文化助理总干事带领全场观众大声喊道："文化就是未来！"为什么文化就是未来？因为文化可以塑造未来的生活形态和文化形态，那么中国文化可能会对中国未来的发展，包括世界的发展有塑形的作用，这个是很了不起的。其实儒家文化是很开放和包容的，在这个过程中，它能够有塑形的作用。我 2012 年去宁夏西海固培训，有一天深夜我抽空去了一下同心县，同心有一个元代的清真大寺，很大很古老的一个清真寺，在一楼的墙上写着"洗心、忍耐"这几个字，我知道这是伊斯兰教的教义。等上到二楼的时候，立刻就出现了儒家的思想！这是一副对联，上联是"金玉其心，香兰其室"，就是你的内在心灵、外在环境都要很好，下联是"仁义为师，道德为友"，要将仁义当作你的老师，道德当作你的朋友，这就是完全的儒家文化了。这是元代修的清真大寺，时间很久远了，但保存得很好，还有很多人在那里做礼拜。我们南书房其实也是香兰其室，金玉其心。最让我感动的是"仁义为师，道德为友"，在文化的渗透、文化的塑形和文化的融合方面，儒家真的是没得说的。今天来看儒家，就要看儒家的生命力在哪里，意大利的历史学家克罗齐说过一句话，"一切历史都是当代史"，就是历史不是在博物馆里面存在的，历史是活在我们的心里，活在当下，在我们的言语行为当中。所以今天谈儒家如何变为新的传统，变为活的文化，这是我们当今最重要的事情，不是简单地回到过去，也不是简单地倒向西方，而是你怎么站在你的立场上，站在你的文化传统和文化个性上，经过炼狱般的酝酿和变化，生发出新的有巨大生命力的东西来，这是最最艰难的事情。

王绍培：

其实，儒家文化的生命力已经从现场的氛围中体现出来了，我参加过很多活动，但很少有一个活动像今天在场的朋友这样专注，精神高度集中，这是很少见的，因为时间的关系，我们互动的环节告一段落。我们刚才说到聆听，下面我们聆听一位重要的嘉宾的讲话，这位嘉宾有很多学术专著，这些专著在学术分量上、在思想的创建上绝不亚于学院或者是大学的学者。除此之外，他还有一般学者没有的，非常宝贵的经历或经验，那就是他的文化实践，今天我们的城市之所以有这样一种热爱文化的氛围，我们这个城市之所以有这样一种文化的气质，与这位先生的主张跟他的实践有非常大的关系，时间越久远，我们越能见证到这一点，这位先生就是艺衡先生。我们现在有请艺衡先生。

王京生部长（艺衡先生）：今天是南书房夜话的第一场，也是第一次我们共同夜话，可喜可贺。深圳文化发展迅速，我们今天有这么多的文化活动，这是多么兴盛的文化景象，在这样一个夜晚探讨古老的中华文化的思想，中华文化的核心的问题，我觉得非常有意义。我想说的是，当说到文化的时候，希望有一天，由于深圳人的活力四射和个性张扬而受到尊重，因为读书、因为对知识的渴望受到尊重。我们出于对知识的渴望，才坐到了这里，一开始深圳并没有这么多的学者，到今天为止，才请到秋风老师这样一批学者到这里来。所以一开始呢，我们搞了读书月，搞了市民文化大讲堂，市民文化大讲堂前不久刚搞到第800期。800期的时候，我和白岩松有个对话，我当时也感慨万千。我们搞了十几年，但是市民文化大讲堂主要是外面来的大家和学者，来深圳设坛讲学，基本上国内的一流学者都登上了市民文化大讲堂，我们的市民也积极参与，真诚和好学精神感动了这些学者和大家，所以文化大讲堂做得好，但是它主要的是为外面的大学者与深圳人提供一个交流的机会。还有一个地方就是深圳晚 8 点，晚 8 点一般是和市民面对面的交流，还有的是市民间的一个互动，比如一些辩论的比赛，我们在谈到中国文化的时候，会令我们骄傲。希腊文明也有伟大及值得我们敬仰的地方，其中一个场景就是我非常期待的，就是辩论的场景。人们为了真理在那里辩论，而辩论之中是君子之风，是用理性的力量，互相鼓励切磋，所以它是伟大的文明。深圳晚 8 点成了读书人交流及市民之间互相辨明理性的场所，那么今天，南书房又给我们提供了一个新的空间，是深圳学人之间的学术交流，今天的学者，我非常敬佩你们，这个头一开，希望这个地方就成为深圳学人互相切磋、互相砥砺的文化圣地，我们共同鼓掌，感谢我们图书馆的馆长和社科院的院长给我们提供这个平台，希望南书房越办越好。我觉得我们再商量商量，南书房的一个特点，大家为什么对儒学这么感兴趣，因为这是我们的母亲之学，是我们的根本之学，我希望南书房区别于市民大讲堂和深圳晚 8 点，应该也可以多样性，但基本上围绕一个主要方面去展开，比如就谈中国的传统文化，台下学者也可以上来讨论，比如说中国传统文化，就是谈儒学，谈道家，谈佛教，不断地围绕这样的问题去深化，今天是第一批学者，包括下面的听众，刚才很多发言很有水平和学问，都可以拿出来讲和讨论，深化我们对传统文化的感情，我希望不仅是为深圳人提供养分，提供求学问道的风气，为全国做一篇大文章，带个好头。再一个问题，我听了几位学者的发言，很受启发和教育，都谈得非常好，但是我想说的是对儒学从提问题的角度做一些根本性的阐述和回答。比如说，刚才学者们回答的孔子做儒学的时候，不是发明者，但孔子是引领者、发扬者和深化者，儒学的实质是什么，儒学在发展中对中国文化的意义是什么，儒学与当今时代的几大文明之间的关系是什么？儒学的主要缺点是什么？儒学没有缺点吗？我想说，即使在当时儒学也是有缺点的，怎么有没有缺点的事物呢？儒学的缺点是什么，这个问题不正视也不行，只有正视它，最终才能够回答它，光说它好，最后没办法正视它，所以这又说到对中国文化的看法，我可以坦率地说，中国人，我们真的应该为我们这种伟大的文化而自豪，我们没有陷入宗教的窠臼，它告诉了我们非常健全的一系列做人做事情的方法，我一直主张儒家的根本就是告诉你怎么做人，儒学的核心就是教我们怎么做人。很多人问我，包括中央领导，问我搞这个仁义礼智信是什么意思？我说我们党提出以人为本，那人应该以什么为本？就是以仁义礼智信为本。这五个字，加起来就是一个大写的人，这五个字，缺一不可，缺了任何一个方面，这个人就不健全。当然，儒家文化一定有自己的缺点，这些缺点在民族发展道路上给我们制造了很多的遗憾，甚至过失，甚至错误，到底是什么，外国学者有很多评论，站在今天的角度，我们应该有自己的答案，因为时代的不同，我一直主张对任何伟大的学说都应该返本开新，就是返回到它本来的东西，再观察它，给它一个新的主张。总的来说，希望在这个基础上对儒学的探讨有一个新的发展，也希望南书房夜话节目有一个良好的开端。谢谢各位专家。谢谢诸位。

王绍培：

　　刚才艺衡先生有一个非常重要的思想，这个思想就是在杜维明书里面其实也没有见过的，就是儒学的伟大，一定要搞清楚它的缺点是什么，如果你只想它的优点是不能证明它的伟大的，要把儒学的缺点搞清楚了，才能够真正搞清楚它为什么伟大，我们以后的南书房夜话尤其要注意这一点，因为热爱儒学的人，热爱中国传统文化的人，他往往会把它讲得非常好，很多人会问，难道它就没有缺点吗？难道它没有不好的东西吗？所以一定要有一个辩证的态度，这其实是很重要的一个指导性的意见。谢谢今天所有到场的朋友，我们今天南书房夜话的处女秀到此结束，谢谢大家！

深圳学人·南书房夜话第二期：
儒学是宗教么？

王兴国　王立新　王绍培（兼主持）

（2014 年 11 月 22 日　19：00—21：00）

王绍培

　　我是今天的主持人王绍培，坐在我左边的是深圳大学的王立新教授，右手边是深圳大学的王兴国教授。王兴国教授，他的名字显示来自江西，其实他是云南人。南书房夜话两个星期前在此上映了第一期，第一期的时候，坐在现场的请举手。看来今天来了很多新的听众，问一下这位听众，参加了第一期的活动你有什么感受？

　　听众：收获很大，获取了很多知识。儒学对于中国文化的复兴具有很大的推动作用，具有很高的价值。

王绍培：

　　我们知道现在深圳已经有了两个文化活动的品牌：市民文化大讲堂和深圳晚 8 点，现在正在打造第三个品牌：南书房夜话。我们南书房夜话是以每个月两次的频率在这个地方上演，因为我们讲的话题是具有连贯性的，第一期的话题是"为什么是儒学？"第二期的话题是"儒学是宗教么？"第三期我们会讲的话题是"儒学是怎样的人文精神？"后面内容都是跟儒学有关系的，等到我们将儒家讲得差不多了，还会讲道家等，这一点像电视剧。上次的话题是开门见山的话题，"为什么是儒学？"随着中国经济的起飞及综合国力的增强，中国在世界的能见度是什么？首先是什么？大家说首先应该是儒学，为什么是儒学？我们上次谈到的话题就是这个，如果对话题不了解的话，可以对《深圳商报》

进行浏览，得知上次谈的是什么。今天我们活动的游戏规则是：我们会先请两位嘉宾分别做 20 分钟的主题演讲，当一个嘉宾演讲完后，我们留出 5 分钟左右的互动环节时间，即提问环节，你们把问题写在纸上，递交给我们的工作人员，我们再回答。为何用这种方式呢？因为上次的活动太受欢迎了，以至于现场很多人抢话筒，所以我们修改了流程，要求写在纸上。听的过程中，如果有问题可以记下来，交给我们的工作人员。南书房夜话与市民文化大讲堂比起来是一个比较学术性的平台，是发掘学术资源、发现文化人才、发挥学术影响的场所，我们邀请过来的嘉宾也是这方面的专家，起码是有专业水准的人士，但这并不意味着在座的不能成为这个活动的嘉宾，高手在民间，其实很多民间的朋友学术境界也是非常高的，这是活动平台的宗旨：发现学术人才。还有一句话，就是临时的广告语——聆听温润的声音。什么叫温润的声音？中国古代把玉比喻成君子的象征，玉有很大一个特征就是温润。过去很多年，我们的话语都不是温润的，而是一种斗争的话语，一种要压倒人家的话语，我们无论是在语气中，还是在造句中，都是这种语气，因此我们要改变这种语气，我们希望呈现出来的方式是温润的。聆听，什么叫聆听？就是全神贯注地将自己的注意力投放到讲话人的声音中，投放到他讲话的情绪里面就是聆听。现在很多人不是来聆听的，是来表达的，很多人有非常多的话要说，我们丧失了聆听的能力，我们要恢复这种能力，我们要重新恢复这种听德，"聆听温润的声音"是我们需要提倡的，我们说温润的声音，伪君子也可以用这种声音来讲话，讲着、讲着成了真的君子。我们今天请来的嘉宾一个是正方，一个是反方，会非常精彩，我希望两位嘉宾等下交流的时候，可以将温润的分寸解释一下，因为要展示你们辩论的雄风，我的挑拨现在开始。我们现在有请正方王兴国先生讲儒学是宗教么？现在开始。

王兴国：好的，很高兴今天有机会来和大家讨论"儒学是宗教么？"这样一个非常重要的话题，且是非常有争议的话题，这个问题在中国大陆，甚至在台湾，一直是争议非常大的问题，尤其是从改革开放以来，这个问题的争议就不仅一直存在，而且也越来越多了。以前，国内有人主张，儒学是宗教，但是我们今天讨论的问题跟以前所谈的这个话题有所不同，今天讨论这个话题，我认为首先要有一个界限，我们今天讨论的"儒学是宗教么？"与30年前谈论关于"儒学是宗教"的问题是不一样的。30年前说"儒学是宗教"，是从一种批判的否定的负面意义上讲的。很多人可能经过了"文革"，在以往的观点中，我们谈到"宗教"的概念，我们常常是将宗教看成是消极的、负面的，甚至是反动的，当时在中国非常流行一句话："宗教是麻痹人民的鸦片"，大家可能都很熟悉这句话，我们以前讲宗教呢，就是在这样一个基调之上看宗教的，也是在这样一种对宗教认识的基础上认识和看待儒学的。那个时候讲"儒学是宗教"，是对儒学的一种否定。但今天不是在这个意义上讲。我们今天是在一种宗教学的意义上，或者说，是在人类文明的宗教意义上看儒学。所以，这个讲法跟以前讲"儒学是宗教"有很大的区别。以前讲"儒学是宗教"是把儒学看成反动的，今天是抱着开放的态度和文明的态度来看"儒学和宗教"。所以，从这个意义上讲，今天讲"儒学是宗教"跟以前的讲法有一个很大的界限；同时，我们要对过去这样理解儒学的结论有一个澄清，这是今天的一个任务。

我们为何讲"儒学是宗教"？从儒学的历史来看，儒学也可以叫作"儒教"。我们今天讲的中国文化，讲到儒家的时候，也会冒出"儒教"一词来。在韩国、日本，有时候会将中国文化放在所谓的"儒教圈"的概念中来理解。这在韩国比较突出，一些学者不用"儒学"，而用"儒教"或"儒教圈"这样的概念来界定中国的文化和中国文化的特质。他们讲的"儒教"跟我们今天讲的"儒学是宗教"的"宗教"这一概念不是完全等同的概念，还不是一回事，这个是泛文化的概念。今天讲的"儒教"，在中国的历史上，它也不是我们今天讲的"宗教"，就它的本义来讲，不是今天所讲的宗教；"儒教"的这个"教"，是就人文教化的问题而说的。但是，这个里面有没有宗教的意义呢？当然是有的。这个意思，我们稍后讲。"儒教"这个词，应该是在儒学之后产生的。先有儒学，后有儒教。大家都知道，儒学是孔子创立的。有了儒学之后，儒学得到社会的认可，它才慢慢地进入到中国人的日常生活，进入到中国人的政治、经济、文化各个方面，全面地铺开来，最后成为我们今天所谓的"国教"。在中国文化中，人文教化主要是以儒学为主的。后来的科举取士，主要是以儒学的内容作为教育与应试的内容。从这个意义上看，儒学在历史上首先不是宗教。但是，另一方面，我们要看到的是，当儒学被奉为国教后，儒学模仿了佛教，也建立了儒学的庙堂，诚然这也是儒家宗祠或宗庙的演化结果，人们将它称为孔庙或文庙。新中国成立以前，在中国的每一个县几乎都会有至少一个孔庙，其实远远不止这个数。到今天，全国很多地方的文庙都在，比如说漳州文庙的建筑没有太多的破坏，到现在保留最完好的文庙是在云南大姚县。在大姚有一个镇，叫石羊镇，那里有一个孔庙，是保存得最好的，没有遭到破坏。庙非常小，里面现在保留了一尊明代的孔子铜像，据说有5米高，是古代保留下来的孔子铜像里面最大的一尊。它为何可以保存下来？是不是说它没有遭到过破坏呢？其实，在"文革"时期，它也曾经遭到破坏，差一点就被毁掉了，但这里的建筑非常巧妙，当年红卫兵要推倒孔子像，想用绳子将孔子像拉倒，但如果孔子像倒了，整座庙的大殿都会倒塌，所有人也都会被活埋在其中。那些红卫兵不知天高地厚，把一根根绳索都套到孔子像的颈项上，用足了力气，想要拉倒孔子像，顷刻间地动山摇，大殿将倾，他们还以为是孔圣人显灵了，要他们为自己陪葬，吓得一个个魂不附体，丢弃手中的绳索，夺门而逃，这尊孔子像大难不灭，终于幸存下来了，到现在是保留最完好的。中国第二大孔庙也在云南，就在建水，虽然大体上保留完好，但还是遭到过一定程度的破坏，基本上没有受到破坏的就是石羊的孔庙。我讲这件事情，是想说明，当儒教深入人心，被奉为国教后，开始和中国原有的"敬天""祭祖"联系在一起。现在农村的某些地方，有的人家还供奉"天地君亲师"的牌位，这里的"师"，就是孔子。中国儒教的祖师不仅被请到了国家的庙堂里，还被请到了老百姓的家里，所以以前一般家里面有读书的，都有供奉孔子像，当祭天的时候、祭祖的时候，都要祭孔子。从这个意义上看，儒学已经拥有了宗教的意义。这是一个非常重要的历史现象，也是一个非常重要的文化现象。此外，我们的儒家经典里面，像《诗经》《尚书》里面都会讲到儒学跟宗教有关的意义或内容，譬如《诗经》中讲到周文王，赞美和歌颂他道德非常纯粹和高尚，精进不已，永无止境，强调文王之所以为"文"也，其德"纯亦不已"："维天之命，於穆不已。於乎不显，文王之德之纯"，就有一种宗教之情的表露，意思是说，他的道德可以配"天"。从这个意义上讲，儒学或儒教很早就已经有了超越的意义。后来，我们说孔子出现后，对孔子的赞美也和赞美周文王是一样的，也就是说，孔子作为圣人，他的道德和气象是足可以配天地的。从这个意义上讲，儒学获得了一种非常重要的超越意义，这种超越意义就是一种宗教的意义。我们要知道，我们讲宗教，为什么讲宗教？宗教一个最基本的特点和本质或特质，就是要讲一种信仰，那么这种信仰是怎样来的呢？这种信仰是超越意义上的。我们讲外在的信仰，常常讲的是天地、鬼神、上帝，这是外在的超越。这是超越了自然、超越了人间、超越了世界的不可思议的神的力量，我们对这种神秘的神或神祇的力量觉得不可思议，我们膜拜它。除此之外，人类还有一种非常重要的力量，这种力量来自于我们人性的本身，来自于我们的心性，来自于我们的修养，来自于我们的修行。当然，这里面包含一个重要的前提，人的心性原来与天命相通相同，没有二致，讲求人的心性而不言天命，那是因为天命已经下贯并内化为人的心性了。但是，这样一种具有超越意义的内在心性的自觉与呈现，必须在不断的修行实践中才能实现。从儒学来讲，人通过不断的修身、不断的修行、不断的行善、不断的完善自身，可以成为圣人，可以成为大觉悟者。用孟子的话讲，人的精神境界可以达到"与天地同流"，也就是《中庸》中所讲的"参天地""赞化育"的精神境界，就是说，人的精神境界到了一定的觉悟的高度，可以自觉达到参与到天地创造万物的流化的过程之中去，赞助天地创造和化生万物的伟大功德。这就是一种典型的宗教精神。我们的儒学讲的信仰，总的根本就是信仰这种精神。

但是，儒学有一个世俗的层面，从传统来讲，就是追求"太上立德，其次立功，其次立言""三不朽"。从这个意义上讲，我们活在人间的世俗社会中，特别是读书人，一个人的成功有三个衡量标准，首先是"立德"。"立德"，用今天的话讲，就是可以成为全社会的道德楷模；这在古代讲，就是做圣人。在今天来讲，就是你的行为是可以让全社会的人敬仰你、崇拜你，把你看作是一个楷模和学习的典范。这样，可以算是一个很成功的人物。其次是"立功"。你可以成为像邓小平一样的伟人，也可以成为像乔布斯（Steve Jobs）以及深圳的马化腾一样的商业巨子，也可以成为大金融家、大工商业主等，也可以成为卫国立功的将军，像岳飞那样，这都是立功的表现。最后，还可以成为伟大的思想家、伟大的学问家或科学家，像孔子、孟子，像苏格拉底、柏拉图、亚里士多德，或者像牛顿、达尔文、爱因斯坦、玻尔那样，留下万世不朽的思想言论或著作，这就是"立言"。一个人的一生只要能做到这"三不朽"中的一个"不朽"，就是成功的一生了！这是从儒家世俗的一面看。但是，这一面讲多了，人不容易提升起来。很多人认为儒家是世俗的，所以有人就讲，儒学是"大俗之学"。什么意思呢？意思就是说，儒学没有宗教性的一面。没有宗教性，完全掉在世俗的功名利禄中，当然就俗了。但是说"儒学没有宗教性"，这是对儒学的误解。我刚才讲到，儒学有世俗的一面，但另一面，它是对现实的世俗的一面不满足，要超越这一面，所以它强调人要往上升，人的精神要往上提，要提到与天地齐的高度或天地的高度。所以，从这个意义上讲，儒学最主要的宗教精神，就是一种超越的天地精神。可以说，儒学即世俗即圣神，即内在即超越。儒学的精神是这样一种状态和境界，所以儒学成为一种宗教。

刚才讲了两点意思。第三，从历史和现实来看，很多信奉儒学的人，对儒学都有非常好的研究和涵养，对儒学有一种宗教的情感体验，甚至达到一种巅峰体验的状态。儒家学者的这种体验，主要是静修，但更多的是儒家学者会借鉴佛教或道家的东西，也提倡静坐冥想，或修丹道（内丹功），不只是读书而已，宋儒就曾提倡"半天静坐半天读书"的生活。但儒家更强调社会生活的实践，强调在事上磨炼的功夫，为的都是要从人的心性修养中来超越自己，由凡入圣，优入圣域。从这个意义上讲，儒学当然可以看作是宗教。

最后，我们还要谈到一点，我们说儒学在历史上确实以宗教的面目出现过。我的一个朋友，上海的一个教授，他曾经在云南大理找到过一个手写本文件，大约是元代以后流行的东西。这个写本显示，有一个组织将孔子看作是教祖，并有教义、教规以及徽章和旗号，所有宗教的体制它都很健全。这个文件表明了在大理地区曾经存在过一个典型的宗教意义上的儒教团体，以及这个儒教团体的宗教活动。这就证明了儒学在历史上是作为宗教存在过的。从这个文献看，在中国历史上，（儒学真实地作为宗教）存在这样一个现象的绝不是仅有这个地区的这一件。从中国历史上看，应该存在过许多的作为宗教的儒学现象，是可以肯定的。儒学确实作为典型的宗教出现过，这是一个文化现象，也是一个宗教的历史事实（遗迹）。我们今天没有必要去回避与否认这个事实。

放眼未来，我们应该看到，从全世界范围来看，很多国家和地区都是信教的，特别是东南亚一带，有些地方信伊斯兰教的人不少，居住在这些地方的华裔也很多。如果他们认为你没有信仰，和他们打交道你就会很难。这些国家或地区的华人迫切要求承认儒学是宗教，这样他们可以为自己在当地的生存获得合法的地位，也有利于文化上的交流。从现实的关系和需要来讲，儒学也有宗教这个面相，而且它也应该成为一种宗教。

在历史上，儒学不仅成了一种宗教性的儒学，儒学本身具有宗教性，且作为地道的宗教存在过。不可否认，儒学有宗教的面相。在这个意义上，我们说儒学是一种宗教。我先就讲到这里。

王绍培

王兴国教授的回答是"儒学是宗教"，为什么这样说？因为首先，我们今天讲宗教与 30 年前讲宗教是不一样的，30 年前，宗教是一个贬义词，有点像是封建迷信，今天讲宗教是一种文明、一种文化，今天的语境已经发生了变化，在很多学者的眼里，东亚的文明圈就叫儒教文明圈，从儒学本身的内在规定性，它有它的超越性，超越性是宗教的一个比较核心的本质特征，还有一个，从历史上看，它曾经就是作为一种国教、一种宗教存在的，比如很多地方有孔庙，在很多重要的场合需要祭拜孔子，有 20 个字叫"天地国亲师，仁义礼智信，十字在心中，堂堂作君子"，这是有宗教意义上的行为，王兴国认为从面向未来的角度说儒学应该是一种宗教，华人和很多文明在一起的时候，需要用儒学作为自己的宗教信仰。我们现在进入到互动的环节，大家有问题吗？刚才在演讲的过程中，大家有想到问题的话，可以拿笔示意写下来，马上进入互动环节。等一下反方发言后，希望大家可以比较快地将问题写出来。宗教元素里面有一个天启的概念，请教王先生，如果儒学是宗教的话，如何看待这个问题？儒教的天启的部分在哪里？是什么？

王兴国："天启"这个观念，据我所知，不是宗教的概念。"天启"也叫"神启"，或者说，就是神启，主要是讲人如何从"天"或"神"的启示获得灵感，灵感的源泉被看作是"天"或"神"。儒学作为宗教，在这个问题的理解上，本身就有争议。儒学作为宗教，一方面可以从内在的超越之路去领悟；另一方面，是从外在的意义上去理解。我们知道，中国古代有过崇拜上帝、崇拜天的历史，我们曾经有过对天、对上帝的崇拜，在儒学中也保留了对天的崇拜的遗迹。从这个意义上讲，很多人认为儒学或儒家也讲"天"，也有对"天"的崇拜，也有强调对"天"的感应，对"天"的遥契，从对"天"的"感应"或"遥契"来讲，我们说"天"是至高无上的超越对象。在这个意义上把儒学看成宗教，是外在的超越的了解。这是很古老的。更主要的另外一面，儒学作为中国文化的主流来看，"天"被儒学消解掉了，消解在了人类的道德心性之中，所以儒家不再迷信外在的"天"或上帝，而是强调人自身的修养和修行。所以儒家是在人性上、心性上实现超越的，当然这是以道德的修身和实践来实现的。如果一定要说是"天启"之类的话，那么我觉得儒家在宗教上的超越更强调"心"启或"性"启。对这个问题，我就回应到这里。

王绍培：

下面一个问题，儒学是宗教么？（提出）这个问题是欠周详的，这就像问"佛学是宗教吗"？其实，佛学只是宗教的一个组成部分，儒学只是儒教的一个组成部分，正如佛学是佛教的组成部分，是部分与整体的关系，两者不能等同。这是一个结论。判断宗教的标准是制度还是超越性？有无绝对标准？

王兴国：到现在为止，关于"什么是宗教"，没有统一的定论，没有一个"宗教"定义是所有的人都可以接受的，所以我们可以讲一句话，宗教无定义。但另一方面，我们要看到，不管宗教有无定义，或者说宗教有无统一的定义，但有一点，我们可以判断，有几个要素是必须具备的：第一，宗教要有信仰的要素；第二，宗教是有仪式的活动；第三，宗教一定要有情感的慰藉，或者说一定要有情感的体验（完整地说，是身心的体验，但身的体验主要在修行和仪式的活动中）。这是宗教必备的基本的三要素。如果不存在这三要素，就不能谈宗教。如果儒学没有这三要素，儒学就不能成为宗教的儒学。因为儒学已经具备了这些要素，所以，我说儒学是一种宗教，是地道的宗教。但是，你要说儒学没有像基督教那样的教堂，或没有像基督教、伊斯兰教那样的宗教组织。儒学可能没有那样的组织，也可能不会有那样的组织（历史上曾经如此），但儒学具备了前面说的三个要素。

王绍培：

儒学是什么时候成为宗教的？什么时候由学说变成宗教的？

王兴国：对于"儒学是从什么时候变成宗教的"这个问题，我的答案是：应该是从有了儒学以后就开始变成宗教了，儒学作为宗教与儒学的起源是同步的。因为有了儒学以后，就有了儒学的信众，并有了儒学的礼仪与宗教活动。

王绍培：

互动告一段落，有请反方发言。

王立新：很高兴来到温润的南书房，听到王兴国温润的夜话，听到王绍培温润的主持，我可能说得不太温润。我是研究儒学的，但是研究了几十年了。说"儒学是宗教"是巨大的错误。为什么这样讲？我先说儒学在近几十年来为什么渐渐被认定为是一种宗教。一方面，西方的学术处于强势，中国的学术尤其是哲学在跟人家对话的时候，表现的是弱势，规则是人家定的，所以我们属于弱势。你必须得遵循他的法则，必须有宗教性，所以我们才将儒学慢慢说成是一种宗教。现在虽然中国的经济发展了，中国在国际中的地位提高了。比如说，在印度尼西亚，儒学就是宗教，因为这地方的人要出去旅游签证的时候，问信奉哪个宗教，如果不信奉宗教是不可以出国的，那就信儒教，所以儒教就成了宗教。我们认为儒学成为宗教是由于中国处于弱势的地位。王兴国经常在东亚各个儒教的国家开儒学是宗教的讲座，见识非常广泛。

我为什么认为儒学不是宗教呢？首先，将30年前的宗教和现在的宗教予以区分，宗教是人类文明的优秀成果，但我觉得儒家不具有这种宗教的性质。从产生的角度来讲，儒家就是为了解决现实生活的问题，解决政治的不良的问题，它要矫正现实的不良，要给没有良心的君王安上良心，要是有良心的话，就帮助政治推展政党的教化。人生所有的事情，无论是儒家对于政治的寄托，对于生活的改造，还是对于教育所付出的用心，从产生开始就是一个标准的人间性的东西，它没有宗教的这种超人间性。

其次，从儒家的性格来讲，我们可以叫儒学，也可以叫儒教，不管怎么叫，"儒"的性格不具有强烈的宗教的排他性，它能吸纳天地的精华涵养自己，"三人行必有我师"，《论语》中还有"里仁为美"，大凡世间无论是天地宇宙的什么生物，君子都善于向这些东西学习，不具有宗教的强烈的排他性。现在所谓的极端的宗教组织，不极端的也排他。中国历史上，儒家没有为了保护儒教发生过一次战争，儒学不具有强烈的排他性，所以这是儒家的性格。

最后，从功能方面来讲，儒学所发生的功能是劝人为善，但都是现世的。儒家说成为君子现世就可以达到，当下你就可以成为君子，它的功能就是救世的，就是济民的。这都是实在的事，没有说一等人念经、二等人坐禅之类。从功能上讲，儒家都是现世的，都是救世的。当然，人类最优秀的精神成果多少有一点宗教的意味，同时又多少有一点趋向于宗教的取向，净化了灵魂，扫荡了世俗，清洗我们因为生长在人间社会所受到的污染，所以多少具有一点宗教的品格。如果说儒家具有宗教意味，仅仅是因为具有这一点品格，但具有这一点品格，不等于就是宗教。我认为儒家是一种人文的价值体系，是人之所以为人、人之何以为人的一套价值体系，而不是人何以能摆脱痛苦、人何以能成为神、人何以能成为非人的体系。当然，我非常欣赏和理解将儒学作为宗教和强烈宗教性的学者，所以儒生需要搭配一点宗教的性质。我今天跟主持人王绍培在一起，我没有看出他身上有宗教的性格。我先说到这里。

王绍培：

　　概括一下王立新教授的观点：第一，现在我们之所以流行一种说法说儒学是一种宗教是被逼的，是弱势文明的表现。从产生角度上讲，不是一个宗教的概念上的东西，它是为了矫正一种不良的政治教化，那些政治家是基于这样的动机产生的。第二，儒家没有排他性，所以不是宗教。第三，儒家是劝善的，要求大家做一个好人，但没有彼岸性，只有人间性，只有世俗性，只有人性，而没有神性，所以王立新教授认为儒学不是宗教。下面进入到互动的环节。其实刚才有好多问题，但我们只从中选择了三个问题，每个问题的回答有可能今天晚上讲不完，所以只能挑选其中的问题，问题要提得好，比如说"儒学是什么时候成为儒教的"，我认为这是一个好的问题。不太好的问题是"儒学是儒教的一个组成部分"，这不是一个好的问题，而且不是一个问题，是一个不好的表述。"宗教是起源于人的恐惧心，对吗？"

　　王立新：早期是这个样子。按照过去我们所学的马克思主义的宗教学理论，认为早期人类抗拒自然的力量，导致产生了对人类生活以外力量的敬畏，从而产生了宗教。但不一定是出于恐惧，也有可能是出于敬爱。

王绍培：

　　经常叫三教九流，有无儒学？

　　王立新：有，"儒释道"三教。但中国讲三教，就是社会上乱七八糟的人的意思，指什么人都有。

王绍培：

　　仁义礼智信，杀身成仁，是否是宗教的意思？

王立新：坚持自己崇高的现实理想而献身。不是为了教主献身，是为了理想而献身。理想和信仰是不一样的，理想是一种信念，信念和信仰不是一回事。

王绍培：

儒学如果不是宗教的话，那它是什么？

王立新：客观效果是教化，主观上是修身的目标和方法，整体讲是吸天地之善，行人间之正。

王绍培：

排他性是否就是真的宗教的特性？如佛教其实没有包容性，佛教没有排他性就不是宗教了吗？

王立新：其实佛教本身很有排他性，中国流行的宗教是敬祖宗，就是阿弥陀佛，禅宗没有十分的排他性，禅宗完全是中国的佛教，不是印度的原佛教。

王绍培：

理学不是说从儒学里面出来的吗？理学是宗教吗？或者说有没有宗教性？

王立新：有宗教性，大部分人的最高精神的价值都有倾向宗教的特征。"道统"这个词是韩愈说出来的，到了宋代被踢开了，因为对儒学缺乏基本的了解。什么是"仁"？"仁"于先秦时讲的是"泛爱众"的问题。儒家的爱是从亲情基础上展开的，实际上不是宗教。为什么不是宗教？宗教能允许你批判吗？谁说"基督"是一个混蛋，根本没有办法在西方社会生存。儒家能够经得起批评，这就是儒家的人间性，所以理学家都是人，理学不是宗教。朱熹给自己的学生写信以"兄"相称，中国的儒家师徒就是兄弟，师友是同一伦的，没有那么大的压迫力。通过自己的身心映衬着你、感染着你、感召着你、熏陶着你，然后让你慢慢朝着善和君子的途程上生长，离开了直接的亲身的交往，就没用了，得言传身教。

王绍培：

东北人天生有一种表演小品的能力，哪怕是讲儒学学说，也像讲小品一样的生动。儒学是宗教么？是一个很大的问题，你可以说是，也可以说不是，是和不是都不重要，重要的是你怎么讲它是和怎么讲它不是，所以诠释比较重要，你的理据比较重要。梁启超之前，儒学是宗教是没有争议的，是中国的宗教，因为那时候没有西方宗教的概念，没有宗教文明的比较学，所以我们虽然觉得它是宗教，可能也不一定把它当宗教来对待，梁启超说儒学不是宗教之后，就有人响应，有蔡元培进行响应，后来就成了一种主流的意见和观点了，就是儒学不是宗教。现在的学者易中天讲"中国没有宗教"，这个话不重要，重要的是他为什么这样讲？因为中国确实没有像基督教的宗教，也没有像伊斯兰教的宗教，但中国现在信基督教和伊斯兰教的人是非常多的，但主流儒学不是这样一种形式的宗教，用那个定义衡量儒学的话，儒学不是宗教，因为宗教是有教主、有教义、有很多的戒律，乃至于有很多的非常虔诚的信徒，要这些元素加在一起才算是一种宗教。儒学是什么？我们当然可以说孔子是教主，但不是那种意义上的教主，如果用西方的标准来衡量的话，可以说不是宗教。在西方学里，也有不同的说法，美国有一个宗教社会学家叫休斯顿·史密斯，他写有一本书叫《人的宗教》，或《世界的宗教》，里面讲到了中国的宗教，他讲的宗教有一个内在的规律性，讲的是必要性，讲的是内在特征。外部特征则是教主和仪式，以及很虔诚的信徒。这些都是外部的仪式。有没有信仰的制度，这都是外部的规定性。内部的规定性其实就是神性，就是有没有超越性？你是不是停留在此岸？你是否拥有彼岸性？这是内部规定性。还有就是，你的宗教性是否表现在你是一个精益求精的信徒？就是不断在完善自己、改正自己，比如说每天都会祷告，这是一种精益求精。"日三省吾身"，也是一种精益求精。这种内在规定性也是宗教性的一种体现。另外，就是它有没有一种巨大的能量？有没有一种利他性？有没有东西影响身边的人？宗教的内部规定性有三点，是至高性、至深性，意思是说不满足于当下的状态和现实的状态；还有一种很深的追究，是至广性，就是说不限于在自己的身上，在小范围内发生自己的影响力，尽可能将自己的影响力传播得更广泛。有了这三个东西，就可以说是有了宗教性。其实宗教是一种人类的文明的生活模式。我把它简洁归纳成，"你在什么地方要知道"，"你去什么地方要明白"，"你怎么走你要清楚"。这就是宗教要传达给我们的。但是这个里面有宗教性和宗教不同的信仰体系，就是它有一些不同特征，比如说像西方现世凡俗的人文主义，在某种意义上讲也是一种宗教，但只停留在此岸，没有彼岸，只有物质层面，没有精神层面，只有当下现世，没有超越，这叫凡俗的人文主义。一般的宗教信仰是没有此岸，有彼岸，就是所有在此岸的生活都不是重点，只是出发点，都不是目的，只是一个暂时的状态。我们要经过一个信仰的桥梁到达彼岸，这就是一般的宗教性。杜维明不认为儒学是宗教，但是他讲它是一种宗教性的信仰体系。所以他认为，儒学是精神性的人文主义，就是我其实也是重视此岸的，我在桥梁上生活，但我很明白，我跟那种凡俗的人文主义不一样，我不安于在桥上盖房子，只是暂时在桥上居住，另外一面就是离开桥，通过桥梁，到达彼岸。这是一个比喻说法，因为这种超越性有两个方面，有彼岸、有此岸的空间性的说法。还有一种说法是中国文化的超越性表现在内在超越，内在超越不是一种空间性的超越，是一种时间性的超越，不是物质层面的超越，是精神层面的超越。如果你成为一个圣人，成了一个君子，成了一个所谓的大人，这时候就有一种彼岸性，就是现在所谓的凡俗的人文主义是注重物质的。我们将物作为我们的目标，我们今天挣了这么多钱，我们希望挣到更多、更多的钱，这个就没有超越性。什么叫超越性？"杀身成仁"，这是一种精神上的超越性，从这个角度上说，儒学就是宗教，就有这个宗教性，比如说任继愈先生，他认为儒学就是宗教。上海华东师范大学有位先生，写了一本书叫《儒教简史》。儒学是宗教，儒学为什么是宗教？结论不重要，从这个角度上讲，王立新、王兴国两位教授都姓王，他们两个没有分歧，只是阐述的是不同的面貌。现在在座的还有问题吗？

听众： 我是图书馆馆员，我上次听了之后，感触很深，我想跟王立新教授交流一下，我个人比较赞同你的所谓儒学不是宗教的观点，因为一说到宗教，大家都认为是一种信仰、一种精神崇拜或感情寄托，儒学虽然是有宗教的成分在，但它不具备宗教的仪式，同时，它是围绕人，而不是围绕神展开的，所以它更多的是一种文化、一种所谓的人身的价值体系，那么您认为儒学作为一种人文的价值体系，它的理性成分多还是非理性成分多呢？从学科分类上说，儒学是属于哪个学科？其实儒学涵盖的范围很广，包括经史子集，但现在谈到更多的是儒家哲学，是将儒学作为哲学的分类，您认为将儒学划归到哲学范畴是否合理？

王立新： 关于儒学应划分在哪一类学科，我认为儒学是天地之学，无所不包，无所不含。我们是研究儒家哲学的，这是我们在学科现实界面上的身份。我们都是研究儒家哲学的，是别人给我们贴的标签，现在我们只能给人家做广告。学科的分类都是西化的系统，将儒学划分成哪个学科都不恰当。不划学科不等于我们是伟大的，而是把我们赶走了，所以暂时贴一个标签我们就认了。其实儒学是艺术、历史、文学、政治、哲学、宗教，无所不含。所以我说儒学最标准的学科是天地。关于儒学里面理性和非理性的成分哪个大？儒学里面首先是理性的，"知之为知之，不知为不知"，这都是理性的东西，从一开始都是理性的。到宋明时期，那些理学家的表述都是非常逻辑、非常严密的，是超乎逻辑之上的逻辑，是天地逻辑和生命逻辑的连体与融汇，这种理性成分很强，但不同于西方式的教育给我们的理性。因为它是生命的逻辑和天地的逻辑，在这里感性和理性是浑然一体，是不分的，是理性的感性，也是感性的理性，光有理性就没有生机和活力。

王绍培：

王兴国教授受了很长时间的批判，现在轮到您发言了。

　　王兴国：针对王立新教授的观点，谈几点看法。首先我非常理解王立新教授讲的"儒学不是宗教"的心情，我是可以理解的，因为他首先谈到的是"儒学是宗教或不是宗教"这个问题是来自西方霸权话语的产物，或者我们用他的话来讲，"儒学是宗教"这种说法是来自西方话语的一种说法，即"西洋味"的说法。为什么会有这种说法产生？我们看它的背景，其实这是在世界文明或文化的话语霸权之下产生的一个伪命题。这就是王立新教授的一个观点。事实上，在我看来，不是这样的。如果这样来看"儒学是宗教"这个问题以及这个问题的产生，儒学只是跟着西方霸权话语转，它就太小家子气了。其实，不管有没有西方文化的霸权话语，即使是中西方文化不相交遇，"儒学是宗教么"这个问题仍然会出来的。从我们的文化在我们的国度自身的发展中，就有这个问题。儒学也许首先要解决的不是人的生死解脱的问题，而是解决人的安身立命的问题。儒学的产生不是为政治家产生的。儒学解决的首要问题不是让政治家有良心，而是一个人如何可以为一个人，作为一个人如何安身立命；不然的话，儒家不需要讲仁、义、礼、智、信。所以，你首先要做一个人。做好一个人，才能做好一个政治家。孙中山讲过，人从小"要立志做大事，不要立志做大官"。"立志做大事"首先就是要做人。这个问题跟宗教是相通的，所有的宗教都要解决这个问题，所以宗教的一个任务，不仅仅是说，要为人解脱生死，也要解决人的现世做人，就是人的安身立命问题。如果人在现实社会中不能做人，那还说什么生死解脱的意义！这是我需要强调的一点。

　　第二点，这个问题之所以会被提出来作为一个大问题讨论，跟目前中国文化的处境有关系。但这首先不是一个哲学问题，而是一个文化的问题，就像美国亨廷顿讲的，现在世界的冲突表现为文明的冲突。文明的冲突！当今世界上几大文化圈、几个文明的代表，儒学是其中之一，西方的基督教，阿拉伯地区的伊斯兰教，再加上东亚的儒教，三大宗教或三大文明。此外，还有婆罗门教、佛教、犹太教等宗教。以前杜维明先生常讲五大宗教。不管怎样讲，在当今世界上的"文明冲突"的格局中，都会涉及这三大教之间的关系问题。我们要知道，"儒学是不是宗教"的问题与西方强势霸权话语本身没有必然的关系。因为今天西方文化是强势的霸权话语，但在以前西方没有起来的时候，它不是强势霸权话语。从未来看，西方是否可以永远维持强势霸权的话语权呢？当然是不可能的。因为世界上没有永恒的霸主，自然就不会有永恒的话语霸权和霸权话语。

就宗教的本质来看，应该说宗教的本质不是排他性，也不一定是通过排他性来表现的。儒学没有排他性，但很多宗教有很强的排他性，这是不可否认的。伊斯兰教、基督教、犹太教的排他性是很明显的，但儒学没有排他性。但是我们要知道，有没有排他性，这不是宗教的本质，而只是宗教的一种属性的形态表现，或者说是宗教的一种品质的表现，但是这个不能代表你是不是宗教，不是说所有的宗教都一定具有排他性，佛教就没有排他性。王立新教授说"佛教有排他性"，我不同意这个看法。大家知道，古代印度社会是一个种姓制的社会，有婆罗门、刹帝利、首陀罗和吠舍，所谓"四种性"。其中有着严格的差别，等级森严。吠舍与首陀罗之间的界限是不可逾越的，与其他种姓的界域更是如此。譬如说，今天的尼泊尔虽已废除了种姓制，但还是有相当明显的残留。在这样的社会，人的卑贱、等级、所能受的教育及社会地位和婚姻状况，从一开始就是被决定的，不能改变，首陀罗命运十分悲惨，与中国古代的情况完全不一样。中国古代也讲"四阶级"，所谓"士、农、工、商"，但是相对平等，没有那么大的等级差别，也不会永远不可改变。古印度占统治地位的宗教是婆罗门教。佛教的产生是作为一种异端思潮出现的，就是反对婆罗门教的，主张废除种姓制。佛教提出一个基本主张："人悉有佛性"，就是说，人皆可以成佛，这就类似于中国儒家说的"人皆可以为尧舜"、"人皆可以成圣人"。如果说佛教具有排他性，那么就是它对婆罗门教的敌对性与对婆罗门教的反对了。佛教作为一种宗教，虽然有教主，但是教主不是神，释迦牟尼佛不是神，是人。佛教讲人皆可成佛，也不是要把人变成神，而是要人觉悟。所以佛教是要解放人，而不是要把人送上神坛，将人变成神。实际上，佛教没有关于神的教义，更没有关于人成为神的这种教义。佛教不讲神，也就不排斥人，甚至不排斥有情众生。佛教对一切人的过失或罪孽都抱着宽恕的态度，只要能去恶从善，就既往不咎，还助你成佛。所以，从这个意义上讲，佛教作为一种宗教不是排他的。佛教在中国隋唐时期有很多宗派，宗派之间为了争高下，争夺地位，互相有争论，有攻击、诽谤、对骂，是佛教内部的宗派之间的事情，不能视为佛教的排他性。其实，佛教内部教派之间的分歧再大也不至于发生战争，主要还是由佛教教理的理论争辩去解决的。这就是佛教的判教。什么是判教？判教，就是看你讲的佛教是不是圆教。圆教就是究极的最高的教，最高的教是来自佛。佛住世时，对不同的佛弟子说不同的法。佛圆寂以后，经过三次结集，把佛所说的法以文字记录的形式整理出来，就是佛经。这些佛经在佛教内传播流行，被不同时代不同地区或民族的人阅读翻看，那么不同的读者就可能有不同的理解，然后形成不同的佛教教理，佛教里面不同的教派之间，就不免会产生分歧。这好比你说"儒学是宗教"，还是"儒学不是宗教"，对不同的人来说，这就会产生分歧，所以就出现了判教。判教的标准就是看谁说的教理，能符合与体现佛的教旨精神。但是这个判教的标准是有很多问题的。因为你立这个标准不一定是每个人都可以接受的。你说你的教理符合这个标准，是圆教，说我的就不符合，不是圆教；我说我的教理符合这个标准，我的是圆教，你的不符合，你的不是圆教，那么到底哪个是圆教呢？最后就会产生一个各说各理，谁也说不清的问题。其实，理论水平的高下与教相的圆成，还是可以分辨的。所以，判教的问题，是佛教内部的教理教相之争的问题，也不是排他性的表现。我们不能将排他性作为衡量宗教的标准。不是所有的宗教里面都一定要讲神，我们说儒学这个宗教就不讲神，儒学里面没有对神的崇拜，没有将孔子看成是上帝，没有将孔子看成是神，佛教也不讲神，也不讲上帝，释迦牟尼佛也不是神，这个跟基督教、犹太教不同，只是宗教形态上的差异。这一点，刚才主持人也谈到，儒学和佛学一样，是一种很特别的宗教形式，它的表现不会跟佛教和伊斯兰教一样。宗教也是有多元性、多样性的。我们说人类文化是多元多样的，那么多元多样的文化中的宗教同样也是多元多样的。为什么你只承认基督教是宗教，而不承认儒学是宗教？因为儒学具备了所有宗教的超越性，我们不讲神，但是我们讲人的内在的超越，人的心性的超越，人的本性的超越，所以儒学里面讲的"此岸"即是"彼岸"，"彼岸"和"此岸"的关系不像基督教和伊斯兰教一样，一定要否定或毁掉"此岸"才可以达到"彼岸"，儒家讲"彼岸"即在"此岸"之中，我们通过"此岸"即可以达到"彼岸"。儒家讲的宗教是人间的宗教，是即世俗即神圣的宗教，不像基督教有严密的组织性和控制性，就像你听讲一样，想来就来，想走就走。所以，它很自由和随和。我们也可以讲，儒教是一种生活方式，无处不在，我们就生活在作为宗教的儒学的文化中，如沐春风，所以它有一种亲切性，不像西方基督教一样板着一副严肃的面孔。我们一到教堂就看到耶稣，看到十字架，就感觉很严肃，跟我们到了孔庙里面，看到孔子和蔼慈目的心情完全不一样。宗教的形态与宗教的本质要搞清楚。

最后，强调一点，"儒学的宗教性"与"儒学是宗教"的确不是一个问题。但是，如果承认儒学有宗教的品格、有宗教的本性，就必然要承认儒学是宗教。对于说"儒学有宗教性，有宗教的品格，但儒学不是宗教"，我们虽然可以同情地理解为：有时候为了避免一些不必要的误解和纠缠，有时候为了保持某种和谐，就羞羞答答地说"儒学是一种准宗教"，说儒学"有宗教性"或"有宗教的成分"，这是不够的，也是无济于事的。我们要理直气壮地讲"儒学是宗教"。

王立新：儒家是一种人间的学问，在学堂里面是学问，在生活中就是一套人生的规范。这个规范已经融入我们的生活，成了我们中国人的生活方式。我们经过了这么长时间的历史，但中国还是中国，中国人还是中国人，就是因为儒学成了我们的生活方式。我们有的时候，有意识或者无意识，走在街上看到一个大人欺负一个小孩，小孩对父母不好，自己很难受。你看到一个学生不懂礼貌，你会想尊师什么的……实际上，儒学就是生活化的一些行为习惯，其中都充满了生活。

中国人很和谐，和朋友之间坐着聊天，被挑拨打架也不生气，他说是儒教也行，我说是儒学也不反对，这叫和谐。"君子和而不同"，不同的是观点，和谐的是人生，这完全是一种人文的品格。在中国，"师"的地位很高，过分地尊师，我们当老师的还会觉得不舒服。韩愈说"弟子不必不如师"，这就是儒家。我们今天聊的话题是儒家也好，是儒教也好，都是在当下的世界的伦理和场景讲话。我们不想翻过来成为强势，我们都是现世的，当下的超越，此岸即是彼岸，我们瞬间就是永恒的，了解了生命，理解了生命，实现了生命，"人皆可以为尧舜"，

只要你自己努力，你当下就是可以成立的。我说这一段话只是对王兴国
教授的一个回应。

王绍培：

　　刚才有一个针对我提出的问题，一个国家真的需要宗教吗？这个问
题还是蛮有意思的！没有宗教不可以吗？首先我觉得这个问题可以从不
同的层面回答。比如说中国人，什么叫中国人？宗教是我们所信奉的遵
守的一个价值体系、一种观念体系、一个信仰体系，你是按这样的体系
行事。比如说过去满族打到中国来，没有更高的宗教系统，所以到中国
来后，被中国文明征服了；很多异族打到中国来后，发现中国文明非常
好，虽然是一个中国的统治者，反而被中国文明统治了。等到西方打到
中国来后，不仅想征服这个国家，而且想改变这个文明，这是今天为什
么提儒学是宗教这个话题的宏大的背景。什么叫中国人？中国人是头上
戴着儒教的帽子，身上穿着道家的长袍，脚上穿着佛教的鞋子的人，这
就叫中国人。中国人要生活的时候，觉得道家很好，教你怎么养生和顺
其自然；怎么为人处世的时候，会觉得儒家很好，有一整套说法，将这
一整套说法放在不同的方面，这就是中国人。今天为什么要强调儒学是
宗教呢？其实我们以后还会谈到为什么还需要道家和佛教，因为中国人
全身的穿戴就是一个混合体，会有一个身份标志，有一个主体性，这是
原因之一。还有一个原因是据说在日本，两辆车相撞，两个司机跳出
来，彼此对对方说，对不起，对不起，不小心撞到你，然后友好地离
开。如果现在在深圳或在中国很多地方，根本就不会鞠躬，并且认为责
任全在对方，所以说这部分的礼数没有了，但日本这个国家有，泰国这
个国家也有。两辆车会车，在中国会抢，不抢就过不去，这套教化在中
国其实已经丧失了，所以我们需要重新将这个东西拾起来，用这套体系
为人处世，会比较愉悦。儒学是带有一种强制性的，但是最终是会意识
到，我们经过了过去很多年的教育，其实我们已经在某种意义上成了野
蛮人了。比如说现在的老太太摔倒了，我们现在会选不扶她？过去的第
一时间就会把老太太扶起来，这是我们文明的比较美好的部分，现在已
经失落了，所以我们今天要强调儒学是不是宗教？为什么一个国家需要

宗教？需要宗教的目的是要成为一个有教养的人，一个被教化的人。过去的家教就是礼数，没有家教出去人家是会看不起你的，过去穷人家里面也会有家教，现在没有了。现在孩子在家里比较厉害，他说了算，他会直呼"老王"。过去我们提倡尊敬老人，后来我们说尊敬老人是没有必要的，因为老人在各个方面都已经衰退了，那么我们为什么要尊敬一个老人？过去是因为老人会有很多经验，老人家知道得比较多，比如什么时候播种、什么时候插秧等，这是我们从功利方面来理解的，其实还有一个道德的层面，向一个弱者示弱，我尊重他，我听从他的，我把我的强的一面暂时地掩饰起来、搁置起来，这是一种美德。但现代人没有这种美德和谦虚。这种文化里面有它很闪光、很美好的一部分。任何一种宗教都是多方面的，比如说宗教战争，中国也有，"礼教杀人"，鲁迅的时候，反宗教和孔教，反对也是对的，因为它确实有这样的一面。但任何一种宗教和文明都有这样一个方面，我们批判一个文明的时候，是会批判它不好的地方，但不等同于一切皆坏。今天我们讲宗教，儒学是否是宗教？这样一些背景的情况和知识温习一下是非常好的。王兴国教授和王立新教授还有没有互动的？

王兴国： 就刚才讲的鲁迅他们那一代人，新文化运动中的陈独秀、鲁迅、吴虞他们这些人当时疯狂地批判儒学，怎么看这个问题，就是对于五四新文化运动批判、打倒儒学这个现象怎么看？我想就这个问题补充几句，对主持人讲的话补充几句。当时以鲁迅、吴虞为代表的那批人，批判、打倒儒学的关键点，是儒学的礼教，他们指控"礼教杀人""礼教吃人"，但这个批判和指控不是从鲁迅和吴虞开始的，而是早在清代的戴东原就提出了的。戴东原就是戴震，他说理学家"以理（礼）杀人"，就已经开始批评儒学的礼教了。但所谓的儒学"礼教吃人"这一方面的东西并不是礼教的精神，也不是儒教的精神，这实际是来自于中国的政治。当儒学跟政治合在一起的时候，被政治利用，政治借用了儒学的名义，借用了儒家讲礼教的名义，把这个礼变成一个主宰人的工具，所以在政治的利用之下，礼教变成了一种"吃人"的工具。仔细分析一下，其实这与儒学的精神没有关系，之所以说它与儒学有关系，是因为儒学与政治合流。儒学登上政治舞台，与政治合流，儒学的精神一方面影响了政治，对政治生活发生了重要而深远的积极影响，我们知道的"学而优则仕"、科举取士、国家文官系统的建制等都是受儒学影响的表现，儒学在历史上对于社会的发展、繁荣和稳定，无疑是起到了巨大的积极正面的作用的。儒学的精神对政治的影响无论有多大，毕竟都是有限的。此点必须清醒！从汉武帝到辛亥革命之前，儒学在整个历史舞台上扮演的角色是重要的，但也是很有限的。很多人讲到中国的"封建主义"的根源都在儒学或儒家，其实这是有很大的问题的。要真正地来讲儒学、讲儒学与政治的关系，就不是这么个情况。因为儒学是讲仁爱、爱人的，是讲民本的，甚至是讲革命的。大家知道，在朱元璋时代，朱元璋禁止读《孟子》，将《孟子》列为禁书，这位开国的朱皇帝下了诏书之后，令行不通，中国人读《孟子》至少也有 1000 多年了，现在突然来了一道令，《孟子》不能看，说《孟子》是一本"坏书"，是"毒草"，必须要禁了。但是，天下人都读《孟子》，尤其是天下读书人冒着杀头的危险，还是照旧读《孟子》，你皇帝总不能把天下所有读《孟子》的人都杀光了吧！但是，皇帝又不能收回成命。所以，最后，宰相出了一个主意，让朱皇帝挽回了尊颜。这个主意就是，给《孟子》搞一个删节，将《孟子》中讲民本思想即"民贵君轻"和革命的内容去掉，成为一个删节本，大家就仍然可以读了。这个《孟子》的删节本今天还保留着。这其实已经成为一个传统，这都已经是有历史的啦。"文革"时期，毛主席号召干部要读《红楼梦》，但怕《红楼梦》的"封建余毒"流传到社会上去，就搞了一个《红楼梦》的删节本，又叫作"洁净本"出来。我讲这些东西，就是要说明一点，儒学虽然进入了政治，但是儒学受到政治很大的限制。在中国历史上，儒学的精神真正对政治产生"重大影响"其实是有限的。但另一方面，在很大程度上，是政治在利用儒学。儒学与政治的关系是非常复杂和微妙的。儒学对政治有谏言性的作用，也有限制性的作用。但政治，中国的政治，从秦始皇建立秦帝国之后，就是君主集权的专制政治，我们之前一直称之为"封建"、"封建主义"，从思想观念上说是非常错误的，因为"封建"即"封建制"的社会形态到秦始皇时代就早已经没有了，秦始皇以后也不存在了，所谓封建主义至多也只是残余而已。严格来讲，应该说是君主集权专制。（自秦始皇建立大秦帝国以后）君主集权专制主义是中国古代政治的本质。在这样一个背景之下，我们说儒学跟政治的关系又是互相限制和互相斗争的。当然，说儒学被政治利用了是事实，但是儒学也在利用政治呀！所以，儒学与政治是互相利用的，这种互相利用有一种复杂微妙的关系。但总的来讲，儒学对政治的影响是有限的！在某种意义上，也可以说很大，但是这种"很大"是有限度的。儒学，从文化层面上讲，有不同的层面。我们刚才说的是儒学的政治层面的问题。今天主要说的是儒学的宗教这个层面的问题。儒学还有其他多种层面。不同的人讲的儒学往往是从不同的层面上来讲的。王立新教授说我们都是搞中国哲学的，搞中国哲学的儒家哲学，就是将儒学放在一个哲学观念或哲学思想的层面上来说的。这个层面的儒学即哲学的儒学对政治没有太大的影响。儒学还有一个层面，就是老百姓可能说，我虽然没有读过《论语》，但是我知道做人要凭良心、要讲诚信，这是儒学精神在民间的表现。儒学的精神活在民间，这就是儒学的民间文化的一个层面。除了民间儒学外，我们今天还讲都市儒学，提倡都市儒学，这也是儒学的一个面相。此外，我们还提倡社区儒学。都市儒学、社区儒学可以从民间儒学的意义上归入"民间儒学"，也可以从别的意义，譬如"精神儒学"的意义上去讲，而有别的归宿。儒学的存在有多种面相，我们今天讨论"儒学是宗教"，只是儒学众多层面中的一个面相。我们说"儒学是宗教"，也可以说是"人文教"的宗教。牟宗三先生就说过，儒学是人文教。儒学作为人文教，是一种特殊的人文主义。除此以外，还可以说，儒学是政治，儒学是教育。儒学放在不同的平台和层面上，都可以看到儒学的一面，但都不是儒学的所有的面，都不是儒学的全体，从任何一面所看到的儒学，都不是完整的儒学。所以，要完整地了解儒学，就不能仅仅从宗教这一个层面去了解，而是需要从各种层面去了解。事实上，儒学全面地渗透在我们的生活中。儒学也渗透到烹调里面，做菜可以用各种各样的材料调配味道，但是要美味，一定要达到"中"，所谓"致中和"，就是"得中"或适中。我们的衣服五颜六色，花花绿绿，要穿得美，各种颜色之间的搭配也要讲究协调。只有协调了，才有美和美感。所以说儒学的精神是渗透到我们的整个日常生活中的。我们今天虽然讨论儒学是不是宗教的问题，但我们对儒学的了解，不能仅限于这个问题。

王立新：儒学是一种生活化的文化，不需要非得当宗教来看，生活中，像王兴国教授刚才提出的烹调和衣服等都充满儒学。如果没有我们这些学者存在的话，儒学还是灭不了，因为大家身上都有儒学。今天儒学普及的任务就是让这些不自觉的行为提升到自觉的层面上来，这样我们行为起来就具有非常明确的目的性。

观众：《大学》开篇"大学之道在明明德，在亲民，在止于至善"。对于这个"亲"字，朱熹和王阳明的解释不一样，到底应该怎样解释？《中庸》里面有很多个"子曰"，为何没有归到《论语》里面去？

王立新：什么叫"明明德"，第一个"明"是动词，后面的"明德"是名词，将上天赋予我们的美德发扬并让它闪亮，在我们的人生中体现出来。儒学安民的思想，在古典的时代，本身就有"新"的意义。儒家教化大众干什么呢？要仁爱天下苍生，就是两件事，一个是关怀他的生存状态，这叫"亲民"，儒家这种经典是讲给大学者和政治家听的，要亲民、要恻隐、要养民，《论语》中有孔子和弟子到北国周游卫国，孔子说"庶矣"。弟子问既"庶矣"然后呢？孔子说"富之"。这就是亲民。已经富裕了再怎么样？子曰："教之。"富裕了要教化，让他成为追求幸福、崇高、和谐的人。"亲"和"新"是必须具备的两义。第二个问题，为什么《中庸》中那么多"子曰"不放在《论语》上去，这我真不知道。

听众：我觉得今天的题目本身比较片面，儒学可以概括为一个"思想"。针对儒学，它创始于先秦时期，那个时代是真正的自由的思想的儒家，自从秦始皇暴政，到清朝2000多年的这期间，我们华夏民族的思想被整个帝王体制所压制，在这种情况下，还有真正的儒家吗？

王兴国：关于这个问题，从秦始皇以后，到清代，即所谓的"封建统治"结束的时期，尽管我们说这些历史时期中的中国社会政治在本质上是一种君主专制的社会，但我们说其中当然是有真正的儒学和儒家的。从汉武帝时代开始，儒学真正进入到政治层面。政治吸收了儒学的精神，最主要的表现就是文官建制，最典型的表现在文官系统的运行和管理上。在文官系统设计里面，凡是要出来做官的人，都要读儒学的书，都要受到儒学精神的影响，并通过考试选拔，这些人才能进入到政治体系里面。这些人通过文官系统进入国家政治，当然会对政治产生影响。儒学或儒家在对政治产生影响的同时，要受到政治的压制或制约，这是必然的。但并不是说，君主跟下属大臣的关系，一定是一种奴役和被奴役的关系。严格意义上讲，中国的这种君臣政治关系还是很复杂的，也就是说，你要知道在那个时代，出仕为官还是有一定的制度规范保证的，类似有一种契约的性质。你进入到政治体系里，就相当于签约了，如违背了政治规范的话，要按政治规范来处理。但是，你不进入政治体系里，你就是自由的，可以独善其身，不受政治规范的约束。这是一个方面。另一个方面，你做了一个官，虽然是为国家做事，或效忠于皇帝，但也还是有规则的，你不必成为皇帝的奴仆。儒家精神强调，做皇帝的必须对下属"仁"，做臣子的必须对上"忠"。上仁下忠，这也是儒学的精神。另一方面，儒学还有谏或诤，对皇帝或上司的错误或不仁的行为有进谏，甚至诤谏。朱元璋时代，有廷杖制度，敢谏敢诤的官还是很多的，当庭骂皇帝都是可以的，如果骂得不对、诤谏不当，就会遭到杖责，就是廷杖的惩罚，廷杖打死人也是经常有的。尽管廷杖经常打死大臣，但是也阻止不了进谏或诤谏。所以，即使在明代君主集权专制的高压下，儒家还是有的，儒学的真精神还是存在的，没有谁可以对你说不准你说话（谏或诤）呀！把历史再往前推一点，推到王立新教授非常欣赏的朝代，我们说的两宋，那个时候知识分子的地位非常高、非常受崇敬，知识分子可以骂皇帝，儒家提出的许多问题都是直接对皇帝讲的，儒家讲了很多东西，也都是直接对皇帝讲的，再往下面一点，也是对大臣们讲的，而不是对老百姓讲的。那时候，儒学在中国政治上的地位还是很高的，至少是很受尊敬的，有一定的影响。所以，儒生随时可以向皇上进谏言、上奏折，但有时候，皇帝看了，不一定采纳你的建议，也不一定执行，你说得不对，皇帝也不会怪罪你。所以，儒生、儒学有一定独立的地位。儒学的精神就是这样保留下来的。

王绍培：

　　我觉得你问了一个非常好的问题，绝对不是一个短短几分钟可以讲清楚的，今天晚上是讲不完的，我们可以留下来作为一个作业来思考，因为前面一个听众提了两个问题，现在开放三个问题已经满了，其他的问题可以以另外的方式与我们互动，在深圳图书馆的官微上有互动，"南书房夜话"是一个连续剧，我们期待两周之后的第三集，你们一定要连续地观看，才能体会出它的味道，才能提出更多更好的问题。今天晚上的活动到此结束。

深圳学人·南书房夜话第三期：
儒学是怎样的人文精神？

韩望喜　景海峰　王绍培（兼主持）

（2014 年 12 月 6 日　19：00—21：00）

王绍培：

　　各位现场的朋友，南书房夜话第三期现在开始。南书房夜话是一个旨在"发掘深圳的学术资源，发现深圳的学术人才，发挥深圳的学术影响"的一个公共平台。我们今天是第三期，前面做了两期，我发觉可能是因为天气降温了，下面听众的结构发生了变化，前两期是女性听众不少，今天好像是以男性为主，有很多新面孔。第一次来到现场的请举手，还是相当多的。上一期我讲过，我们的南书房夜话会有连续 10 期的规模来讲中国的儒家文化，这个有点像电视连续剧，一定要每一集都看过，才知道整体意思是什么。有点像我们晚上走路的时候打一个手电筒，这个手电筒会东照照西照照，照到的每一个地方可能都是一个点、一小片，如果不是连续地跟着去看的话，你看得不是很清楚，它周围的环境及道路是什么样的，也不会很清楚。从演讲的角度来说，从讲者的角度来看也是这样的，因为时间有限，每个人讲到的点可能也就是一小点、一小片，但是你要把它联系起来看，你才能看得清楚它的总体构思，它的整体的想法是什么，就像晚上用手电筒照一个地方一样，不会一下子把所有的东西照亮，而是东照照西照照，大家发挥自己的想象力将这些点连成片，连成一个整体。所以大家一定要每期都光临现场，这个是很重要的。

　　今天的主题是儒学是怎样的人文精神？关于这个题目，如果对中国过去的很多思潮有一定了解的人，一定会觉得这个题目比较怪异，因为在过去，我们说孔教是吃人的孔教。打倒孔家店的年代，鲁迅写过文章说中国文化历史上写的都是吃人：孔教杀人、理学杀人等，从杀人的角度来讲，它会是一种人文主义吗？它会有人文精神吗？那么现在我们要讲儒学的或儒家的人文主义和人文精神，它是一种什么样的人文主义和人文精神呢？因为，首先，人文主义本身不是汉语语境中的一个概念，不是我们传统文化的一个词语，在总体上应该是属于西方文明的一个话语，今天我们少不了要在西方文明的论域下来考察思考什么叫儒家文化，或儒家思想的人文性或人文精神。我们今天请到的两位嘉宾，一位是来自深圳大学文学院的院长、国学所的所长景海峰教授，还有一位嘉宾也是第一期的嘉宾韩望喜博士，我们首先有请景院长给我们讲一讲他对人文主义和人文精神的理解。

景海峰： 非常高兴到南书房夜话和各位听众见面。今天的话题是关于人文主义和人文精神，但这个题目有点怪异，叫"儒学是怎样的人文精神？"这里面实际上暗含了玄机，有个设问。我们可以这样来理解，就是说儒家是人文主义吗？实际上这个话里就有这个意思；还有一个是说儒家假如是人文主义，那它和我们一般理解的人文主义或西方的人文主义有什么不一样？这个题目里面实际就暗含了这个意思。

那么我们首先要对什么是人文主义、什么是人文精神有一个大致的了解，因为刚才主持人也讲了实际上人文主义在今天一般的理解也是从西方文化背景里来的，在近代传入中国之后，我们今天才比较多地用到这个词，叫人文主义或人文精神，英语就是 humanism，humanism 这个词在西方语言里面也是比较晚的，大概是到了 19 世纪初，也就是 1810 年，差不多是 200 年前，那个时候才特别讲 humanism，所以在西方实际上也是一种近代文化背景下的概念。我们一般讲到人文主义，很自然就想到意大利的文艺复兴，那是 16 世纪，现在对文艺复兴的理解大多从人文主义来讲，但这个词是近代比较晚的一个概念。在 19 世纪 60 年代的时候，有个瑞士的文化学家、美学家，叫布格哈特，他写了一本书，叫《意大利文艺复兴时期的文化》，这本书的主线就是讲人文主义的概念，然后用人文主义来概括和描述文艺复兴这场运动。所以从布格哈特的这本书之后，后来这 100 多年，一般讲到文艺复兴都是按人文主义的理解来对它进行叙述的，所以这个词在西方本身也是一个比较晚的概念。后来到了我们熟悉的 18 世纪的法国大革命，当时讲"自由、平等、博爱"这些近代的基本价值，也是用人文主义来描述的，尤其是用"人本主义"这个概念来概括，这些都构成了我们今天理解人文主义的大的背景。我们一般讲到人文主义会很自然想到文艺复兴、想到宗教改革、想到法国大革命，这几个大的历史事件把西方从基督教的中世纪推到了近代形态的社会，所谓现代性的出现就是以这几个事件作为根本标志的。而这几个事件中，人文主义恰恰是一条比较重要的叙事线索，大家一般都是这样来理解的。

从近代这个概念传入中国之后，我们自然会有一个联想，就是中国有没有像西方近代从文艺复兴、法国大革命之后的这种对人的价值高扬的标志性事件，譬如梁启超在写《清代学术概论》时就是这么想的。另外，在现代学术研究中，人们开始在中国传统里面特别寻找所谓"人文"的价值。先是从字源上找，就是 humanism 所翻译的"人文"之意在中国古典里是否有对应的内容。这就联想到《周易》，作为五经之首的《周易》是中国古典里面最为重要的一本书。《周易》分成《易经》和《易传》两个部分，其中传里面的《象传》解释《贲卦》时，有这么一句话："观乎天文，以察时变；观乎人文，以化成天下，天下成其礼俗，乃圣人用《贲》之道也。"人们很自然就将 humanism 和"关乎人文，以化成天下"这句话在观念上做了一个对应，所以后来常把《周易》里面讲的"人文"意思和 humanism 画上等号。然后我们自然就说中国传统里面很早就有对人文精神的表达，这个思想非常古老。在《周易》中，天文和人文是一个对应的观念，就是天地与人，也就是自然和人类自身，从知识形态来讲，即我们今天所说的"自然科学"和"人文科学"这两个不同的部类。这个"人文化成天下"的观念，也成为我们现在理解所谓儒家人文精神的一个原点，今天一般讲儒家的人文精神大多都是从《周易》的这个思想开始的。但是我们都明白，从语词和意义上来讲，这与西方所谓的 humanism 有很大不同，背景很不一样，它只是从一个近代的观念转移到中国的传统语境里面来做的一种理解。什么叫"观乎人文，以化成天下"？这是儒家非常核心的思想，《周易》讲所谓天地人"三才"之道，上有天、下有地，人居天地之间，参赞化育，最为天下贵，代表了这个世界的精华。所以"观乎人文，以化成天下"就是从人的存在来理解天地的变化，掌握自然之序，达到天下之治，和畅社会的运行，亦如自然中四季有交替，有时令序节，人类社会也有它的规律，有可行合理的治道。"以察时变"有效法天地的意思，与四时合序，天人相谐，以行教化，来治理社会。所以"化成天下"实际上就是儒家政治哲学的一个理想，是儒学在社会现实层面的表达，也就是教化的思想。当时行教化的当然是尧、舜、禹这些圣王，也就是儒家所讲的"法先王"，先王的政治职能就是行教化，所以"化成天下"是从统治者的治理要求或政治意义来讲的，这是儒家思想传统的一个方面。另一个方面，我们都知道孟子有"民贵君轻"之说，讲"民本"的思想，这个"民本"学说按照今天的理解，可能与西方所谓的"人本"意思比较接近，它重视的是人文的发挥，重视的是社会普遍的意愿，这在先秦时代殊为难得。儒家重视人的生命、重视人能的发挥，我们通俗地讲这就是以人为本、是人文主义，它的特点就是重人而不重神，把天地之治的责任担到人的肩上，从人的角度来理解自然与世界，这就是人本，所以这个和西方所讲的 humanism 在词义上就有了某种转折。

实际上，西方对人文主义、人本主义、人道主义这些概念的理解也是非常复杂的。20 世纪早期的英国哲学家席勒，有一本名著叫《人本主义研究》，专门辨析这个概念，对人本主义在西方的演变和发展做了详细的描述，他将人文主义大致划分为四个阶段。第一个阶段是古希腊罗马时期。普罗泰戈拉讲"人是万物的尺度"，凸显人在自然面前的主宰性；苏格拉底有一句名言，"认识你自己"；还有古罗马政论家西塞罗，他提出了所谓的"人本性"概念。所以从这些线索来看，在西方文化的源头里边就有这种思想，席勒称之为"初级的人文主义"。第二个阶段，就是我们比较熟悉的文艺复兴的形态。文艺复兴时期，就是所谓"走出中世纪"，从中世纪宗教的神学文化到近代的世俗文化，这是一个大的转折、是一个重要标志。这个阶段，就是人的重新发现、人文的觉醒、人性的解放，通过各种艺术形式把这种思想淋漓尽致地表达出来，当时的绘画像达·芬奇、雕塑像米开朗琪罗、文学像薄伽丘等，都是人文巨匠，这是西方近代历史的一个开端。第三个阶段，就是 19 世纪德国的浪漫主义。在整个西方近代文化中，尤其是文学艺术，这是一个非常重要的时期，像莱辛、希勒、歌德等，特别是戏剧、诗歌、音乐等艺术形式，通过美的探寻，表达了对人的一种深刻理解，那种人本性的丰厚程度，远超文艺复兴时代。第四个阶段，就是席勒本人所处的那个年代，从 20 世纪开始，一直到今天，西方进入一个后工业时代、后现代社会。它是一个多元的、和科学主义时代很不一样的情景，有各种宗教的复兴运动。过去宗教和科学是对峙的，一讲人本可能就有反宗教的意味，处理科学和宗教的关系比较简单。但到了这个阶段，人们对宗教有了一个新的理解，宗教的精神性和人文性反而表现得较为突出，同时科学也不是 19 世纪以前工业化时代所理解的那个科学，它有了一些新的意义。这种变化，都是从多元主义的视角对人的一种重新理解、重新解释，也是一个重新发现。

从席勒的深入分析，呈现出了西方所谓人文主义和人文精神的丰富性，我们把这些背景和线索再拿到中国来理解我们自己的文化，只能是一个大约的对照，因为这两个文化系统不一样，你不能严格按照西方所谓的人本主义或人文主义的概念来套。但我们大致强调的是在中国传统文化里面，有对人重视的一面，它不是以神为本，不是拜服在天地自然和神灵的脚下，而是强调人的主体性，人可以自作主宰，因为人是天地万物之中最为特殊的存在。这大概就是我们一般理解的儒家人文主义，我们先要对它的源头和这个概念的来龙去脉做一个解释。

王绍培：

景院长从历史的角度回顾了中西方两种不同文化语境中人文主义的含义，现在我们请韩博士陈述他的见解。

韩望喜：谢谢。西方谈人文主义是有一个语境的，它是谈神和人的关系。因为西方经历过千年的基督教传统，而人文主义其实和基督教是有深刻的内在联系的。在中国文化里讲的是天人的关系，"观乎天文，以察时变；观乎人文，以化成天下"。人文化成，就是道德的教化。我读《传习录》，阳明大师问："你看这天地中间，什么是天地的心？"什么是天地的心？人是天地的心，那么就把人的主体性牢牢树立起来。人是天地的心，人本身又以什么作为他的心？"只是一个灵明"。良知是人的本心，没有良知，人就不成其为人，不可以称之为人。我们可能长得像人，但是在儒家思想中真正成为一个人，那还不只是自然的人，不只是肉体的人，应该是良知的人、道德的人，这样的人才可以和天地相配。人的尊贵、人格全部在于有良知。一次阳明大师到一个地方去游学的时候，问学生此地的草木为什么长得如此茂盛？他的学生说是因为有根基的缘故。大师问，"什么是人的根基"？人的根基就是良知。这是天植在我心中的灵明的根。有这个心，这个世界就能够生生不息；没有这个心，这个世界就是一片黑暗。天没有我的灵明，谁去仰它高？地没有我的灵明，谁去俯它深？中国人讲人文，最后落实到人，什么是人？有良知，有道德心，有"仁、义、礼、智"这四心，有仁爱的心、羞恶的心、尊重的心、是非的心，这才称之为人。孟子大声疾呼：没有仁爱的心就不是人，没有羞恶的心就不是人，没有尊重人的心就不是人，没有辨别是非的心就不是人，所以立人是从立心开始的。你如果不能立这个道德的心，就不要谈立人，也更不要谈到人文主义，这些都没有地方落脚。所以，儒家讲来讲去，从孟子到阳明，大多是在讲心，讲君子和小人的区别、人和禽兽的区别，都在讲心，说人和禽兽的分别其实很小，几兮，君子存养这颗心，庶民消亡了这颗心。所以我说君子，不是说你长得很高大、长得很漂亮就是君子，不是！哪怕你很丑陋，只要你有这颗心，你就是君子；哪怕你长到 2 米，你没有这颗心，你一样是小人。中国文化非常多的时候要从道德上来判断和描述一个人是不是人，是君子还是小人，因此，我们在很多情况下，都在讲究这个心。也许你会问，这个心岂不是很虚无缥缈，在哪里呀？你要见这个心是不是？那要在事情上见，要在"事上磨"。这也就是佛家讲的"体相一如""空即是色"。事离不开心，心也离不开事。你做每一件事情的时候，是不是做得体贴、很入微，是不是做得完满？这都能体现你有没有心。你说你孝顺父母，却把父母遗弃在牛棚里，你有没有心呢？你说你爱妻儿，自己却在外面花天酒地，你有没有心呢？你做一件事情，做得糊里糊涂、潦潦草草，你有什么心呢？心在事上见，心在事上显，心并不是虚无缥缈的东西。心离不开物，物也离不开心，在心物之间非常圆融。

儒家的人文主义，首先要立心，要致良知。良知本如火之始燃、泉之始达，要不断扩充，廓然呈现。

《论语》上有一个公案，讲的是"三年之丧"的故事。孔子的学生宰我问孔子，老师！父母去世之后，守丧三年，这也太长了吧？"三年不为礼，礼必坏；三年不为乐，乐必崩"，礼崩乐坏。"旧谷既没，新谷既升，钻燧改火，期可已矣"，守丧一年就可以了。这个时候，孔夫子并没有说是三年好、三个月好，还是三小时好。他从另外一个角度问学生说：君子在居丧期间是非常悲伤的，吃不下、喝不下，也不应住在父母曾经住的屋子里，睹物思人，更加悲戚。你若在居丧的期间吃白米饭，穿锦绣的衣裳、听欢快的音乐，你的心里安不安呢？我们讲立心，最重要的是为人处世，心安不安。你的心安不安呢？这个学生说我"安"，回答一个字"安"，夫子所料未及，让他先出门了。说：如果你觉得安，你就按你的想法去做吧。掩上门之后，夫子喟然长叹，"予之不仁也"。就是说这个人太没有人心了！你生下来三年，才离开父母的怀抱，"子生三年，然后免于父母之怀"，"夫三年之丧，天下是通丧也"，守丧三年，是天下之礼，难道你小的时候，妈妈没有把你抱在怀里三年吗？你对妈妈的爱难道三年都没有吗？夫子讲的是什么？就是讲的一个情理相融！在情感上，在心上面，你对父母有没有敬和爱，有没有怀念和牵挂。从孟子以来，很多都是谈心性。但是真要读懂阳明大师，你如果不读《孟子》、不读《金刚经》、不读《坛经》，就根本没有办法理解阳明大师在讲什么。大师其实是在讲心和物的关系，君子怎么样用心来应物。仁义礼智根于心。我们养这个心，并不是在每件事情上求些细枝末节，君怎样仁臣怎样忠、父如何慈子如何孝、兄怎样友弟怎样恭，并非如此琐碎，儒家要求的，是先把本心立起来，有这个心，自然知道在什么时候做什么样的事情，君子之心一也，就是一个心嘛，只是在不同环境里如何应物，这是相上的问题，不是体上的问题。孟子见梁惠王的第一句话说"未有仁而遗其亲者也，未有义而后其君者也"，就是说没有真正仁爱的人会遗弃自己的父母，没有一个真正讲道义的人会把国君的利益、国家的利益放在自己的利益后面的。所以，你把这个心立住之后，你才可以称为人，一个真正的人。你如果金玉其外，败絮其中，长得帅气、穿得很好，然后在外面偷鸡摸狗，做些龌龊的事情，杀人放火、抢劫银行、贩卖毒品，你还敢说你是人吗？这样连禽兽都不如。中国话讲人文或者是人，一定要从道德的心开始，有这个心才可以称为人，没有这个心，一切都免谈。

王绍培：

其实人文主义也有两个方面的含义，一个是宽泛地讲人文主义，就是一切跟人有关系的学说、一些话语和一些思想可以看作是人文主义，所以刚才景老师讲的考察人文主义的历史，人文主义在古希腊的时候就有它的表现了，一直到现在还有它的传承。但是在我们上大学的时候，就是80年代初那个时候讲人文主义，我们学西方哲学史，那个时候的人文主义是怎么印到我们的脑海里面来的呢？首先在文艺复兴之前，有一个宗教黑暗时期，长达1000年的黑暗的中世纪。在中世纪一切都是以上帝为准的，一切都是以上帝为本的，人是围绕着跟上帝有关的这样一些思想来确定自己的位置，虽然那时候没有一个神文主义的说法，但是现在完全可以说，在文艺复兴之前，似乎存在一个很长时间的神文主义的时期。当然后来的学者对中世纪的研究其实也有非常多不同的见解，认为中世纪不是一个黑暗的时期，中世纪的思想其实是非常活跃的，中世纪很多的研究其实是很发达的，但在我们过去的教科书里面，只是把中世纪当成一个前人文主义的时期，它是一个黑暗的时期。到了文艺复兴时期以来，理性主义崛起，就开始对以前的一切用理性的尺度来加以思考，过去的神学及宗教的很多思想和信仰，就被理性主义给动摇了，这个时候就慢慢开始回到了人的身上了，就是人为什么要匍匐在神的面前，为什么要膜拜上帝呢？为什么我们人本身不能成为我们的目的呢？为什么我们人不可以把我们自己作为一个目标呢？这样慢慢地，人文主义的学说就开始兴起了，所以说人文主义与启蒙运动有着很大的关系。因为有了启蒙运动、有了理性的崛起，人文主义才开始大行其道。一直到现在为止，我们世界的主流的价值观就是由启蒙运动人文主义来奠定的，比如说理性、民主、法治、自由、人权，包括人的隐私权，这些都跟人文主义有关系。这是我们了解的一个比较狭义的、严格意义上的人文主义。我们过去看教科书讲的就是这个人文主义，这个人文主义确实对我们今天的世界的影响还是非常大的。80年代我们讨论的人道主义、人本主义，包括人文主义，其实有点像是模仿西方的历史发展的脉络，因为那个时候我们会反思在"文革"时期，也就是在80年代之前，我们为什么会不尊重人？我们为什么会动不动就把一个人拿出来批斗，把他当成敌人来对待？我们不尊重人，我们很多事情可能是"国本主义"，我们为了一个国家；或者可能是学说"思本主义"，比如说以某种学说思潮为本，我们是为了实现什么主义去奋斗，但是我们很少把人当成我们的目的，把人当成我们的主体，所以到了80年代特别多的反思，就是反思为什么会有那么多的反人文主义、反人道主义、反人本主义。所以在今天像我们那个年代读书出来的人，我们觉得很多东西都是天经地义的，比如说我们相信科学，其实很多人信奉的都是科学主义；比如说很多人都信奉的理性，我们觉得理性是评判一切的，我们对人权的一种认知等都与这个年代有关系。

但是，就是最近的半个世纪，西方出现了另外一个异动，就是它发现西方的人文主义有一个很长的时期，一个叫马克斯·韦伯的德国的社会学家，他有一个说法叫"祛魅"，就是把神性的东西给拿掉了，把它给摘掉了，一切回到理性的尺度下来观察、来检验。经过这样一个"祛魅"的过程后，人文主义就剩下了一个维度，就是所谓的世俗性和凡俗性。我们过去有一个很流行的说法，就是所谓的世俗化，就是从天上回到人间，从神回到人，这样一个世俗化的过程，其实也就是马克斯·韦伯说的"祛魅"的过程。这样的人文主义只有一个维度，就是它仅仅看重物质，眼里只有人没有神，自然仅仅是人的一个对象，是人可以利用的对象，人有权利、有资格，也有能力驾驭自然、宰制自然，这是凡俗人文主义的一个发展。这样一个发展后面出现了很多很多问题，我们对凡俗人文主义这一套，可能到今天为止，大多数中国人还是不加以反思的，但在西方还是有很多人反思的问题，因为就是人对自然的无休止的攫取，所以导致了自然资源的枯竭、导致了生态的破坏、导致了很多的生态危机，且我们人无限扩张我们的欲望，我们的欲望不加限制，也导致了很多的社会问题。因为社会没有那么多资源来满足我们。另一方面，我们要是仅仅一切都是为了满足我们的欲望，好像我们今后也得不到幸福，我们活得也没有意义，我们也不知道价值是什么。所以在西方出现了很多反思人文主义的思潮，就是反思启蒙运动的这种思潮。像杜维明先生的很多研究都是对启蒙运动以及启蒙运动一个很重要的成果，就是对凡俗人文主义的批判。比如前两次我们讲到的，杜维明先生在《二十一世纪的儒学》这本书里面讲的主要的内容都是在反省。就是在这样的语境中，他提出了儒学的人文主义，儒学的人文主义是什么。今天我们讲儒学是怎样的人文精神，它的意思是儒学是一种怎样的人文主义。首先我们讲，儒学是一种人文主义。为什么它是人文主义，刚才两位嘉宾都讲了，它为什么是一种人文主义？因为儒学是关怀人的、关心人的，是把人当成一个出发点的，但中国的人文主义跟西方的人文主义不太一样。比如西方对人有很多定义，"人是万物的尺度"，"人是使用工具的一种动物"，"人是符号的动物"，"人是政治动物"，有很多这样的意义，但在中国比较强调的是"人者仁也"，这就是中国的人文主义，或者说儒家的人文主义，首先它强调的是人的道德性，就是人的一点点善心、一点点善念，这个是人最重要的东西。其实动物很多东西跟人是一样的，就是作为一种生命现象，既体现在我们的身上，也体现在动物的身上，乃至于所谓用工具的这种行为，可能动物也会，某些符号可能动物也会理解，但是就是"善"这个概念，动物是没有的。当然西方还有一种思想，就是人是会反思的动物，可能动物也能够有它自己的认识，但是只有人才能对自己的认识进行认识，这是一种反思的能力，这是人特有的。但中国人强调的是人的善心、善念，这个是最重要的，也是人之所以为人的一个主要的特点。还有一点，就是中国的人文主义，儒家的人文主义，它讲的是人和天地的共通性，因为人和天地的本质是一样的，是一个东西，只不过表现的形态不太一样，这就是杜维明先生说到的中国的人文主义跟西方的人文主义在有什么不同的时候，他将儒学的人文主义称为精神性的人文主义，我想我们就精神性的人文主义这点，首先请景院长谈谈您的看法。

景海峰：我先回应韩博士的问题，刚才韩博士讲的这番话实际上已经从侧面回答了儒学是什么样的人文主义。前面我对人文主义在西方的历史及我们今天在西方文化的影响下一般讲的人文主义大概是个什么情景做了解释。但如果直接回到我们中国传统文化的语境和它的历史脉络里面，这个人文主义可能更多的就是以儒家为代表的对人的理解和表达的那些思想，也就是中国式的人文主义。什么是儒家所理解和表达的人的意义呢？这就是刚从《周易》的"观乎人文，以化成天下"，以及孔子所讲的"仁者爱人"，孟子讲的"善端""恻隐之心""良知良能"，到后来历代的儒家先贤大师们对人的理解，这些思想应该说在一定程度上比西方讲的人文主义更为深刻。刚才韩博士强调了道德性，这是中国文化对人的根本理解，尤其是儒家特别强调人的道德本质，就是人有道德理性。孟子讲"人禽之辨"，人和万物，尤其是和动物相比，实际上差别很小，只是"几希"之别，人之所以能够在天地间成就一种伟大的人格，在自然中有一种顶天立地的感觉，靠的是什么，就是靠那一点点"人不同于万物"的根芽。因而如何去护持它，怎样去发扬光大，就成为人之为人的根本，这就是孟子讲的吾善养"浩然之气"，成就大丈夫的精神。这种精神发扬起来了，人就可以成为一个真正的人，他就可以顶天立地。所以"人禽之辨"是儒家对人的本质分析和理解的基点，在这个意义上，所谓的人文就是追问何为人，即怎样成就一个真正的人。对人的意义的探究，对人之为人的根本精神的弘扬，大概就是所谓的人文的本有之意，因为人文如果离开了这个原点，那其他的东西都谈不上了。所以儒家的思想，说一千道一万，实际上就是在不断地探讨如何成为一个人，如何成就伟大的人格。也就是说，这种成人之德是儒家思想的根本，如果把握住这个根本来理解中国式的人文主义，那么它的合理性、价值和意义就不言而喻了，因为它直指存在的意义，是在整个宇宙或天地间，追问人到底是什么？并且是在回答这个问题的过程中，来解释人的根本价值，建构天人合一的哲学系统，所以儒家思想的人文性，就跟西方在"人神之辨"的背景下所展开的图景很不一样。在几大轴心文明中，中国最早发生"哲学的突破"，即所谓理性的觉醒，以及人的主体性的确立，这和西方长期的人神纠葛之关系不一样。西方尽管在古希腊时代就有对理性的弘扬，但在公元三四世纪之后，在漫长的1000多年是以神为中心的，就是基督教的时代，而在中国没有这样的情景。从先秦诸子百家之后，中国文化一直强调的就是人的力量，而对这个世界的影响、对世界的支配，在很大程度上就根源于人的道德精神和人心的向背，如果这个原点可以保持发扬得好，那么这个世界就是一个清平的世界，这个天下就是朗朗的天下，是一个美好的境界，它不需要到彼岸的世界，不需要到来世，而是在当下，就可以根据人的道德状况实现最高的理想。

这是我回应刚才韩博士的说法，然后我再回应主持人的说法。他刚才讲到的这个问题，确实很重要，包括对中世纪的反思，我们强调文艺复兴、高扬人文主义，然后把中世纪1000多年说得黑暗无比，好像西方人摸索了1000多年，突然才有见到光亮的感觉，所谓"启蒙"便包含了这样的意思。实际上，在人类社会发展的历程中，每个思潮的兴起，都会有一些极端性，会把它之前的历史推到一个极端。为了说明文艺复兴的伟大，为了说明近代文明的价值，就把过去的历史极力贬低，确实如此。因为从第二次世界大战之后，差不多这半个世纪来对中世纪的研究，与以前我们对中世纪的了解有很大的不同。这些年国内也翻译出版了很多中世纪的东西，包括托马斯·阿奎那的全集现在也在出，我们看那时不全是黑暗的，它也有很光明的一些东西，所以并不像我们以前想象的中世纪就一塌糊涂，这是人们过去留下的简单化的印迹，所以对中世纪需要有一个新的认识。

文艺复兴、宗教改革和法国大革命之后，西方近代发生了翻天覆地的变化，进入工业化和理性主义的时代，它的一个根本特征就是崇尚科学，然后从实证或经验出发，开始"祛魅"化运动，消除神圣性，或者说迈向世俗化，就是把过去宗教的那种权威性统统否定掉。因为科学理性成长之后，它直接打倒的对象就是偶像崇拜，对上帝和神性信仰的东西被彻底颠覆，所以理性和信仰有一种此消彼长的关系，理性增长一分，人的主体性或人自作主宰的气度就增长一分，随之信仰的成分就逐渐下降。所以工业化之后，近代整个的文化形态实际是一个世俗的文化，也就是一个没有神圣性的文化，是一个没有信仰的文化，它基本上是靠工具理性的力量来驱使最大化的利益效能。所以很多传统的价值，在这种主导的潮流下，都被颠覆掉，都被扫地出门。我们今天之所以要大力弘扬"人文主义"或"人文精神"，实际上包含了这么一个意思，就是要对这种状况给予反思。因为从五四运动之后我们都是在讲科学，而讲人文的声音很微弱，科学在中国100多年的发展，可谓是高歌猛进，对中国社会的世俗化状态起了根本的作用。今天的中国人都是科学主义的信徒，是从功利效用的原则来看人生的价值和人生的意义，包括评价自己努力的结果，它的评判尺度是一个高度世俗化的形态，这里面恰恰缺少了不管是西方神性信仰的色彩，还是儒家讲的人的道德精神的那些根本价值，这些东西可以说越来越少。所以正是在这样的情况下，我们现在需要重新呼唤人文主义和人文精神，这种人文主义有一个指向、有一个明确的目标，就是要对目前这种过分功利化和世俗性的世界有一种警醒。

这种新人文主义思潮的崛起，需要我们回望历史，需要回到 2500 年前孔子的思考，去体会当时儒家人物是怎么思索人的价值问题，这跟我们今天的世俗化的、高度功利化的对于人的理解是不一样的。这里面又牵扯到宗教性的问题，即儒家讲的人文精神和人文主义是不是一种信仰？如果是按照科学主义的理解，这跟信仰毫无关系，它只是一种知识，充其量是一个"道理"，那么我觉得这样看它的意义和价值就有限了。正因为在儒家的思想里面包含了人如何安身立命的问题，包含了对人的价值、对人和天地关系的根本性回答，所以它有很强烈的类似于西方宗教所扮演角色的那种成分。正因为儒家回答了这样一些根本的问题，所以 2000 年来，它才成为我们中国人安身立命的主流学说。今天我们特别强调儒家的人文精神或人文主义，实际上就是要从根本上来反思何为人，人的意义究竟是什么，人不仅仅是一个物质的、肉体的存在，或者从今天科学所理解的生命的意义来讲，而是要把人的"形而上"的或"神圣性"的层面阐发出来，那才是根本的。所以刚才讲杜维明先生关于儒家精神性的话题，它里面就包含了这些东西，就是强调我们今天需要重新思考人的意义，以及人和自然界、和世界的关系，这就不能完全按照世俗化之后的所谓理性的或科学主义的那些眼界来把人的意义自限其小，从而走向一个物化的人、平面的人、一种功利化的人，或者是仅仅有物欲的人。因为这都不是人的根本性的意义，人的根本性的意义还是要回到人与世界的关系去思考。

韩望喜：谢谢景老师，刚才景老师讲得非常好，我回应一些地方，其实就像所有的孩子都是母亲孕育的一样，孩子生出来可能会有不同，但是一定会带有母亲的一些特征，所以我们观察或者分析某个学问的时候，不可人云亦云，一定要看原典去思考，否则你就无法判断。我们说西方的人文主义并不是突然冒出来的，因为这个世间本没有什么东西是突然冒出来的，它必须是从母体中出来的，它从哪个母体中出来的？它是从一千年基督教的传统出来的。因为上帝造人不是乱造的，它是按神的形象来造人的。我们每个人都是神的形象。基督教的传统不是我们想象的这样，它其实蕴含了人文主义的因素。比如说公义，比如平等，比如爱，比如慈悲和怜悯。《圣经》上说，"我并不悦纳你的燔祭，我愿你的公平如滔滔洪水"，整部《圣经》就是两句话，第一句是要全心全意爱你的神，因为这是一切神学必须有的东西。第二句就是你要爱人如己，爱所有的人像爱你自己一样。很多的后世的人文主义所宣扬的东西，包括怜悯、包括慈悲、包括公平、包括正义，后来都在人文主义上体现出来。一切河流都有其源头，每个孩子都带着母体的痕迹，一定不要把任何一个事情截然分开，因为斩断了就找不到这条河流所经之地了。从马克斯·韦伯讲的新教伦理和资本主义精神，到宗教改革之后，宗教的改革和世俗的思想如何结合呢？以前认为荣耀上帝可能是把自己的财产积在天上，不要积财于地上，你全心全意侍奉你的上帝，你在修道院里，或你在教堂里。但是宗教改革之后就有另外一个转变了，就是你在这个世界上的任何的成功，无论是经商成功，还是做学问成功，所有事情的成功实际上就是在荣耀上帝，也都是在荣耀上帝，只是方式有了世俗的性质，以前可能是在修道院里荣耀上帝，现在我可以通过我自己和上帝来交流，通过我在这个世界上的成功做很多事情、很多事业来光耀上帝，我爱每个人就是爱上帝，我关怀每个人、怜悯每个人就是爱上帝，这样，就把一种静观的情怀、沉思默想的情怀变为在这个世界上努力去工作、努力去奋斗、努力取得成功的这种情怀。那么得到钱之后，是否都是花在自己的身上花天酒地？不是，它还有一个神的观念在这里。我拿了钱之后，我要荣耀上帝，那么就不是为自己整天吃喝玩乐，而是要去建医院、修铁路、做慈善，做很多很多事情，这就是新教伦理和资本主义精神中间的一个关联点在这里。而其实说到中国的儒家文化，其实有两句话就可以明白，第一句其实是世俗的，中国儒家文化很关注人情物理，孟子说圣人者，人伦之至也。对君臣、父子、夫妻、兄弟、朋友关系处理得非常细致、非常清楚，儒家的人文主义是非常关怀这个现实世界的，老者安之、朋友信之、少者怀之。所有的事情都可以去包容、可以去欣赏、可以去倾听、可以去尊重，这叫"君子和而不同"，儒家文化非常博大和包容。另外一个就是我们一定要记住，儒家同时也是一种精神性的人文主义，为什么？因为还有四个字，叫作"和而不流"，和就是和睦相处，但并不是酒肉朋友，我们有自己很好的做人的价值观，这就是与"和而不同"并行不悖的"和而不流"，不能流俗！一般人认为人的本性就是吃喝玩乐，眼耳鼻舌身，吃好的，穿好的，认为这就是人的本性，但是孟子大声说：自然之性，并非人的本性！"仁义礼智"才是人的本性！人要认清什么是人的本性，什么不是人的本性，你才能够知道在这个世俗的世界上怎么能建立一个神圣的世界。虽然我们是肉体的人，但我们有一个天心。我虽然生在这个地上，但我心是在天上。你虽然是肉体的人，但是你是有理想的、有道德的、有情操的、有智慧的、有未来的、有情感的人，这才是人的伟大高尚之处。虽然人家说儒家文化很世俗，世俗没有问题，但是它的精神性体现得非常非常强，如果你没有仁爱的心、恻隐的心、怜悯的心、同情的心，你就不是人。有人会问，我有四肢，凭什么不是人，因为你没有心呢！你做了坏事不知道羞耻，不知道自己悔恨，你就不是人。你会问我自己长得这么好看，我怎么不是人呢？因为你没有羞耻的心，你跟动物没有两样。你如果没有尊重人的心，你长得再好看，也没有用，你是禽兽。你能不能辨别善恶、美丑、是非，无论你长成什么样，你都是禽兽，你都不是人。它要在这个世俗的世界上建立一个神圣的世界，也很像马克斯·韦伯讲的新教伦理和资本主义的精神，虽然是赚钱、赚钱、再赚钱，但是后面又奉献、奉献、再奉献，是在用自己的智慧努力赚钱，但是并不是为了自己的挥霍而赚钱，而是要将这些钱用于爱人，因为爱人就是爱上帝。这跟佛家讲的也是一样的。要讲人间佛教，要在这个世间成佛，并不是在天上成佛！你有慈悲的心，你就是观音菩萨；你有喜舍的心，你就是大势至菩萨。你内心清静，你就是释迦牟尼佛；你行得正直，你就是阿弥陀佛。西方世界并不在远方，它就在你的心里，你本身就是佛，就像上帝按它的样子造人是一样的，就像儒家说的，天人合一。神与人、天与人、佛与凡夫其实都在一体，看你的心怎么转化，看你在这个世俗的世界里怎么找到自己的净土，在一个凡俗的世界怎样建立天国，所以人虽然是肉身的，但心却是神圣的。儒家的人文主义虽然是世俗的，但因为其和而不流，因而是神圣的，是精神性的人文主义，是非常圆融无碍的人文思想。谢谢。

王绍培：

　　当我们要反思启蒙运动、反思人文主义的时候，不少人会有一种愤怒的情绪，这种愤怒的情绪在中国是很容易见到的，很多人都有这种情绪，很多人都会说我们中国就是人道主义还不够，我们人本主义还非常不够，我们的理性还非常不够，你为什么现在就要反思了？这其中一个原因就是我们中国社会跟西方社会发展的一个时间差，以及西方思潮和中国思潮发展的时间差。他们很多事情都已经走在前面了，很多东西的思考也走在前面了，而我们有些东西还没来得及展开，但是他们思考的逻辑性告诉我们，如果在我们这个地方，比如说启蒙运动，或凡俗人文主义展开了，进一步发展了，可能我们会面临西方今天所面临的很多很多问题，所以我们要有一种前瞻性，我们需要去了解西方的思想家为什么会对启蒙运动、对人文主义进行反思，这样就有可能避免走他们的弯路。当然中国的情况非常复杂，在 20 世纪 80 年代有一个很热门的说法叫"救亡压倒启蒙"，就是在中国本来是要启蒙的，但因为被西方列强打到中国来了，我们要争取独立、要获得自由，所以我们只好把启蒙的工作放下来了，然后启蒙的工作就一直迟迟没有做。一直到了 80 年代的时候我们才重新要热爱科学，要讲人道主义，要理性，要发展经济等。一方面我们的启蒙还不够，还没有展开；但另一方面，启蒙运动、人文主义里面所表现出来的一些问题，那些弊端，其实在中国也已经可以看见了。比如说，我们现在的空气污染、水污染、土地污染，其实这些污染都是与无止境的发展经济逻辑上有关系的。正因为我们觉得发展经济是最重要的，我们要改善我们生存的物质条件，这个是最重要的，然后我们各个地方要追求 GDP 都是理所当然的，于是污染就变得非常严重，这里面逻辑上有一个连贯性。还有一个，比如我们崇尚理性主义、崇尚科学，从每一个人的认识层面来讲，认为它是很有道理的，但当理性主义作为一个思潮、作为一种思想导致了一种社会运动的时候，它产生的后果不一定是好的、不一定是理想的。比如说哈耶克，他在他的《个人主义与经济秩序》这本书里面，批判了计划经济，什么是计划经济？大家知道计划经济是从哪里来的吗？计划经济的前提是我们人类的理性、我们的理智足以全盘规划和计划我们的经济发展。因为我们是理性的人，我们的理性是非常强大的，这是笛卡尔的理性主义。因为有对笛卡尔理性主义的无限信任，所以我们觉得计划经济理所当然可以做，哪怕是一个非常复杂的系统，我们也可以计划，因为我们是理性的人。但实践的结果是如果按计划经济搞的话，经济就会崩溃，或者是匮乏的，或者是根本就运转不灵的，这就是哈耶克批判计划经济的哲学思想。我们人的理性是有限的，科学也是有限的，这样一些东西都是有限度的，这就是哈耶克为什么后来要回到尊重传统上来。我们个人可以把一些事情算得很清楚，但是当一个国家、一个民族、一个族群来行动的时候，它的很多行为是不能够完全按照理性来行动的，它必须是在某种传统的制约下展开，这样反而可能是比较好的，比较不容易造成社会动荡，比较不容易造成对社会很多人的伤害。当然不光是计划经济，有一些政治理想与计划经济是有共通性的，就是我们觉得有一些政治目标，我们可以把它理性地设计出来，然后我们可以去实现它，为了实现它，我们会把很多不同意我们的目标的那些人清除掉，或消灭掉，或边缘化掉，或不能发声，这些东西跟对理性的崇尚，跟对人文主义不加限制、没有反思是有关系的。正是因为有这样一种反思，所以像哈耶克这样的思想家就主张要回到传统上来，因为传统经过这么长时间的演变，它一定有超出每个人之上的智慧，它可能比我们每个人的智慧加起来都要多一些，尽管我们个人判断它的时候，会觉得传统里面有问题，但传统为什么会成为一种传统？因为它是一种社会的群体行为合力导致的一种秩序，所以我们不能轻易地反传统。这就是像"五四"的时候，其实"五四"就是启蒙运动的一种很极致的表现，因为它觉得我们要把传统全部都打掉，那么我们就能在一张白纸画最新最美的图画，事实证明这种想法是搞出了一场浩劫，画不出最新最美的图画。我们已经有了这种经验教训，但是我们不知道我们的浩劫的出处在哪里、它的根源在哪里，其实它的出处和根源跟那种一边倒的理性主义、一边倒的启蒙主义、一边倒的人文主义是有关系的，而我们所迷信的人文主义是凡俗的人文主义，因为它是没有神的，它是没有精神的，或者说它是没有传统的，或者说它是没有超越性的，或者说它是没有道德目标的，当我们一边倒地倒向这样一种人文主义的时候，其实问题是很多的。所以我们的反思并不是说我们觉得现在在中国可以不要人权、不要人道主义、不要人文主义，不是这个意思，我们是要一种更好的人权、更健全的更好的人道主义、更高级的人文主义。

回到我们的主题，我们连续三期的讨论，第一期就是从杜维明的书《二十一世纪的儒学》入手的，这本书我觉得是非常重要的，因为它是在一个全球化的视野下，来展开对儒学文化的研究和思考。一般来说，很多人将儒家文化作为一个传统东西，当作一种生活情调的东西，或当作一种可以包装我们自己或者我们的思想的一种东西来思考，但杜维明比较高明和智慧的地方是从一个全球视野，在今天人类的文明遇到了什么问题，遭遇了什么挑战，我们怎么来应对这种挑战。在应对中，我们中国人有没有可能把自己的传统思想，包括儒学拿出来回答全世界的挑战。这是我们今天来谈儒学的一个大的宏观背景，离开这个背景，我们来谈的或者是学术研究，或者是小情小调，因为它对我们人类的命运无补，也对我们中国人的命运无补，你只能作为一个个人玩玩的东西。所以就像我刚才说的，我们要拿着手电筒来照一个地方的时候，我们要不停地照，我们现在回过来照一下，我们为什么？我们是在一种什么样的语境来思考儒学、思考儒家的价值和地位在什么地方？所以我们一再提醒现场的观众，我们要怎么理解我们的讨论，我讲的这个背景就是我们讨论的一个很重要的问题的领域。今天我们的两位嘉宾部分回答了儒学的精神性，但是我觉得不是很充分，与凡俗人文主义对照起来，儒家的人文主义的精神性到底还有什么表现？我们是否还可以做一个比较深入的交流？现在我们有请景院长。

景海峰：刚才讲人文主义的觉醒是文艺复兴，是对着欧洲中世纪神性的时代。在这种情况下，所谓"人本"的理解一般都是从个体的层面，就是个人的自由、个人的独立、个人的尊严、个人的解放，这也恰恰是推动近代西方几百年工业革命的意识基础，就是个性的解放、个人的自由，这些理念在西方近代化过程中深入人心，它也是西方近代文化非常重要的价值理念。但这样一种精神发展到极端，就是个人主义的无度发展，泛滥至极，最后就是极端的自由、极端的个人主义，那么社会的秩序或传统的价值都遭到了彻底的破坏。所以西方第二次世界大战后整个社会面临很大困境，一方面是个体性的人本主义促进了近代几百年的高速发展，但是对人类理解的偏离把人变成了工具，变成了一种物欲驱使之下的盲目的力量，那么人的精神价值或人的尊严和生命的意义这些根本性的东西在这个时代就慢慢被遗忘或被漠视了。所以西方从第二次世界大战后就在不断地反省这个问题，有一批社会学家、经济学家、政治学家、哲学家，他们都有一种回到传统的意愿和呼声，所以在这种情况下，重提人文主义的理念就有另外一种意思在里面，也就是说，西方从宗教改革后的这三四百年，科学主义兴盛的时代，是逻辑思维、工具理性、实证精神这些东西当家做主，在这种潮流的主导下，传统的所谓人文古典的价值慢慢被遗忘或被边缘化了。所以我们看第二次世界大战以后各个学科的大师，一个很重要的趋势就是重新去反思近代这几百年褊狭的人文主义理解，然后重新回到它的传统，回到古典的一些价值中，重新到古典的文化形态去寻找一些精神的动源，包括对宗教、对中世纪的历史也重新给一个评价。

新的人文主义理解在西方近半个世纪，差不多慢慢成为一个主流的东西，反而科学主义渐渐没有了多少呼应。比如哲学，在 1960 年德国哲学家伽达默尔出版了《真理与方法》。整个 20 世纪西方哲学有三本最重要的名著，一是胡塞尔的《逻辑研究》，是 1900 年出版的；二是海德格尔的《存在与时间》，是 1927 年出版的；三是伽达默尔的《真理与方法》。这是整个 20 世纪西方哲学最伟大的三部著作。伽达默尔的思路一上来就是反思西方文化在现时代所遇到的困境，他提出的一个概念就是精神科学，是和英国经验实证论的逻辑科学相对的。他认为德国在历史上有很丰厚的精神科学的资源，所以他的写作是从德国 16 世纪甚至更早的一些线索去找这种东西，然后用来纠正从 18 世纪以后工业化时代的那些价值。这本书在今天影响很大，是哲学诠释学的奠基之作，这是在今天西方哲学主流思潮里面最重要的一派。不只是哲学，其他各学科可能都有这种反思，因为对人文主义过分狭隘的理解，好像讲人本就是极端的个人主义、极端的自由，这种泛滥无度使得社会的失序现象十分严重，道德的沦落、价值的迷失、人性的沦丧，触目惊心，这不光是我们中国的问题，这是整个世界和人类社会发展所面临的极大挑战。过度的物质主义，物欲的膨胀，无休止的、无度的资源开发利用，使得今天的这个世界处在一种非常紧张的状态。人和自然是一种非常紧张的关系，各种灾害对人类的生存构成了极大的威胁，可以说是根本的威胁，让我们时刻有一种喘不过气来的感觉，这是全世界的一个普遍问题。所以这种对人文主义狭隘的理解，使得在高速发展的几百年时间里把世界拖入一个非常危险的境地，在这种情况下来重谈人文主义，就有一种很强的理论关怀和现实针对性，就是要把新的人文主义或人文精神作为反思和矫正这几百年来的弊端的一个方法或一种新的理念。恰恰是在这个背景下，东方文化、儒家思想才受到了世界的看重，因为在科学主义时代，儒家可能被贬得一文不值，"五四"时代人们批儒的风气非常兴盛，中国人把自己的传统看作是没有价值的，所以都是跟着西方这几百年的价值观在走。当西方走到今天的这一步，需要从它自己的历史资源里面找灵丹妙药、找解救之方，同时也把眼光投向了东方，然后就对中国刮目相看。因为中国的传统文化里面，有很多内容跟西方近代的工具理性方法是不一样的，这个根本就是对人的特殊理解，就是人怎么样活着才是有价值的，是否只是一种物欲的人、工具的人，或者理性的人，还是说有更大的面向，或人的意义和存在还有更多的内涵。

这种不断的思考和追问，就把我们引到了今天对儒家学说的探讨，因为有这样一个大的时代背景，儒家的出场就恰逢其时，人们对儒家的思想另眼相看，有一种寄托，想在儒学对人的理解里面，找出与西方关于人的解放、人本主义或人道思想之不同的一些理解，这是我们今天谈国学、谈儒学最主要的一个意义和目的所在。另外一点，就是在中国的传统思想里面，除了儒家以外，实际上还有其他的一些学派，也会谈到人的问题，因为春秋战国时代是诸子百家争鸣，当时除了儒家以外，还有墨家、名家、法家、道家、阴阳家，有"六家"或"九流十家"之说，儒家只是其中之一。但我们为什么不谈墨家的人文主义、不谈道家的人文主义、不谈法家的人文主义，而偏要谈儒家的人文主义，这个道理何在？当代新儒学大师唐君毅先生在 20 世纪 50 年代有一本书叫《中国人文精神之发展》，在这本书里他把先秦的诸子百家对人的理解分成了几个层面，各有一个定位，如果说儒家学说是人文的思想，那么墨家就是一个次人文的思想，道家就是一个超人文的思想，法家就是一个反人文的思想，阴阳家就是一个非人文的思想，这个分法说来话长，也很复杂。但唐先生的归结有画龙点睛之妙，他是抓住了这些思想学派的特点。为什么说道家是超人文的思想？因为道家不谈世俗社会的东西，它的志趣是一种逍遥的或者避世的想法。为什么说法家是反人文的思想？因为后来按照法家的理念，就有了秦的"焚书坑儒"，韩非子在《五蠹》中将文化人判为蠹虫，认为这些人的活动是毫无用处的，对文化创造持基本否定的态度。所以各派归结起来，只有儒家是代表了人文的价值和理想。在今天，我们再来重新理解诸子百家对人的不同的理解和看法，可能道家或后来传入中国的佛教有一种超人文的精神，就是一种宗教的东西，超凡脱俗、出世性的东西。还有次人文的思想，比如墨家、阴阳家主要关注的是感觉经验层面的东西，是要看具体操作的技术，可能与西方近代文化有一些相似。所以"五四"以后，这两头的表现各获得了一些新的理解，也有很多学者在阐述和研究它们，做出一个现代的解释。我们反思这些不同流派的思想，还是要抓住一个主干，这就是儒家的人文性，儒家精神是代表中华文明几千年发展和延续的主流形式，所以我们现在谈人文主义，还是先把儒家拿出来，因为它代表了中国文化中最重要的一个线索。

韩望喜：我觉得景教授谈得非常清晰了。人的工具理性真的是万能的吗？真的不需要价值理性的照耀吗？人有很丰富的向度，不是说凭借工具的理性和小小的智慧就可以打天下的。我想到孟子说孔夫子的一句话，叫作"既仁且智，可谓圣矣"。就是说既仁爱、仁慈，又非常通达，懂得善恶之分，有智慧，才可以称为圣人。大乘佛教也讲"悲智双运"，悲就是慈悲，智就是智慧，一定要大慈大悲和大智大慧结合起来，才能发大菩提心。西方也是这样，《圣经》也讲爱和智慧。工具理性并没有穷尽一切。在我们讲效率的时候，要不要讲公平？在我们讲能力的时候，还要不要讲悲悯？还要不要对人关怀？对弱者要不要补偿？社会还要不要道义？人情还要不要温暖？这些使我觉得东方智慧里头很多是对于西方智慧的一个补充。在当今社会如何看待儒家的人文主义，儒家的"仁、义、礼、智、信"，"仁"讲的是关怀、博爱；"义"就是道义和公正；"礼"还要讲谦让、讲尊重；"智"就是辨别善恶的智慧；"信"就是要讲信义。如果只凭工具理性，为求得最大的利益，那我应该去坑蒙拐骗，以最小的成本，换来最大的收益，但是人类还有更高的价值在照耀，仁爱、公义、尊重、怜悯、智慧、信义、和平，这些价值是人类永恒的价值。所以我觉得杜维明先生说得特别好，不能说儒学的价值或中国文化的价值能够取代所有民族和国家的价值，成为世界通行的唯一价值，这是不可能的。但是东方的价值包括儒学的价值，是普适价值观的重要组成部分，对西方的人文主义价值观，是一个非常好的均衡，使人的心灵更加丰富，使社会的发展更加平衡，使人们的生活更加幸福，我觉得这个时候谈儒家的人文价值的意义就在这里，不是包打天下，而是在相互倾听，怎么样完善和提升我们的心灵？怎样继承和发扬世界优秀的价值观？怎样古今融通，中西融通？希望这个时代的人们能够领会什么是最适合人类未来发展的价值观，关乎整个人类的发展的价值观。

王绍培：
剩下的时间进入互动环节，大家可以提问，很多人在提问的时候会讲他们的一些看法，而我们需要的是问题，然后请嘉宾回答。

听众： 刚才各位老师提到类似的观点，关于武侠是文人的武侠、文人和人文只是顺序的问题，武侠是否是人文的武侠？以及武侠里面的人文精神？

景海峰： 所谓武侠，是成年人的童话，实际上是现代文学的一种创作。如果只是从一些小说来谈的话，好多东西实际是经过了文学的想象、创作、变形之后呈现出来的一种情景，不能作为历史的真实。按中国传统文化的理解，侠的角色实际不能归到"六家"里面，侠不是一家。关于墨家这个团体，表现出很多赴汤蹈火的侠义精神，其艰苦卓绝、打拼奋斗的形象可能与后世的侠有一些关系。至于后来你说的千年文人侠客梦，人文和文人并不能简单对转，文人与人文不是同一个意思。我们今天讲的人文当然可以包含诸子百家，它不一定仅限于儒家，也就是说，儒家不是人文的独占者，因为人文精神是在思想文化的层面里面，从不同的角度理解世界、理解人与世界的关系、理解人在这个世界中的价值和意义，从这些问题入手，各家都有自己的理解和解释。比如说道家，道家所理解的人在整个世界面前只是一个非常有限的，它追求的可能是自然的、更为宏大的意义，人的世俗生活这种形态所具有的意义在道家眼里是渺小的，所以它有一种超越的想法。而这种超越基本是靠精神的超越，并不像很多宗教的修炼方式，一定要把自己变成一个和世俗隔离的人，道家思想在根本上只是一种精神的向往，包括后来道教讲的"内丹"，实际上都是一种精神的提撕。这点跟儒家人文精神的境界或者君子人格理想的追求就有些相通，所以唐代以后中国文化的形态往往是三教合一的。道教的"内丹"功夫中，好多实际是将儒家的道德修养、对人格境界的提撕，融贯到了修道的活动中。如果没有了道德内涵，修道就成了一个技术性的、非常有限的境界，所以它实际是跟儒家思想中和之后的一个形态。儒家讲的人文，除了是个人的道德修养外，它实际和整个的修、齐、治、平连在一起，是个由小及大、由近及远的大系统。包括孟子讲的大丈夫精神，不是一个小我，更不只是一个肉体意义上的我，通过每个人的追求，实际是要成就世界的一种普遍意义，就是通过个体的努力，把这种力量汇聚起来，成为整个世界的合理想和目的的状态，这与道家超越的意思也是可以相通的，需要融贯来理解。

韩望喜：实际上儒家的修炼是要养心、养气，养心是养天地道德之气，至大至刚，这个就是大丈夫之气，立天地之正位，行天下之大道，这个才是儒家真的精神。齐宣王问孟子什么叫作善政，孟子说与人分享，齐宣王说我做不到，因为我喜欢发怒、好勇，孟子说好勇没有什么不好，但你不要做匹夫之勇，你要做圣人之勇，你去杀人、去抢银行是小人之勇、匹夫之勇。圣人之勇是什么？圣人之勇就是文王一怒而天下安，武王一怒而天下安。有安天下的使命，才叫真正的至大至刚。中国文化是非常高尚、非常勇猛的智慧的文化，它的境界是非常高的，它的修证的方法就是养心、养气，养心就是寡欲，欲望不要那么多，养气就是精神气度，要理直气壮，气吞山河，要有大丈夫之气，富贵不能淫，贫贱不能移，威武不能屈，这才是中国人的人格，这才是中国的人文主义。

听众：请问景院长，《四库全书》的现代价值是什么？请问韩博士，四书和五经之间的关系？诗经和论语能不能PK一下？五伦和五常能不能PK一下？

景海峰：《四库全书》是在乾隆时期编修的，由纪昀等360多位高官、学者参与，3800多人抄写，费时13年而成。这是当时经过征书之后，把天下的典册做一个汇编的工作，当然这不是乾隆时期才有的，在这之前便是中国文化的一个很重要的传统，每过那么一段，所谓盛世修书，就是把当时的图书做一个汇集、做一个编纂、做一个整理，以便于流传，它是中国文化保留方式里面非常重要的手段。只不过我们今天离乾隆编书的时代最近，才200多年，所以一提就是以它为代表。实际上在《四库全书》之前，像明代的《永乐大典》，再往前的各种丛书等，这有很多。今天看四库，大概就是我们了解中国古代文化典籍最直接、最方便查阅检索的一套图书。因为当时经过搜集后的图书保留下来，我们现在得益于印刷的便利，变得很普及。在当时修成后，是抄录贮藏起来的，与一般的人无缘，而今天随便什么人都可以查阅利用四库，这可以说是我们今人的福分。民国时代的大学者要去读这套书也是很难的事情，而今天普通的人都可以去随便翻阅，因为台湾商务的"文渊阁"影印版，现在大陆很多馆里都藏有，后来上海古籍也出了，后来"文津阁"也出了，所以现在收藏非常普遍，一般的馆里都有四库，使用非常方便。你问的《四库全书》的价值，大概就是给大家提供了一个便利的条件。但四库有没有问题呢？肯定是有问题的，在今天它已成了一门专学，有很多研究和讨论。譬如当时通过收书把一些对清朝不利的东西毁掉了，所谓"寓禁于征"；有些版本收录不精，或者在编的过程中和抄录的过程中出现一些问题。所以如果真正做学问要"抠"版本的话，也不是说四库是一个标准，里面有一些是非常好的，有些则不见得，后来整理的一些本子比它收的要好。正因为如此，从新世纪以来，国内就有各种重要的修藏活动，代表性的就是北京大学汤一介先生领衔的《儒藏》工程，这是在四库200年之后另一次对中国古代文献典籍整理的浩大工程，但它只是偏重儒家，与四库的范围又有所不同。

韩望喜： 刚才讲到"四书五经"、《诗经》和《论语》的关系，中国的传统人文主义，我觉得圆融最好，我不喜欢用PK这个词。因为我念《六祖坛经》的时候，想到法达问六祖说，怎么样来读经典，他读了三千部《法华经》，但不知道经的含义是什么，所以六祖就跟他说，若是你不能懂得经的含义或错误理解经义反而会成为佛的敌人。这是一个很大的问题，就是一定要以心去转法华，而不是用法华来转你的心，读经典的是像阳明大师说的，一定要把你的心修炼得像明镜一样，能够映照万物，如果你的心像明镜一样明亮，能融通，你就可以真正地理解四书、五经之间内在的关系，你懂得《诗经》的咏唱是哪些，是优美的歌谣，是君臣之间的酬唱，还有帝王的治国之道，一定是用圆融的心来理解和体会，才能理解中国的文化。

景海峰： 我想补充一下，"五经"大多是三代的遗典，就是夏商周远古文化的典册，都不是春秋战国时代才有的，而是在孔子之前，这些文献就已经有了，是经过孔子的整理编纂后，流传于世的。在整理的过程中，孔子有自己的标准和选择，将当时儒家对远古文明的理解体现出来，经孔子之手，这些文献就成了保留最古老的中华文明源头的内容。而"四书"是春秋战国时代的作品，与"五经"的年代相差很多，所以表达的是春秋战国时代诸子百家兴起后的思想，它的时代感受跟过去留下来的文献就不一样。但"四书"的道理是继承"五经"的，它所依所本的仍然是"五经"，所以两者又是一以贯之的，可以说"四书"是"五经"在春秋战国时代的延续和发展。

王绍培：

刚才提问的人我比较熟悉，他的外号是"诗经张"或"诗经狂人"，他问问题的用意是什么呢？他有一个观点叫"诗经是中国的圣经"，我们唯一要读的，应该天天读、天天讲的就是《诗经》，其他少说。

韩望喜：《诗经》不可以叫作是《圣经》，但是可以做"雅歌"，雅歌是圣经的一部分，有人用雅歌的格律来翻译诗经或用诗经的格律来翻译雅歌。

听众：我是孔子第 75 代传人。我认为之前的时候，好多人都在说一个问题，孔家孔老二是迂腐的代表，这是一个传统的封建的思想，我作为孔家的后代非常不爽。我的问题是为什么人们会对孔子的这种思想提出反问？为什么要打倒孔家？

景海峰：这个问题实际上是一个挺复杂的问题，为什么要反对孔子？甚至到了为什么要打倒他的境地。复旦大学已故历史学家朱维铮有一篇文章，题目叫作《真孔子与假孔子》，朱维铮的老师是蔡尚思、周予同这些先生，他们是比较有"五四"批孔倾向性的人，对"五四"传统和精神有一个继承和肯定，所以朱维铮在写这篇文章的时候，有个揭露的意思。他的大意是孔子在历史上是不断被包装、不断被美化、不断被改造之后的结果，那是一个"假孔子"。因为在历史上确实有这样一个过程，从汉代"罢黜百家、独尊儒术"，到后来的历朝历代统治者都把儒家思想作为统治的工具，这是一个事实。因为它作为一个官方的意识形态、主流的意识形态，肯定要跟当政者的要求和想法有一个结合，所以历代的统治者都对儒家有一些期望。在这种情况下，孔子的形象和面貌就变得非常复杂，2500 年下来，不断往上加东西，不断给他涂抹，最后成了一个大花脸。有的看了觉得非常可爱，有的看了又觉得面貌很难看，因为大花脸把本来的面貌给盖住了，所以现在大家都说要回到孔子，要回到本来的面貌，就是这个意思，因为历史的积累和涂抹把孔子弄得太复杂了。像在"五四"时代批判孔子的言论中，可能并不是对着孔子本人，而是对被塑造出的孔子的形象有一种反感。今天理解这个问题还是从历史的线索里面看，所以我们现在一方面强调读原典，要读《论语》，要从孔子本人的思想里原原本本去理解他那个时代，体会他的思想的长远价值在什么地方。另一方面，大花脸的孔子其实是一个孔学史，就等于是 2500 年的儒学史，那是一个非常复杂的过程，每个时段都有对孔子的理解、解释和特殊的说法，这些就非常复杂了。所以我们不能将这简单捏在一起笼统地看，我们要把它剥离开来看，是哪个问题就研究哪个问题。我们今天对中国文化的认识和理解，我们今天对儒家思想的反思和评价，肯定是在近代西方文化传入之后才激发出来的，尤其是"五四"的反传统，那是在西方文化的刺激和逼压之后所表现出的一种急切的情绪和反应，如果没有这个背景，可能孔子一直顺顺当当的，可能每个朝代都一样，但是因为这是"三千年未有之大变局"，中国在这 100 多年变得跟历史上不一样了，所以历史上的所有价值，包括所有神圣的东西，都要拿出来重新审视，甚至是批判，这是我们现代文化的一个大环境，这跟西方肯定是有关系的。

王绍培：

下面我用老子的话归纳景院长回答的孔子的孙子的问题，就是"反者道之动"，道德运动、合乎规律的运动就是反，反有两个意思，一个意思是成为自己的反面，还有一个意思就是又回来，回到自身。孔子作为一种意识形态，成为一种反对的对象，但当他不再是意识形态的东西的时候，他就成了一个精神资源、一个文化资源，我们又回到他那儿去了，重新认识他。好，第三期的南书房夜话今天就到这里，谢谢大家。欢迎下一次光临现场，希望大家提出更好的问题。谢谢！

深圳学人·南书房夜话第四期：
儒家思想是普适价值吗？

　景海峰　黄发玉　王绍培（兼主持）
（2014年12月20日　19：00—21：00）

王绍培：

　　各位现场的朋友晚上好，南书房夜话第四期现在开始，现在因为天气冷了之后，我发现下面的听众的构成还在继续变化。刚才6点45分的时候，现场几乎没人，我们惊讶难道会没有听众吗？没想到在座的这些听众对时间的把控这么好，都是踩着点过来的。下面在座的有著名的孔子的第75代传人"孔德华"，他说他上周没有来很遗憾，我说上个星期其实是没有活动的。这位先生几乎每期都到，您介绍一下自己。他是南书房夜话非常忠实的听众，从第一期到这一期每期都来了。下面还有没有期期都来的？都是第一次来的，其实有些人不是第一次来的，坐在后面的，上一次也来了，只是他们不举手，提问的时候才举手。

　　我们今天的话题是：儒家思想是普适价值么？这个题目，严格来讲，它是可以分析的。大家觉得这个话有没有一点点问题啊？我们知道，现在的很多价值是由人文主义的一些思想家锤炼出来的，然后成了全球性的价值。但是我们不说人文主义是一种普适价值，我们可以说儒家思想锤炼出来的一些价值是普适价值吗？这种说法可能比较靠得住，但是可能比较啰唆，所以这种比较简洁的表述其实里面也隐含着问题，这是第一。第二，如果大家对词语的使用是比较敏感的，一定会注意到，"普适价值"你们见得多吗？通常见到的是"普世"，世界的"世"，但是这个也可以念成是"普适价值"，这两个词是不一样的，所以这个题目的预告出来后，有很多人给我们的微信留言或者给我们工作人员打电话，"里面有错别字，这个字错了"。其实这两个字都可以用的，但是它们的含义其实有一点点差异。

我们今天请到的两位嘉宾，一位是上一期嘉宾，深圳大学文学院的院长、国学研究所所长景海峰老师，还有一位是我们南书房夜话的新面孔，第一次来的嘉宾黄发玉，他是深圳社科院的副院长。那么我们首先就请景院长就这个题目做一个审题，将"儒家思想是普适价值吗"这个题目的含义大致给我们解释一下。

景海峰：谢谢。这里的"普世"和"普适"实际上是有区别的，因为现在一般都说普世价值，就是世界的"世"。普世价值在今天还是一个比较敏感的话题，大家如果注意媒体、注意报刊上的宣传，就会发现现在很少承认有所谓的普世价值，因为西方的一些国家把普世价值这个概念拿来作为宣传西方文化理念的一个工具，在这个概念上做了很多文章。大家如果注意这一两年报刊谈一些比较敏感的话题的时候，普世价值的概念实际上是不大用的，或者说尽量避开。所以我们今天的话题就换了一个字眼，就是适合的"适"、适宜的"适"、适当的"适"，这大概就稍微中性一点，与比较敏感的所谓"普世"概念就稍有区别，但内容同我们要讲的话题的意思差不多。

为什么要讲普适价值？这实际上就涉及儒家思想的普遍性问题，即它的思想理念对今天的世界、对整个人类社会有没有一些可以通用的东西，大概就是这么一个意思，所以并没有很抽象、很晦涩的意义在里面。既然是这个意思，那我们今天的讨论为什么还要用问号来做标题呢？因为在目前儒家思想还处在一个比较弱势的状态，在今天的世界或许一般人可能更多关注的是其他的一些价值，而对儒家思想的很多原则和一些说法存有疑虑，或者是不太熟悉、不太了解，对所谓儒家思想的普适性关注得还比较少，所以我们今天就用了一个疑问的句式，大概就包含了这层意思，即需要把眼下的格局及今天所面临的困境用这个话题来稍微展开一下，所以就是"儒家思想是普适价值吗"？实际上是带有些追问的意思。也就是说可能有两个答案，或者是，或者不是，所以我们今天是带着这个疑问来面对这个话题的。我觉得黄院长可能对普遍性这个问题有比较独到的理解，所以就先请他讲讲。

　　黄发玉：大家好，今天我们讨论的题目应该说是非常有现实意义的。大家都知道，中国封建社会 2000 多年来，基本上是儒家思想占主导地位。但自从鸦片战争后，国人开始怀疑老祖宗的思想，我们技不如人，就认为老祖宗的思想有问题，特别是经过五四运动、"文化大革命"之后，儒家思想在国人的心目中好像是很遥远的事情。当然近些年，我们兴起了所谓的国学热，其中也包括儒学热。今天这个题目是说"儒家思想具有普适价值吗"？所谓的普适价值，不是普世价值，"世界"的"世"，与合适的"适"，这两个音读起来都是"shi"。那么这个普适价值是什么意思呢？首先说价值是什么意思。所谓价值，就是客体对于主体的意义，通俗地说，就是什么东西对我们人有意义，这是很通俗的一个表述，比如说这个杯子可以盛水、喝茶，我们就说这个杯子有价值，如果它坏了，不能盛水，就没有价值了。那么普适价值，就是说无论是什么地方、什么时候这个东西都有意义，那就叫普适价值。儒家的思想过去曾经发挥了它的价值，那它现在还有没有价值呢？这是第一个意思。第二，在中国有它的价值，在国外，在其他国家、其他民族、其他的文化体系之中它有没有价值？如果有，就是普适价值。今天的题目实际上是讨论这个问题。刚才主持人说了，"儒家思想有普适价值吗？"这个题目是可以审一下的。儒家思想其实包括很多思想，而且有些思想还是相互矛盾的，比如说孟子主张性善、荀子主张性恶，都是儒家的思想，所以我们现在说儒家思想不是说儒家的全部思想，是说它的核心的价值，比如说"仁义礼智信"，这些核心的价值观念是否具有普适价值？今天的题目其实是这么一个意思。在我看来，我认为应该是有普适价值的。为什么我用一个"应该"呢？我的基本观点就是持一种相对的普适价值观，也就是说，在一定条件下我们的儒家思想具有普适价值。首先我要说一说，为什么说儒家思想具有普适价值。有的人可能说，各个不同的民族对事物的看法不同、对社会的看法不同，不同的人对社会的看法也不同，什么样的价值、什么样的观念对不同的民族、对不同的人来说都有价值呢？"普适价值"其实就是这么个意思。有没有这样的价值或观念？如果有的话，这样的价值或观念就是普适价值。比如说，"不要盗窃"。对于任何一个人来说，对于任何一个民族来说，对于任何一个文化背景的群体来说，这都是对的，大家不会否定，那么这个观念就具有普适价值，具有普适的意义，具有普遍的意义，因此，普适价值又可以称为普遍价值，就是发挥普遍作用的，又叫作共同价值，就是大家都可以共同接受的。所以首先我想说的是，儒家思想的核心价值观应该是具有人类的普适意义。比如说，儒家主张"仁爱"，"仁者爱人"，这个观念在全世界应该都没错。西方也主张仁爱，比如说基督教主张"博爱"，印度的佛教主张"慈悲"，都有一种仁爱的意思在里面。大家生活在这个世界上，相互之间相亲相爱，四海之内皆兄弟，这就具有普适价值。所以我的基本观点是，儒家的核心观念有普适的意义。有的人可能说，你儒家思想是在中国的封建社会产生的，现在还有价值吗？你儒家的思想是在中国这块土地上产生的，对外国人有价值吗？这个问题其实是需要讨论的，我们可以毫不犹豫地说，有。为什么呢？因为尽管是在封建社会，尽管是在中国这块土地上，作为儒家来说，它探究了人类的一些最基本的问题，这些问题，不管是过去还是现在、将来，不管是中国还是外国，这些最基本的问题就是人类面临的共同问题，所得出的结论都是人类应该共同遵循的价值。比如说，如何处理好人与人之间、人与社会之间的关系，采取什么样的行为准则、什么样的是非标准等，这些都是儒家所探究的。当然反过来说，其他民族的思想家也探究过这些问题，因此我们可以得出这样一个结论，儒家的思想有普适价值、有普适意义，其他民族的核心价值也在一定程度上具有普遍意义。

景海峰：我也非常同意黄院长的这个说法。我想回到儒家思想来讨论，儒家思想是普适价值的理据何在？它是靠了什么东西才可以达到一个共识，也就是为大多数人所接受的道理何在？我们可以从空间和时间这两个方面来看。

一个就是这种共识实际上是个空间扩展的过程，为什么这么说呢？因为任何一种思想或任何一个观念，最初肯定是个体性的，就是某个思想家个人讲了一些道理，提出了一些观点，获得了他周围的人的认可，然后这种认可就有了社会效应或者说某种群体性，之后是从一个小的范围逐渐地扩散，经过传播，这些观念或思想为更多的人所理解和接受，这样慢慢就可能构成局部社会的一个共有的价值，这个普遍性就建立起来了。我们想想是不是这样一个道理？儒家思想最开始的时候实际上是在一个很小的范围，因为我们今天把孔子作为儒家学派的创始人，也就是说从孔子开始，他才提出了一些基本的价值理念。孔子的诞生地是在山东曲阜，今天叫夫子洞的那个地方，属于泗水县，在曲阜的旁边，泗水是个很小的河流，还有一条小河叫洙水，所以我们一般把儒家思想的发祥地称为洙泗之源，就是这个意思，这在当时是个很小的区域。孔子所处的春秋时代，是五霸当道，都是很大的国家，而鲁国只是一个小国，那些大国、强国都有它们各自的主张，流行各种理念。所以孔子提出他的主张后，要周游列国去推行，而当时只是在一个很小的区域得到认同，普遍性很有限，用解释人类学家格尔茨的话来说，就是所谓"地方性知识"。所以儒家思想刚开始的时候可能只是在一个很小的区域内流传，后来才慢慢从洙泗流域扩展到了整个齐鲁大地，然后又走遍中原。到了战国时代，在跟其他诸子百家争论的过程中，逐渐占据上风，影响到更大范围。而到了汉代建立统一大帝国之后，它又演变成整个汉代疆域内的一个统治思想，成为中国文化的主干形式。宋以后，儒家思想又漂洋过海，远渡东邻，流传到日本、朝鲜半岛，深刻影响到域外的文化，后来也扩及整个东南亚，这个广大的区域从 13 世纪之后，慢慢都接受了儒家思想的影响，所以它不光是我们中国的，也具有了今天所说的世界性。20 世纪以来，随着中西方文化的广泛交流，今天在世界各地，又有了很多传播儒家思想的渠道和形式，譬如说眼下遍地开花的孔子学院。所以，儒家思想的影响不只是在华夏大地，而是在整个世界，在许多国家和地区都有流行和传播，拥有很大的普遍性。从儒学价值播撒的历史来看，就是从一个很小的区域渐渐有一个更大的范围，是一个逐渐扩展的过程，这便是从空间意义上来讲的。

而这种普遍性或者说普适的理据，又可以从时间上来理解。拿儒家思想来说，在刚开始的时候，它可能只是当时一些有限的见解，它需要吸收更多的资源，需要从其他的"地方知识"、其他的一些脉络里面来寻找这种资源，把这些思想资源逐渐地加以凝聚和转化，以形成强大的传播能量。而这些资源往往就是一些历史的积淀，是时间意义上的传统，孔子"述而不作"，实际上就是在吸收和消化这些东西。孔子当时整理了远古的各种典籍，"删则删，削则削"，损益有据，发挥了人文精神，通过对夏商周三代遗典的调用，把更多的养分汇聚到他的核心思想里面，形成一个新的体系，他的这个工作本身就是一个创造性诠释的过程。所以我们说儒家的思想又不是在一个短时间内就形成的东西，它有漫长的积累过程和复杂的吸纳脉络，此前华夏远古的传统文明都被它吸收和消化了。但这种吸收绝不是简单的照抄，不是说把过去的东西搜罗起来就行了，孔子是在根据他的时代做创造性的转化工作，而这个创造性转换恰恰就是他为后来的 2500 年中国文化所奠定的最基础的一些内容。

比如说，刚才提到的仁爱思想。仁爱的观念并不是孔子才开始讲的，在孔子之前已经有"仁"的概念。但当时所讲的仁就是"亲亲"，是从血缘关系来着眼的，亲人、族人间，跟他有血缘关系的人之间有一种天然的爱，这就是"亲亲"，爱自己的父母，这是原本"仁"的意思。显然这个"亲亲"是有局限性的，如果跟你没有血缘关系，那你还讲不讲"仁"？所以孔子就需要把这个概念做一个新的阐释，给它增添新的意义，那便是后来我们讲的孔子的"仁学"。这个"仁"包含了三层意思，一是在"亲亲"的基础上向外推，扩展到一个更大的范围，这就是"仁者爱人"的思想。"仁者爱人"是"亲亲"的放大，由"亲亲"而及于一般的人，就是所谓"老吾老以及人之老，幼吾幼以及人之幼"，通过爱你的父母去体味而爱及于别的老人，你爱你的子女，将心比心，也要慈爱他人之幼，这是一个推扩的过程，结果就比"亲亲"的范围要大得多，把所有的人都囊括在爱的对象里面。"亲亲"的普遍性是有限的，当爱施予一般人的时候，这个普遍性就放大了，而且可以无限地扩展，"亲亲而仁民，仁民而爱物"，与天地一体，意义也比原来的"亲亲"深化了许多。"仁"的第二层意思就是所谓的"忠恕之道"。我们经常讲的一句话，叫"己所不欲，勿施于人"，这个大家都听过，这句话的意思表达了仁的最低原则，就是说只要是人都能做得到，那就是我自己不想做的事，就不要去强加于别人，这就是"己所不欲，勿施于人"。这有没有普遍性呢？当然有，因为我们都是人，人同此心，心同此理，你自己不想要的，你干吗要让别人来接受呢？这是大家都能理解的道理，所以它当然具有普遍性。这是所谓的"恕道"，就是从一个最低的原则来讲，那么从积极一点的要求来看，便是"忠道"，即"己欲立而立人，己欲达而达人"，这两个合起来就是所谓的"忠恕之道"。这个"忠道"是通过将心比心，从自我的理解来把一些喜爱的东西让别人分享，这也是具有普遍性的。因为作为一个人，对他的同类应该都抱有这种心理，就是"己欲立而立人，己欲达而达人"。"仁"的第三层意思是从礼和乐的本源来说的，因为个人的爱心、仁德需要体现出来，要获得公共性、获得整个社会的认可，这就需要通过礼乐文明的创造来体现，于是就有了各种文明制度的安排。"礼"是维持社会性、群体性的，是人可以和谐相处的一个基础，它根源于所谓"仁"的意思，不是一个外在强加的，像律法那样的形式。礼乐制度依于仁，是根据人的本心、根据人可以接受的共识建构起来的，所以孔子说"人而不仁，如礼何？人而不仁，如乐何"？如果没有了这个"仁"，光靠外在的东西，就没有什么共识性，大家凭什么承认你？因为礼是建立在大家共同理解和接受的基础之上的，这些外在的形式和社会制度的内容才可行。

所以，孔子仁学思想的丰富化和创新性是在原来的基础上，经过创造性的诠释之后，将其内涵深化或扩张了，脱开了远古氏族社会血亲关系的狭小性，而成为一个大家都能够普遍理解和接受的道理。这些道理，之前是我们中国人能够理解，那么现在在世界范围内，大家也觉得这是一个可以接受的道理。比如说，"己所不欲，勿施于人"在世界宗教大会上，就被称作是"黄金法则"，就是只要你是人，只要你是文明人，不管来自何方、何种背景，"己所不欲，勿施于人"，就是理所当然的道理。所以，每一种普遍性或者普适价值，都有它自己的理据，我们都需要从内在的根源性上来理解。儒家思想之所以具有这种普适性或者说是一种普适价值，那是因为它有空间上的历史化拓展过程，同时也有时间上的细化和加工、逐渐丰富化的过程。通过这些历程，它的普适性才能得以建立起来。

王绍培：

景院长和黄院长是这方面的专家、是文化学者，所以我刚才说审题，审题后他们很快写出了一篇大文章，把儒家思想为什么是普适价值讲得非常清楚，逻辑性很强。但是我还是要回过头来讲讲我对这个题目的理解。为什么我们要用"普适"代替"普世"，因为"普世"这个字眼是一个敏感词，为什么呢？它是有原因的，当然现在我们可以这样说，绝对有一些原则、有一些价值是普世的，比如说有一些来自科学方面的规律就是"普适"的，也可以说是"普世"的，放在哪里都是一样的。但是当一个文明说是"普世"的时候，哪怕是一个非常好的文明，你说它是"普世"的，你要向外面扩张，因为你要扩张，你就可以说它是普世的；如果它是普世的，那么它向外扩张是理所当然的，如果它真的是普世的，这个是理所当然的，也是好的，也是没有问题的。但是任何一种文明背后都有一个主体，有一个主体就涉及你背后的诉求，各式各样的诉求，有利益诉求、有权力的诉求、有影响力诉求，一旦涉及诉求的时候，这一部分，这个文明背后的主体性的诉求就不是每个人有份了，它代表了不同的利益集团，代表了不同的文明主体。

比如说日本，日本人虽然被美国人打败了，但是他们很狡猾，他们把樱花传播到、交流到美国，甚至到了美国的首都，可能美国华盛顿的樱花比日本本土的樱花还要好看，一般的人看起来就说这不过是一种文化交流，是一种植物交流，这个美丽的树种引过来到春天的时候会很好看嘛，但是日本人眼中的樱花不单单是一种花卉，它是武士道精神的象征，它是日本军人的军魂。虽然日本军人被打败了，但是武士道的军魂在美国的首都出现了。他们就是这样找安慰的。当然你可以说这种安慰一点价值都没有，但是在他们的心目中，它是有价值的，被你们打败的军人的军魂，我们要让它换一种方式到你们的土地上，而你们对这种微妙的用意是不清楚的，东方人在这种敏感的地方是很有一套的，这就是日本文明、文化传播中的背后的心机，也可以是他的策略，这是他们背后的诉求，这种诉求代表不认输的意志。

再比如说"禅"，"禅"这种文化是一种非常好的文化，具有普适价值。但是日本人在很早的时候，有一个叫"铃木大拙"的禅师，他在西方的影响很大，在西方认识禅宗的人都是通过"铃木"这个人来了解禅宗的。为什么他有这么大的活动力和影响力？是因为他背后有官方的背景、有财团的背景，就是日本的官方、日本的财团很明确地要把"禅"这个东方文化——其实禅本来是中国的——通过他的手传播到美国去、传播到欧洲去、传播到西方世界去，西方世界就认为禅宗这个文化是在日本的，日本是很厉害的，因为有一个铃木，这是国际级的大师。很简单，就像我们卖产品一样，铃木开了一个"禅宗文化"的店，他的"禅"最有名气，当然要买他的嘛，尽管你的祖宗是中国，但是我不知道，我只知道是你的。传统文化很好，是普适的，但是我要买这个很好的东西的时候，我是需要付钱的，那么投放的收益在哪里呢？收益在日本人的手里，就是这样的。

所以我们有的时候轻飘飘地讲一种文化、一种文明说它是普世的，好像就是无害的，在哪里都是一样的好，但是其实在这种文明、文化传播的背后是有主体性的，它是有利益相关方的，有些主体的利益是比较大的，有些利益是比较小的，有些甚至说是完全没有利益的，比如说西方的民主自由、法治都很好，我们都应该接受，但是我们只接受它的理据呢，还是接受与理据相关的那些利益集团？你想到这层的时候，你就觉得这个背后有点问题了。你们不问那个抽象的概念，你们要问那个抽象的概念的背后的那个人，那个主体。这个里面就有利益分配的关系，这就是为什么说中国的官方，或我们有些人为什么会对普世价值觉得敏感，他敏感的不是价值的抽象部分，不是它的理据部分，而是这些文明、这些文化在传播过程中的背后的利益相关方，他对这个东西有警惕。当然，任何一种价值、任何一种文明在中国也有利益相关方，有些人的利益是比较大的，有些人的利益是比较好的，这里面有利益的博弈，所以这个词就变成了一个敏感词，比如有些人在中国要搞民主自由，这就是普适价值，是放之四海而皆准的真理，你为什么反对它？难道你反对真理吗？你反对一个普适性的东西吗？不是，是因为背后有不同的利益相关方。每个民族、每个国家、每个人，我们对利益这一块，永远是很敏感的，对权力是很敏感的，主导权在谁手上，这就是核心。

每个概念不仅仅是一个单纯的概念，而是一个活生生的话语的群落，每个概念背后都有很密集、很详细的语境，涉及很多东西，所以这个概念就不是一个简单的概念。考虑到这一层，我们就把"普世"这个词搁置起来了。

但是从理据的角度来讲，难道搁置起来就没有普世性的东西了吗？它还是存在的，有些价值就是普世的，比如说长寿比短命要好，难道你说我们的民族平均寿命是 50 年，就比平均寿命 30 年要差吗？难道我们不能追求我们平均寿命到达七八十年吗？全世界都是这样的，全世界很少有民族，几乎没有民族追求的是短命，大家都追求长寿，这就是普世价值。我们说卫生比不卫生、不健康要好，我们环境很健康、很卫生，生活质量就会比较高，难道说这个不是普世价值吗？难道有人说肮脏比较好？不健康比较好？没有卫生比较好？没有的，说明普世性的东西还是存在的。还比如说，像财富、富裕、富有比贫困要好，当然这里面也是有限度的，不是说无限的富裕比适度的富裕肯定要好，这是不一定的。但是总体来说，富裕比贫困要好。比如说，在很多国家，经济比较繁荣和富裕的时候，这个国家的建筑可能建筑得比较牢靠，来了一场地震，在日本一场很大的地震，可能没有伤亡，在中国有一场地震 30 万人就没有了，你能说经济发展不好吗？你贫困的话，你就没有很多钱，当然不仅仅建筑好跟钱有关系，钱跟经济发达也有很大的关系，经济发达了，你的建筑修得比较好，来了一场地震，很多人会活着，而在比较落后的国家，房子一震就垮掉的国家，很多国民就死掉了，经济发达不就是普世价值吗？不管你在哪里，房子坚固，抗地震性强，这就是普世价值。所以说我们不能因为官方或者某些人对这个词语敏感，我们就不知道背后的这样一些东西了，我们敏感的是这个概念背后的利益相关方，它的利益诉求在哪里，但是这个词语背后代表的那些抽象的价值、抽象的哲学、抽象的意义这一部分是不能否认的，所以这个概念是成立的。

我们再回头讲具体的历史语境中的"普世"，跟西方的基督教文明有关系，基督教文明认为他们是一神教，认为全世界都应该统一在基督教文明之下，因为他这个东西是最正确、最高明、最好的，既然是最高明、最好、最了不起的东西，那么理所当然要向所有的民族推广，向所有民族推广就叫普世，这就是一个普世化的进程。但是我们现在知道，不一定，你这个文明不一定这么好，别的文明可能跟你旗鼓相当，可以比你更好，而且任何一种文明都是一种具体的历史语境中的场合，你已经发展到一个很高的水准，你要向很落后的地方推广文明，在推广的过程中，会带来很多的问题，包括像美国，萨达姆是个独裁政权，独裁政权不好，民主政权比较好，那你是怎么改变的呢？你是用你的飞机大炮来改变的，在这个过程中产生了什么后果呢？产生了你的民主在没有建立起来之前，很多人被炸死了。这就是说为什么就算你的价值是很好的，你的理念是非常先进的，但是你用一种普世心态来向全球进行推广的时候，它其实是有疑问的，因为推广的过程并不是没有代价的。推广的过程本身，你做的很多事情跟你的主张、跟你的原则是不一致的，所以我们就对这种普世性的东西进行限定。尤其是西方很多人，他们已经养成了一种普世心态，他会觉得我的东西这么好，为什么不可以接受，为什么不可以推广。但是我们看见，现实就是这样的，在普世化的过程中造成了很大的问题，所以我们要对它进行限定。

现在我们用这个普适价值替换它，就是因为很多人不明白这其中的具体内涵。这个"普适"有一个什么样的意思呢？普适性在更大程度上强调的是内容的普遍性，把背后的主体及利益相关方给淡化了，更强调的是它的意义层面的东西。比如说这样一个数学公式在哪里都是一样的，$1+1=2$，你不能说因为我是印度人，我 $1+1=8$，或者说这是我们的中国特色，我们的数学就是 $1+1=8$，当然你说我这是符号，但是含义就是数学含义，所以这种普适性其实在哪里都是一样的。我们讲这个普适性就是将背后的主体性和利益的相关方都淡化了。在时间上，不管是什么时候，过去、现在和将来可能都有这样一个普遍性，因为它是从一个最抽象的层面上生长出来的东西，而且我们也是将它还原到一个最抽象的层面上来讲的。基于这样的考虑，我们来思考儒家思想的普适性，它的哪些思想、它的哪些主张、它的哪些价值过去是对的，现在是对的，将来也是对的，这是建立了我们思考的一个体系和一个逻辑。所以接下来的问题，一方面是儒家的哪些价值在今天是适用的，在今天的中国也是适用的，因为中国人把儒家的很多东西都抛弃掉了、放弃了，所以在今天的中国它也是有意义的。还有一个就是儒家的什么价值对当今的世界有一种应答的关系，就是因为世界上有很多很多价值，有很多很多的普世价值、普遍价值，但是为什么还有那么多问题呢？而这些价值有很多是在西方价值普世化的过程中导致的，那么儒家的什么价值能对这一部分做出一个应答？所以我现在就有两个问题，一个是儒家的哪些价值在我们今天的中国还是适用的？首先我们请景院长谈谈。

景海峰：这个话题就更深一步了。我们既然承认有普适价值，那么普适价值的背后可能是有利益诉求的，可能有某种权力结构，所以它又不是一个简单的观念问题。任何思想观念要与社会的操作运行结合起来，一定表达了一个群体、一个民族或一个国家区域的要求。所以从福柯所谓"知识权力"的意义上来讲，我们可以把普适性的价值分成几个层面来理解。

第一个就是从知识论来讲，有很多东西是人类共同的，比如说数理化、自然科学的知识价值，它显然是普世性的。因为只要是人类所面对的大自然一样，对客观世界的探寻一样，这些科学定律、研究法则就都是一样的，对中国人是这样，对西方人也是这样，没听说过在不同的民族、不同的文化里面，它可以有不一样的标准。所以学数学、学物理，全世界的人都是一样的，并没有一个中国的数学、中国的物理学或者中国的天文学，我想这是没有什么异议的，这些知识价值是放之四海而皆准的。

第二种价值的情形就不一样了，它有很多东西是跟社会活动、跟人的利益有关联的，或者与其他一些特定的要求结合在一起。这里面就有很多社会科学的知识价值，比如说法学，在我们今天这样一个文明的社会里，大家都要讲法制，都承认法的合理性，但具体到国家形态之下所建立起来的法的系统却存在着很大的差异，价值诉求可能很不一样。在西方就有大陆法系和英美法系的区别，而现代法的这套观念系统移植到中国之后，在现代化国家建设方面，我们慢慢也完善了其体系，但它明显有自己的特点，受到中国文化和历史传统的影响，而不是简单地将德法或英美的照抄过来就行了，那显然是行不通的。所以，很多社会科学里面的知识价值，都有一个转换的问题，有所谓"本土化"或者"在地化"的过程。也就是说尽管一些原理或一些通则可能全世界都是可以借鉴的，但落实到这个具体性上，你就得与你这个国家、这个民族、这个社会结构有一个适当的结合。所以很多社会科学研究都提出了"中国化"的口号，比如说社会学的中国化、政治学的中国化等。

第三种情况就更麻烦了，比如说像我们讨论的儒家思想这种形态，它既不是自然科学知识，也不是社会科学知识，它的价值实际上是人文精神的体现。它是关于人的存在本身的价值描述，是关于人的理念和标准这些问题的探讨，哪些是对的、适当的、合理的，哪些是错的、不合理的，这方面的评判不能按照自然科学的方法简单地给它打个"钩"或者"叉"。因为这种价值的标准和判断是在每个文明成长的历史过程中逐渐形成的，它所达到的共识之背景和获得普遍性认可的理据是非常复杂的。我们今天的世界这么多元多样，有一两百个国家和政治共同体，每个国家之间或在国家、区域内部，又有一些不同的种族或种群的差异性存在，国家形态下的社会结构、人群聚落、阶级阶层等又都很复杂，人们有各种各样的想法和理念，有各自的特征，很少"可公度性"，共同性的价值越来越少，或者说所谓放之四海而皆准的普遍真理的可能性越来越小。这就有了一个根本性的挑战，像儒家思想这样的形态、这样的价值系统，它还有没有可能谈所谓的普遍性？

　　刚才主持人也讲过，像西方的基督教在很长一段历史中，它自认为是放之四海而皆准的普遍真理，只要你是一个文明的群体，你就应该信仰基督教的理念。但在今天这样一个文明的冲突和对话的格局中，再这样想，显然就是一厢情愿的了，因为它已不可能把基督教的理念强加给所有的民族和国家。在相当长的一个历史时期，基督教、伊斯兰教等，就是用这种铁血的方式来推广的，很多宗教价值的传播，一手拿着剑，一手拿着它的经典，所到之处，你就该服从、就该按照它的信仰来做，你不服从，你不信教，你就是异端、异教徒，非我族类，诛杀后快，然后就引发了各种残酷的宗教战争。基督教等曾用这种征服的方式来传播信仰、推广价值，但在今天的世界，这显然是不可能的了，在这样和平的时代，你的任何信仰、任何价值的普及，肯定都不可能再回到历史上那种"铁血"的方式，用征服来强迫对方接受。和西方相比，我们中国文化，或者说儒家思想，在这一点上，要比西方的信仰与价值的传播方式高明些。为什么这么说呢？刚才我也强调，儒家一开始是在有限的区域内，后来它之所以有大的扩展，成为一个在更大的区域和范围里面被大家所接受的价值，不是靠的战争，历史上没有说为了推行儒家的主张而打别人，你不信我就把你征服了，然后让你信，没有这个情形。这跟西方很不一样，中国没有宗教性的战争，儒家思想的传播基本上是用和平的手段，是一种润物细无声的方式。

　　从历史上看，我们大致可以把儒家价值普遍化的这个扩展的历程分为三个阶段。春秋战国时代，诸子百家争鸣，儒、墨、名、法、道、阴阳，各家学说都有自己的一套价值理念，都有他们的人生理想。比如说道家就和儒家很不一样，但为什么后来大多数人都信儒家呢？汉代之后，儒家思想成了中国人理念世界或价值世界的主干，这个道理何在？为什么不是法家，为什么不是墨家，为什么不是道家，而是儒家？我们要思考这个问题。儒家后来战胜诸家，占了上风，成了汉帝国统一的信仰形态，它显然不是靠武力才达到这个结果的，它靠的就是它的这些价值理念。大家都认为它的这些价值理念更有说服力、更切合人性人情、更切合社会的实际需要，所以自然就接受了。那么这些价值理念是什么呢？我们可以简单地说，比如"礼义廉耻""孝悌忠信"，所谓四维八德，还有"仁义礼智信"，所谓五常，这些观念可能在战国时代还众说纷纭，每个学派不一定都承认这些价值，但到了汉代以后，这些观念就深入人心，上至国君，下至普通百姓，都认为这些道理是对的，我们做人、做事、治家、治国，当然要讲"礼义廉耻"，当然要讲"仁义礼智信"，这种普遍性就在跟其他诸子百家的争论中逐渐胜出了，成为一个更广泛意义的价值。

我们都知道，中国在历史上，除了中原的汉人之外，周边有很多游牧民族，汉人不断跟这些游牧民族发生冲突，历史上有过很多战争，甚至游牧民族入主中原，建立了新的王朝，最有名的莫过于元和清。这两个王朝都是北方的游牧民族入主中原之后建立的，汉人反而成了被统治者。但是为什么在我们的观念中不会认为满人就不是中国人呢？清朝的文化就不是中国文化呢？如果按照武力征服的逻辑或者仅仅是替代性的关系来理解的话，很可能就会这么去想。就像西方人的历史，它的民族变迁或政权更替，大多就是按照征服的逻辑来理解和叙述的，但我们中国人从来没有觉得清朝不是中国，而是一致认为清朝肯定是中国。那这个中国是什么？这个中国就是文化意义上的。因为后来这些周边的游牧民族入主中原以后，从血缘、血统来讲，他们不是汉人，但他们后来都接受了中原文化，接受了儒家的思想。甚至他们对儒家思想崇信的程度和卖力地推广可能比汉人还要过之，这就是我们经常说的"汉化"的问题。这些游牧民族可能原来与儒家文化没有什么关系，对"仁义礼智信"这套东西也不了解，这些可能跟他们原来的生活状况没有什么关系，他们也不太接受这些东西，但一旦他们成为华夏大地的主人之后，就非常心甘情愿、自觉地认同这些价值，我们读一下元史，读一下清史，这样的例子太多了。包括从魏晋南北朝开始，像十六国很多都是胡人的政权，他们后来自标为所谓华夏正统，可能对儒家的东西更觉得有道理，推行也更为卖力，这也就是中国文化的凝聚力，或者是它发展壮大的一个根本原因。为什么我们要强调儒家思想在历史上是中华民族的凝聚剂，是一个文化思想观念的融合体，就是因为它化解了很多民族、各种不同文明背景所带来的一些冲突，避免了很多的战争，用一种柔性的、和平的、道义的力量，使我们这个国家，我们中华民族在历史上不断地繁衍、不断地壮大，这也是中华文化了不起的地方，是儒家思想的厉害之处。

然后到了第三个阶段，就是和西方文化的相遇，这个时候问题就来了，因为游牧民族后来也接受了儒家的价值，没有什么障碍，融合得非常好，但是西方人来了之后，这个问题就比较大了。明朝万历年间，耶稣会士来华，像利玛窦来传播基督教，而基督教的思想价值与儒家的体系差别就是很大的。像我们中国人讲五伦，君臣、父子、夫妇、兄弟、朋友，也就是"仁义礼智信"五常这些观念是在家庭、血缘、亲族、聚落等特定的社会结构之上形成的，和西方基督教的背景很不一样。基督教是脱离这种血缘性的，它强调的是对上帝的信仰，是一个宗教的形态，它形成的社会组织结构、人与人之间的关系，都不像我们中国人的家庭这样的环境，所以利玛窦来传播基督教的时候，在这方面就与中国的传统发生了很大的冲突。刚开始的时候，他尽量说我们的教义跟儒家的思想没有什么冲突，但后来一旦要把他的主张和价值表达出来、凸显出来的时候，这个冲突就不可避免。他就说，你这个"五伦"不够，五伦还缺一个人和神的关系，所以就要加一个"大伦"，大伦在五伦之上，那这个中国人肯定是不能接受的。所以后来到了康熙、雍正年间，就发生了礼仪之争，就有了禁教，后来把传教士全都赶出去了，中西文化交流的那段历史也就终结了。差不多一直到鸦片战争的时候，西方的基督教才又传了进来。所以我们在想这个历史的时候，就觉得很有意思，当时的礼仪之争，还有思想方面的论辩，它实际上是一种价值的冲突，就是这种观念有时候是不能融合的。

　　所以说，现在来思考儒家价值的普适性问题，我们需要强调它自身的力量，它在历史上的传播，或者让更多人能够承认它的合理性，成为一种共识性，这个源泉何在？力量何在？那我们今天就要着力发扬这些优秀的东西。在历史上，儒家思想能逐渐成为一种共识，或者取得一种普适性，是有它的特点的，今天中国文化要走出去，我们就要发挥这些特点，我们不能简单地用一种模仿别人的方式来传播中国文化，我们要把我们的优秀传统，把我们的一些特点找出来，这样把儒家思想的价值理念，去向别人介绍、向别人宣传、向世界推广，它才是一个可行的方式，也才有这种可能性。

　　黄发玉：关于"儒家思想具有普适价值"这个问题，我认为国人必须有这种信念，这是一种文化自信，为什么这么说呢？因为世界上有各种不同的文明或者说各种不同的文化，著名历史学家汤因比在他的《历史研究》里面曾经把世界上的文明体划分为22种，其中中国文明就叫作儒家文明。每一种文明体或每一种文化都有它独立存在的理由或者说主体性，它都会在一定程度上创造具有普遍意义的价值。尤其是中国文化，以儒家为核心的中国文化，连续2000多年，应该说它的主体性、独立性、个性是十分明显的。正因为个性很强，所以它就具有普适价值，这是什么意思呢？我们经常说"越是民族的，就越是世界的"，这就是说，世界是由各种不同的文化组成的，各个不同的文化创造的价值就是对世界文化的贡献，每种文化的核心价值就具有一定的普遍意义。儒家文化尤其如此。如果我们不承认儒家思想具有普适价值，那就意味着别人的文化比我们优越，反过来说也是这么一个道理。而实际上有些人就是这样想的。比如说，长期以来，日耳曼民族也就是白人，自认为是世界上最优越的民族，高人一等。为什么现在美国对黑人还是这么歧视？尽管它的总统奥巴马是黑人，实际上白人在脑子里面，就认为比其他民族高人一等，他们的文化比其他的民族要略高一筹，因此它的文化价值观念就是世界的普世价值，你应该按照我的价值观念来，实际上美国人就是这样一种观念，他们自认为"天将降大任于斯人也"，他是天之骄子，是上帝赋予他的使命，要领导这个世界，这其实就是抹杀了其他文化的价值，把自己的文化价值凌驾于其他文化之上。实际上每一种文化都对世界做出了贡献，这就是"越是民族的，就越是世界的"这句话的含义所在。所以我们相信儒家文化具有普适价值，这是一个文化自信问题，是一个坚守文化主体性的问题，它是必须坚持的。除了白人以外，其他民族也有这种优越感，比如说日本人会认为他是高人一等的民族。

我们说，儒家思想具有普适价值，并不是说我们强求，事实已经证明，在历史上，儒家文化已经走出中国，东南亚基本是儒家文化圈，就说明了这个道理。韩国、朝鲜、日本、越南等都是儒家文化圈，表明儒家文化的普适性在历史上就已经体现过。儒家文化不仅仅走到东南亚，也早已传到西方了。西方有很多学者其实也是吸收了中国的儒家文化，莱布尼茨受到中国易学、儒学特别是宋明理学的影响，德国启蒙思潮的开创者沃尔弗受到中国实践哲学的影响，法国百科全书派狄德罗、霍尔巴赫等人吸收了中国政治哲学和道德哲学思想，重农学派受到中国古代经济思想的影响，其创始人魁奈自信为孔子学说的继承者，因而被其门徒称为"欧洲的孔子"，德国古典哲学也曾受到中国学说包括儒家哲学的影响。这说明中国的儒家思想早就传入西方，并被西方哲学家所吸收，从某种程度上说，世界文化并不是相互孤立的，而是互相影响，互相吸收对方的长处。我们中国人经常说，要吸收人类的优秀文明成果，其实对西方人来说，他们也早就吸收了人类的优秀文明成果，包括东方的，都是这样的，所以世界文化发展是一种互相影响、互相激荡、相互促进的过程，并不存在谁优谁劣的问题。中国传统文化、儒家文化本身就是世界上非常优秀的文化，我们不否认别人，但我们坚持文化自信，坚持文化的主体性，同时也学习其他文化的优秀成果。这叫作"各美其美，美美与共"，这是我国著名社会学家费孝通老先生说的话。"各美其美"，每种文化都有它优秀的地方，"美美与共"，大家互相学习、互相促进，所以文化之间是这样一种关系。

主持人刚才说到，儒家思想的普适价值现在究竟体现在哪些地方呢？我觉得体现在三个方面，第一个方面就是它的道德价值。儒家文化非常注重处理好人与人之间的关系，处理好伦理关系，它首先是一种道德哲学，我们经常看到一些老房子的两边门额上写着"入则孝，出则悌"，这就是要处理好家庭成员之间的关系。所谓"入则孝"，就是儿女对父亲要孝，子孝父慈；"出则悌"就是说兄弟之间要友爱。所以说儒家文化强调要处理好人与人之间的道德关系、伦理关系。如果你处理好这样一种关系，这个社会就会很和谐。首先处理好家庭关系，然后推而广之，"老吾老以及人之老，幼吾幼以及人之幼"，首先是"亲亲"，然后是"仁民"，即对周围人都是一种慈爱的态度，推而广之，这个社会就很和谐了，这就是四海之内皆兄弟的一种大同世界。所以首先它是有一种道德的价值，处理好家庭之间、社会人与人之间的这些关系，所谓"君君、臣臣、父父、子子"。当然在这个问题上大家可能说，那是封建社会的君臣关系、父子关系，君要臣死，臣不得不死；父要子亡，子不能不亡，这里确确实实是有一些封建社会的糟粕，所以我们是吸取它的精华，剔除它的糟粕，但是它的基本出发点是好的，就是要处理好人伦关系，这是它的道德价值。

第二个方面，就是它的教育价值。儒家思想非常注重教育、非常重视德治，比如说，《大学》开篇就说"大学之道在明明德，在亲民，在止于至善"，什么叫"明明德"，第一个"明"是动词，第二个"明"是形容词，就是通过教育，使被教育者懂得道理，弘扬高尚的情操、高尚的道德，这就是明明德，这是教育的目的；另一个目的就是亲民，也就是新民，使人弃旧图新、去恶从善，也可以说就是培养新一代的接班人；"止于至善"的境界，就是追求完美的境界。儒家思想非常重视教化、重视德治，中央在四中全会强调法治的同时，有一条是明确的，就是"法治与德治"相结合，不能离开德治。话说回来，儒家在强调德治的时候也没有否定法治，孔子有这么一句话"刑罚不中，则民无所措手足"，假如我们做得不好，我们没有合适的刑罚，老百姓就不知道怎么办才好。意思就是说在德育、德治的同时也不要忘记法治，这两个方面结合，老百姓就知道怎么做了。当然儒家思想强调德治，不主张用苛刻的刑罚对待百姓，这是第二个方面的价值。

第三个方面的价值就是政治价值，儒家的政治价值就是仁政，孔子提出为政以德，宽厚待民，施以恩惠，有利争取民心的政治方略。由于儒家的核心理念是仁爱，所以推而广之，推到治理国家这个层面，它讲仁政，就是君主、政府对百姓要仁爱，要施仁政于民，省刑罚，薄税敛。孟子曾经说过"民为贵，社稷次之，君为轻"，意思就是以人为本，要重视老百姓，老百姓是最重要的。所以如果说儒家的普适价值在我们现代社会有什么意义，我理解主要是从以上三个方面体现出来，可能对我们当代社会有比较大的帮助。

我还要说一下，结合我前面说的文化自信问题，当代中国人可能对我们传统文化缺乏某种自信，虽然近些年有所谓的国学热，其中包括学习儒家思想，但是确实中国人从鸦片战争开始起，由于我们技不如人，西方的船坚炮利，英国人那么几条船，不远万里来到中国沿海，就能把我们的大清帝国制服。于是我们就觉得老祖宗留下的文化不行，鲁迅先生曾经写过一篇文章叫《中国人失掉自信心了吗?》，确确实实从鸦片战争开始，中国人失去自信心了，不相信自己的文化了，不相信自己的祖宗，怀疑自己的祖宗，要打倒自己的老祖宗，西方人对此感到很奇怪，说没有哪个国家要打倒自己的文化老祖宗，只有你们中国是这样，西方人从未说过打倒苏格拉底、打倒柏拉图、打倒亚里士多德，没有这么说，而我们中国人却怀疑自己的老祖宗，打倒孔家店。到了"文化大革命"的时候，又有一句口号，叫"打倒封资修，再踏上一只脚，叫他永世不得翻身"，还有所谓"破四旧"。其实这些"打倒"和"破除"的大都是传统文化的东西。有证据表明，"文化大革命"对传统文化的破坏、对文化遗产的破坏超过了日军侵华时期，很多东西都是"文革"时期丢失的。所以说近代以来，中国人在文化上逐渐失去了自信心，后来据说连祭孔都不知道怎么祭了，跑到韩国去学习。为什么呢? 因为我们从清代开始起，祭孔都不是正宗的了。据说因为清朝统治者是满人，不是汉人。祭孔一定要按照汉代的礼节和仪式，而据说朝鲜半岛保持了汉代的祭孔的礼节和方式。"文化大革命"结束之后我们来祭孔，跑到韩国去学习，穿什么服装，摆什么牺牲品，摆什么水果等。但是非常普遍的现象就是我们视传统文化特别是儒家的文化为粪土，多少次"批林批孔批周公"。最近一些年才有所恢复，但仅仅是开始而已，而这种恢复还不是理性的状态，在某种程度上是赶时髦、附庸风雅的状态，它没有纳入我们的国民教育体系。严格来说，必须纳入国民教育体系，我们的后代都必须认真地读一些传统文化的经典，因为这些经典是老祖宗留给我们的珍贵遗产，因为这些经典具有普适价值，要做到这样才行。

王绍培：

　　黄院长讲到文化自信，我们为什么文化不自信？是因为我们一直在批判我们自己的文化，我们批判的力度在全世界各个文明中基本上算是绝无仅有的，没有一个文明像中国人这样摧毁自己的文明。这种摧毁是从"五四"时候"打倒孔家店"开始的，到了"文革"的时候达到了一个高潮。很多人认为"文革"浩劫结束后，中国文明的命运就改变了，开始了另外一种文明，是这样吗？按照我的观察是，"文革"结束这么多年后，对中国文明的摧残，比起过往有过之而无不及。我跟同济大学一个搞建筑规划的老专家聊过，他说"文革"的时候我们毁坏了很多文物，但是都是弄得残缺了，比如说把头敲掉了，或者说把某一个部位敲掉了。最近的30多年，我们的破坏是整体性的，从根上全部铲平了。比如一个老城区，非常好的一个城区，值得保护的一个环境，整个都推倒了，为什么？因为要发展经济，推倒了之后，什么都没有了，那这种器物层面的破坏，超过了"文革"，当然也远远超过了"五四"。然而，我们的价值观，在我们市场经济发展起来之前，其实还有很多种传统文化、传统的价值观，尽管经过了"五四"和"文革"的批判和颠覆，但是还是有很多老百姓是相信的、遵守的，因为我们的生活形态在很多地方跟过去还是有关联的，所以有很多文化传统，虽然我不让你迷信，但是老百姓还是迷信的，在家里该干吗干吗。最近30年，因为发展了经济，这个比较厉害，金钱成了我们社会最高的一个神，一切以这个为标准，这个是颠覆性的、是根本性的，所有的人际关系全部都动摇了。在"文革"的时候还没有这么多骗子，为什么没有这么多骗子，是因为传统文化对我们人的行为还是有约束力的。而现在到处都是骗子，因为没有了传统文化的约束力，我们经常讲要重视传统文化，要恢复传统文化，我们讲得天花乱坠，但是与此同时，这样一个毁灭传统文化的进程没有终止，这个势头没有遏制，这是一个现状。我们讲儒家思想这么好，它又是普适价值，那为什么还会出现这个问题呢？我觉得有三个原因，一个就是在"五四"时期，因为儒家的思想跟政权是捆绑在一起的。既然中国那么落后，被西方打得鼻青脸肿，这个政权我们要改变它要推翻它，与这个政权捆绑在一起的儒家文化和儒家思想理所当然要受到冲击；反过来讲，我们既然要把这个政权颠覆掉，那么支持这个政权的文化和意识形态，这个意识形态理所当然也要接受批判，把它批判了，那么这种政权在精神上的支援力量也是被铲除了，颠覆这个政权就变得比较容易了。还有一个原因是，无论在"五四"，还是在"文革"，还是在现在也好，有一个词语的腐朽问题，包括现在也是这样的，我们经常讲法治就是法治了吗？我们讲德治就是德治了吗？很多讲德治的人是完全没有道德的，很多讲法治的人是不守法的，这样一讲就没有意义了，因为你讲的跟你做的是两码事，你的词语是没有新意的、是腐朽的。孔子很早就看出了这个问题，所以他讲"正名"，什么叫"正名"？这个概念就是这个概念，我做的这个行为跟这个概念是吻合的，这才有意义。我要做一个君子，首先什么叫君子，你把这个概念先搞清楚，然后君子的行为应该是怎么样的，我做出来了就是一个君子，那么这一切都理顺了，你说"哦，君子是这样的"；但是我做的一套不是君子，是伪君子，然后一个伪君子拼命提到君子文化多么了不起，会有人相信吗？因为你的词语是完全腐朽掉了，很多词语在流通的过程中，我们讲得越是滚瓜烂熟、脱口而出，就越是腐朽的，没有意义，它对于你生存的状态不会产生丝毫的影响，不会影响你这个人。你知道它是假的，我们每个人都知道这个是假的，考试的时候有用，升官发财的时候有用，真正让他做的时候，没用了，这个词语就是被腐朽掉了。既然你整个话语体系是腐朽的，你怎么可能不被反对呢，怎么还有可能复兴呢，这是第二个原因，就是词语的腐朽。孔子很早就意识到这个问题，比如说"君君臣臣、父父子子"，首先什么叫君，然后做出来像一个君，就叫"君君"，都有一个概念，柏拉图也讲过这个东西，有一个理念的世界，有一个现实的世界，然后跟它对照。你讲的一套东西跟你做的一套东西完全脱节，没有意义，这就是为什么要讲"君君臣臣、父父子子"，这个从哲学的层面上是有非常深刻、非常深厚的含义的。还有一个，为什么儒家文化后来很多东西被颠覆掉了呢？就是我们把西方的那些概念拿出来，把它当成是一个普适的、先进的、优越的系统，然后把所有东西跟它一对一比较，它讲法治你有法治吗？它讲民主你有民主吗？它讲个人主义你有个人主义吗？它讲人权你有人权吗？我们每个地方都给它进行一个对照，一看就知道我们的文化确实不行。但是我们忘了，它们那个文化的基础是什么？它的那套话语体系、那套观念体系是有一个社会背景的，它这个社会本身跟它的那一套话语体系、观念体系是相互吻合的，它就可以。比如说法治，它起码有三个权力相互制约，比如说宗教的权力、政治的权力和学术的权力。所谓政统、道统、法统，它是分开的，它是平行的，它是等量齐观的，它可以搞法治，在这种情况下谁说了都不算，法说了算。我们不能按照你的来做，也不能按照他的来做，那按照谁的来做呢？按照法的来做。你换一个社会背景不是这样的，政统最大，道统其次，法统最差，谁说了算？正统说了算。比如说你搞法治，搞法治肯定是谁最厉害谁说了算吧，我的关系最多，法院的人都是我的人，法律都是我制定的，我说要搞法治，你们不是说要搞法治吗？但是这个法治的实际意义是什么呢？就是权力最大的人说了算，没有权力的人说了其实是不算的。你把这个东西搬过来之后，你没有这个土壤，拿过来就没有用。尽管这个概念很好，法治很好，你有这个东西吗？没有，反过来讲，也是这样的，如果我们不考虑很多现实的关系和制约的东西，我们不考虑土壤，我们生吞活剥把这个东西搬过来，可能它不比原来的东西好。比如说德治，德治不好吗？有些社会学家到日本去看，他说日本撞车，两个司机跳下来不是打架，而是彼此说"对不起，我开得实在太不小心了，撞了你的车"，而对方说"不不，责任在我，是我不小心"，然后两人一通道歉之后，就各负其责，走了。这是讲"德治"。撞车了一定是有一个责任方，有一个非责任方，然后我们将有关部门叫过来判定，我们来裁决，我们来打官司，我们觉得这样很好，但是这很麻烦，会有很巨大的社会成本，首先两辆车都不开走，后面塞车塞得一塌糊涂，然后打官司，导致了社会成本非常巨大，如果我们每个人都让一步，哪怕就是我吃点亏，但是节约了大量的社会成本。据统计，在日本发生的官司比美国发生的官司要少很多很多倍。但是我们中国现在在急剧地美国化，我们自己本来是有道德的，我们可以用这种方式来解决问题。但是，现在的情况是这样的，比如有一起交通事故，谁下来示弱、来道歉，那就是你应该赔的。从这个小例子讲，说明我们中国人的道德已经败坏掉了，败坏之后的结果就是导致很多的麻烦解决不了。现在我们发现，可能相同的德治也挺好。再比如说，我80年代在湖北办刊物当编辑，我们请到了当时非常出风头的哲学家、思想家李泽厚来写文章，他也批判传统的尊老，认为传统是这样，胡子比较长的、头发比较白的、牙齿比较少的人是比较厉害的，我们要尊重他，他说新的时代当然不应该如此，新的时代是年轻人的天下，我们都觉得这个很好、很对，因为老人没有价值了、没有体力了，脑力已经下降了，长得也不好看了，也生不了孩子了，我们就很喜欢年轻人，我们不尊重老人。但是传统社会的这种尊老的设计，不仅仅是一种功利的设计，它从道德的层面考虑问题，比如说人应该谦卑，易经那么多卦，只有一个卦是没有缺点的，那就是谦卦，谦卦是完美的。我们为什么要敬老呢？就是要向一个在各方面不如你的人表示出你的谦卑，我尊重你，尽管你现在已经衰老了、已经不行了，我们是在向弱的一方来表示我们的敬意，让我们有一种谦卑的心理。还比如说，像孝道，杜维明在《〈中庸〉洞见》这本书里面，他讲"孝"的最本质的最根本含义是什么，不是说你走不动我来背你，你没有饭吃给你饭吃，这都是技术层面的比较小的孝道，真正的孝道是什么呢？真正的孝道是前人没有实现的遗愿你来承担、你来完成，这是孝道的最根本的最有价值的部分，这个部分是什么意思？就是你的文明必须由你的后人继承下来，这就是最大的孝道，你的父亲的理想、他的宏图、他的大愿由你的子女来完成，这是孝道。像鲁迅过去给一些朋友编书也是一种孝道，这个朋友死掉了，这个朋友的愿望就是希望自己写的书能够结集出版，那么我来帮他结集出版，这样很好。像这样一种东西，我们过去会批判它，我们认为西方不是这样，西方没有这种孝道，所以我们就把传统的东西否定掉了。但是，西方的很多价值观在今天这样一个变化了的时代和变化了的社会，问题也是很多的。

最后，再说一点：当我们在讨论一个问题的时候，我们在表述一些观点的时候，我们比较喜欢用全称判断，"五四"的时候我们说打倒孔家店，没有说打倒孔家店哪个不好的部分，而是整个都打倒。我们经常这样说儒家思想是普适价值吗？我们也好像说的是将儒家思想的全称判断，因为这样比较简洁、不啰唆，而且比较鲜明、比较有力量，但是其实每个有头脑的人都应该想到任何一个全称的判断里面其实都是可以分析的。我们在说打倒孔家店的时候，肯定不是孔家店的所有东西都打倒的，我们今天在讲儒家思想、儒家价值观的时候当然也不是所有的东西都是对的，也不是说即使它过去好的部分原封不动地拿过来今天也是好的、也是普适的，也不是这样的。像我刚才举的杜维明的例子，孝道是一个不错的价值观，但是他重新对它进行了诠释，他把文明的传承加进来，就成了更高的、更深刻的一种孝道。同样的，西方的很多价值观，中国的很多价值观，我们如果与具体的社会背景和时代背景进行联系的时候，就会发现一些所谓的普适价值是有问题的，而有一些价值在今天反而有它的非常有活力、非常有针对性的部分。比如说西方的个人主义，就是我们人的权利、人的欲望能够得到满足，我觉得这就是普适价值，每个人都是拼命地去诉求，就会把世界上的资源慢慢用光。在这个过程中导致环境破坏得这么厉害，这就是西方价值观造成的问题。当环境问题没有出现的时候，当资源问题没有出现的时候，它这个价值观看起来是没有问题的。但是当环境到达今天这个地步的时候，就会发现它的价值观是有问题的，所以另一种价值观就凸显出来了，就是中国的价值观，中国人对自我的欲望是有约束的。像西方的个人主义，每个人都是个体的，有一些个体可能是非常疯狂的，它们否认了群体价值，导致了很多社会问题。在这种背景下，我们会发现中国人强调群体的价值，凸显它对时代的针对性。但是也许有一天，时代进一步变化，我们对群体价值的强调可能是过分了，我们还需要重新回到个人价值的层面上去，这个就是孔子讲的始终根据时代的变化找出中间点、中间原则，就是最适当的那个点、那个部位在什么地方，这样你才能是比较正确的。这是比较灵活的一个态度，这就是我们在今天反省儒家思想的背景。最后还有十几分钟，我们进行互动环节。

景海峰： 刚才我还有一个话题没有讲，就是我们今天讨论的问题"儒家思想是普适价值吗？"过去是，或者历史上曾经是，但今天却面临了一个已经"不是"的困境。刚才主持人已经讲了很多道理，为什么儒家在今天已经辉煌不再，它的普适性在我们的现实生活中已经成为一个问题，甚至今天需要去呼唤，主持人刚才讲的话题实际也是在这个背景里面。经过这100多年，儒家思想在历史上曾经有过的一些非常有价值的内容，对于我们今天来讲已经很遥远了，与我们的现实生活有很大的距离，这是目前面临的一个很大的问题。所以我们今天讲儒家思想的普适价值，并不简单是一个把过去的东西恢复的问题，就是让大家对它熟悉起来就万事大吉了。因为经过这100多年的解构、破坏甚至摧残，实际上现在面临的是一个重建和重构的问题。一方面是对传统的资源给予重视，就是过去我们漠视它、批判它甚至践踏它，那么我们今天面临的是先要恢复这些记忆，把这些优秀的传统和经验先要熟悉了解。然而我们不是简单地回到历史上曾经有的价值就可以了，因为我们这100多年是不断向西方学习，我们今天是生活在一个全球化的时代，是一个中西参半的时代，我们的很多观念、很多价值实际上已经很难说是一个纯粹"中国"意义上的，很多可能是从其他的文明、其他的文化中吸收融合过来的，所以这个重建的任务里面就包括了对今天我们所面对的与其他的文明、其他的普适价值之间的关系问题。怎么去达成一个新的共识，能够在今天的人类社会中保留我们的传统、保留我们的优秀东西，同时也吸收世界文明的一些价值，现在面临的是这样一个大问题。

刚才主持人讲的知识分子的话题，我觉得在中国传统文化里也有它的优秀传统，按照孔子或孟子的思想，就是"士"的精神。《论语》里面说"士不可以不弘毅，任重而道远"，这种"任重而道远"不是个体性的，而是一种社会的使命和责任，以天下为己任，这是儒家文化的传统。又说"士可杀不可辱，三军可夺帅，匹夫不可夺志也"，这都表达了非常强的道义精神，它可以说是顶天立地的，也就是孟子讲的"大丈夫"精神，这都是儒家的传统，所以这种批判性是儒家思想里面或其普适性中，行之久远、非常有力量的东西。西方近代以还，强调知识分子的社会批判功能或者社会矫正器的角色，这是一个西方的东西，而实际上在中国传统中，儒家思想里面也有这个东西，只不过2000多年被封建专制给压制住了，很多优秀的传统被有意地边缘化，或者不太提及。我们今天把这个传统精神如何跟西方近代文化中的知识分子角色有一个呼应，如何做一个有效的现代解释，我觉得是很有意义的事情。

黄发玉：对于我们的传统文化，今天讲的是儒家思想，还有两句话，一是要批判性地继承，二是要创造性地发展。什么叫批判性地继承，因为儒家学说也好、孔子学说也好，毕竟是几千年前的东西，特别是儒家学说的创始人孔子，他当时生活在春秋时期，就是周朝处于没落的时期，周王室衰退，天下大乱，孔子处于这个时代，为了维护这个社会的秩序，为了恢复周朝的礼制，所以他奔走呼号、周游列国，传播自己的学说，教导自己的学生，儒家思想就是在这样一种背景下创造出来的，因此必不可少地带有历史的局限性。比如说，有的学者认为，孔子所谓的爱并不是一种博爱，是从家庭推而广之的爱，是有等级的爱，不是平等的爱，不像西方所谓的"博爱"；还有学者认为孔子是站在统治阶级的立场上，希望大家安分守己，各得其所，不要犯上作乱，以维护统治阶级的利益；还有学者认为儒家注重的是整体而非个体，因此作为个体的人的价值没有得到体现；等等。这些观点不管有没有道理，但对于我们来说，确实是要批判地继承传统文化，吸取其精华，剔除其糟粕，有些内容是合适的，有些东西现在确确实实是不合适的。此外需要创造性地发展，历史到今天，我们不是简单地恢复过去，应该是在新的历史时期有所发展。正像马克思主义传到中国，也要中国化一样，这不就是创造性地发展吗？不是原原本本将马克思主义照搬，按照马克思的一些论述在中国就行不通，比如当时马克思认为，在资本主义发展到相当成熟的程度上才有社会主义，但中国并不是这样建立社会主义的，还有一些论述也并不一定与中国的情况相符合，所以我们才需要马克思主义的中国化，其实我们也需要儒家思想的当代化。这就是我开场白说的相对普适价值观的意思。

刚才说到中国知识分子的传统，其实中国的知识分子有一种忧国忧民的情怀，应该说这是一个历史传统，"天下兴亡，匹夫有责"，就是我国古代一位著名的知识分子顾炎武说的。还有一个特点，就在中国历史上，一些知识分子本身就是官员、就是士大夫，很多知识分子都是一身而二任，他们把"立功、立德、立言"作为人生目标，所谓"立功"就是对社会有贡献，所谓"立德"就是做一个道德典范，所谓"立言"就是著书立说，这是三者合而为一，因此不能说我们中国古代的知识分子是游离于主流社会之外的。当然一定的时期，比如魏晋时期，一些知识分子不参与政治，无拘无束而逍遥自在，沉湎于清谈和醉酒之中，也有这样的情况。总的来看，忧国忧民是中国知识分子的一个传统，到现在为止还是这样。

听众：谢谢老师，我的问题是：刚才黄老师讲到儒家思想的三个方面的价值，提到了道德价值、教育价值、政治价值，我在想是不是咱们把现有的经济价值也可以考虑在里面，因为普适价值好像都是在经济发展的时候，有了经济强大的发展，有国家的实力，才有所谓的普适价值的推广，所以我想问经济价值与普适价值之间的一种关系，这样以此来确立中国的发展及中国未来世界的发展能否就建立在我们对世界的贡献，建立在我们儒家思想的基础之上，使世界人民看到我们的国家经济的发展是由于中国文化所带来的？想就这个问题请教三位老师。

黄发玉：儒家学说是一种伦理、道德、政治方面的学说，不是任何一种学说都具有直接的经济价值。现在一些人经常强调某一种学问、某一个课题，有没有经济价值。对于学术思想来说，有的是可以直接产生经济价值，有的不能，但是它可能间接促进社会经济的发展。比如说亚洲"四小龙"，我们说它是由于儒家思想的主导才出现这样的辉煌，不管这种说法对不对，就算是对，它也不是儒家思想直接产生的所谓的经济价值，而是说儒家学说教育了人，使人们形成了一定的思想、观念、行为方式、思维方式，以及社会组织结构和企业内部结构，在这个基础上促进了企业的发展，促进了经济的发展，可以这样理解。一般地说，儒家思想具有经济价值，有一点牵强附会，但不排除它可以间接产生经济价值，对社会经济产生影响。

听众：我想就今天的主题"儒家思想是普适价值吗"？首先要对儒家做个定义，儒家到底是指哪一块，是诸子还是孟子的？我个人以为礼乐才是儒家最核心的部分，所以诗书礼乐才是和西方价值能够抗衡的部分。西方的诵经从亚当、夏娃开始，中国的诗经从淑女、君子开始，而汉武帝提出"天人三策"，董仲舒回答出一个是"明教化"，一个是"正法度"，而这个与美国的左手《圣经》、右手向宪法宣誓是一致的，所以中国文化和西方文化是不能对立的，如果一对立，大家永远扯不下去，所以我想问三位老师的问题是：儒家思想到底是指哪一块？

景海峰：我觉得你这个观念可能有一点钻牛角尖，因为你非要说是哪一块，那就意味着肯定了这一块，其他的就不能跟这个价值联系起来了，这就会发生问题。在今天的西方，从宗教界、哲学界到文化界、教育界对所谓普遍伦理或全球伦理的讨论，很多学科都参与进来了，而且他们对西方的理解，包括了不同文化的视角。比如说世界宗教大会，有不同宗教团体参加，尽管都是基督教的，他们的教派也不同，这些组织是有差别的，所以很难说西方的理解就是单一的。当然在法国大革命之后，近代西方文化中凸显的价值比较鲜明，但西方的这些普适价值也经历了一个漫长的历史积累，可能在不同的历史时代，甚至不同的区域，像法国人理解的跟美国人理解的可能就不一样，现在之所以有各种文化冲突，可能就是因为他们的价值有出入。作为广义的儒家思想来说，更是如此，它肯定与周公有关系，肯定跟孔子更有关系，你也不能把汉代排除在外，就好像汉代和这个明细化或构建的过程没有关系一样。所以它是一个漫长的历史过程，不断地积累、加工、改造、诠释和再诠释。到今天所理解的儒家思想，可能每个时代的因素，或很多学派，一些代表性的人物，可能都在这里面有所贡献。只是因为你的视角，可能你重礼乐，重《诗经》，就对诗的传统特别看重；那如果是研究易学的，他可能觉得《周易》里面重要的东西传播起来更有意义；如果是研究心学的，他可能会把陆王心学，即阳明的这些思想作为儒家价值里面最核心的东西。所以我觉得这是个多视角的问题，可以从不同的时段或问题域来理解，这都不妨碍对儒家思想及其普适性的共识性汇聚。

王绍培：

南书房夜话是一个旨在挖掘深圳的学术资源、发现深圳的学术人才、发挥深圳的学术影响的一个平台，隔一个星期我们会在这里举行一次，这一次活动的内容会在下一周《深圳商报·文化广场》上刊出来，还有一个能够看到我们今天的全部对话的渠道，就是关注"后院读书会"的微信公众号，我们会把每一期的内容在上面发出。今天的活动到此结束，非常感谢到场的每一位。谢谢。

深圳学人·南书房夜话第五期：
新轴心时代的儒学发展

景海峰　阮　炜　王立新（兼主持）
（2015 年 1 月 10 日　19：00—21：00）

王立新：

馆长、景海峰教授、阮炜教授、各位朋友，欢迎大家光临南书房，大家晚上好！

我很小的时候，有一句话满世界流行，叫作"火车跑得快，全靠车头带"，后来我上大学学哲学，又有一句类似的话，叫"革命是历史的火车头"。我们今天不讲"车头"，讲"车轴"，实际是讲历史运行中的动力问题。运行的车辆有动力的问题，人类文明的进步和社会的发展同样有一个动力的问题。那么，人类文明的进步和社会的发展，是否也存在动力之源？它究竟在哪里？它在向后人类文明进一步的积累，以及社会的进一步发展中究竟有怎么样的作用？这是今天晚上我们南书房的话题。

当然，今晚我们也会讨论，儒家在人类文明进步和人类社会发展中，是不是也是动力之源的一部分？它起到了怎么样的作用？面临崭新的时代环境，现在也有人提出这是一个新的发展时期，儒学在新的环境下还能发挥怎么样的作用？它将以怎么样的姿态展现在未来人类社会的文明进步和社会前进的过程之中？

过去百余年来，中西方研究文明的学者们都认定，人类发展曾经经历过一个这样的动力之源的时代，并称此一时代为轴心时代。轴心时代，是人类文明积累最核心的一个时期，同时对人类未来的发展起到了动力之源的作用。我们现在所处的时代，有很多学者认为可能已经进入了第二个轴心时代，在这样的一个时代里，文明将怎样以更新、更深厚的能源之力继续推动人类社会的进步和发展？有关这方面的问题，我们今天很荣幸地请来了两位专家，他们都是这方面长期研究的著名学者。一位是景海峰教授，现任深圳国学研究所所长，也是深圳大学文学院的院长和哲学系的教授。他长期从事中国古代传统儒家和中国经典哲学诠释性工作。另一位主讲嘉宾也是深圳大学的教授，也是我的同事和朋友，他是阮炜教授。阮炜教授现在的身份是深圳大学外国语学院的教授，外国语学院学术委员会主任。阮炜教授长期从事地域文明的研究，尤其是希腊文明的研究，还有中国古典及古代人类其他类型文明的研究，以及比较文明和比较文化的研究。

有关今天的话题，我们主要分四个阶段来进行。第一阶段，我们探讨什么是"轴心时代"？"轴心时代"从哪里来的？究竟有没有这样一个时代？这个时代的区间大约在哪里？这个时代的"轴心文明"主要表现为怎么样的倾向？以及代表性的成果是什么？第二阶段，什么叫"第二个轴心时代"或"新轴心时代"？它究竟有什么样的内涵？第三阶段，我们讨论儒家曾经对中国、对人类的文明做出过怎么样的贡献？在"新轴心时代"里，儒家还将怎样为人类社会文明的发展和社会的进步提供新的动力？第四阶段，留给大家提问，跟两位主讲嘉宾进行对谈和交流。首先有请景海峰教授。

景海峰：谢谢！老子《道德经》里有一段话，叫"三十辐，共一毂，当其无，有车之用"，意思是说当时的老牛车，车轴辘中间有一个空的地方，叫"毂"，然后"辐"就是辐条，三十辐共一毂，都向那个空的地方集中，就是辐辏、辐射，这便是轴心，是一个引申的意思。所以"轴心"这个概念，从老牛车的"毂"的形象，我们可以有一个想象，等于是一个"辐射"的意思，就是说一个文化或者一个文明形态，它在历史发展和传延的过程当中，曾经产生过强大的光芒，辐射到了很多地方，形成一个广大的区域，这大概就是用"轴心"这个概念的意思，它比较形象。

"轴心时代"的概念，出现在 20 世纪 40 年代，德国著名哲学家雅斯贝尔斯，他想把古代文明的形态做一个哲学的概括，然后就发明了这个概念，叫"轴心时代"。在《历史的起源及目标》这本书里，他大致论述了这么一个意思，就是人类社会尽管到了 20 世纪，各种文化形态非常复杂，但其思想的动力源泉和最早的观念形态，实际上是在一个特定的历史时段中出现的。是哪个时段呢？大概就是公元前 8 世纪到公元前 2 世纪，也就是在这五六百年间，在不同的区域，差不多同时出现了一批引导后来人类社会发展的先知或者圣贤或者伟大的思想家，他们都是在这个历史时段喷涌而出的。比如说在中国有儒家的孔子、有道家的老子；在印度产生了佛教、耆那教，有释迦牟尼佛陀，也有像《奥义书》这些伟大的经典；在以色列有很多犹太先知，犹太教后来成了基督教的源头；在古希腊就是雅典城邦辉煌的时代，出现了苏格拉底、柏拉图、亚里士多德等对后来的西方文化有长久影响的大哲。所以，在不同的地区，差不多是同时的年代，出现了这批人，而这批人确实对后来人类文明的走向起到了长远而深刻的影响。也就是说，2500 年来，我们整个人类文明的发展基本上是在这些伟大哲人或先知的思想照耀之下，一步一步走过来的。当然中间也历经变化，但根本观念或思想体系是受到这批人物的影响，所以雅斯贝尔斯就将这个时代称为"轴心时代"，大概就是这个意思。

"轴心时代"的理论提出以后，很快得到了史学界、哲学界以及很多社会科学家的关注和回应。在 20 世纪 50 年代，美国社会学家帕森斯，他是韦伯学说在美国传播的最主要的推动者。帕森斯将马克斯·韦伯的《新教伦理与资本主义精神》一书中的思想系统和现代化理论结合起来，认为雅斯贝尔斯的"轴心时代"，就相当于韦伯所说的从神话、神性，经过"祛魅"之后，走向理性时代的那个转折点，这也恰恰发生在那几百年间，这个时段按照韦伯的描述，就是理性的觉醒，人类的理性精神畅发出来，开始了人类文明新的发展阶段。他用的一个概念，就是所谓"哲学的突破"，理性精神带来的改变，产生了思想体系的程式化，这便是古典哲学的一些核心思想的形成，所以他用"哲学突破"的说法。尽管帕森斯用的词与雅斯贝尔斯的不一样，但意思大致是相同的。这个理论到了 80 年代以后，在一些社会科学研究里面就非常的流行，像在西方的社会学、人类学、历史学等很多学科里面，成了一个很普遍的说法。希伯来大学有一个社会学家艾森斯塔特，他在 80 年代于全球范围内组织过很多讨论"轴心时代""轴心文明"的学术活动，在这个话题下，集合了一大批全世界各地的学者，经过专门的讨论，丰富了对"轴心时代"的理解和认识，也出版了很多书。

也差不多是从 80 年代的后期开始，那个时候国内已经改革开放，跟西方学术界的交流逐渐多起来，"轴心时代"的理论也就传播到国内来了。90 年代，这个话题在海峡两岸及香港有大量的讨论，所以这一二十年，"轴心时代"已经是一个比较流行的学说，差不多很多学科的人在写东西的时候，都会用到这个概念，尤其是做历史的，像研究世界史，对"轴心时代"的探讨已经非常的深入。我想阮教授这些年一直在做文明史的比较，研究西方史，他对这方面的情况应该更为熟悉。

王立新：

有请阮炜教授。

阮炜："轴心时代"这个概念在英语里面是叫"Axial Age"，它是德文 Achsenzeit 的翻译，提出这个概念的人叫雅斯贝尔斯，是瑞士的一个哲学家，讲德语，所以一般把他看作德国哲学家，也没有太大的问题。用这个概念，是比较方便的，但是不能受它的束缚。所谓方便，就是我们可以用这么一个概念进行比较，比如在西元前 8 世纪到前 6 世纪，印度、中国、古希腊，还有古代以色列，这些地方同时出现了一大批伟大的哲学家，他们提出的一些思想，或在他们手中成形的一些思想奠定了不同文明之后 2000 多年的走势；换句话说，我们现在的很多基本理念似乎在那个时候就已经形成了，那时人们的思维方式一直都还在影响我们。我觉得这个概念的提出确实是给大家提供了很大的方便，不同学科的学者可以围绕这个概念做文章开会、做项目、写书编书等。

但我觉得，这个概念不是没有问题的。问题在哪里呢？它很可能遮蔽了或者淡化了在西元前 8 世纪至前 2 世纪之前人类文明的长期演化和发展。因为很简单，埃及文明出现的时间大约为西元前 3500 年，两河流域的文明也大约在西元前 3500 年。这是有硬证据的，不仅有文献的证明，还有大量的出土文物和遗址来证明那个时候的文化已经高度发达了。而中国呢，甚至我们的"三皇五帝"，黄帝、尧、舜等大体上只是一些传说或推测，所属时间其实都晚于两河流域和埃及文明。从中国文明本身及中国文明的演进来看，也是早在西元前 8 世纪到前 2 世纪以前，中国文明本身已经有相当长的演进历程了。

比如说"夏朝"出现得就相当早。虽然说现在没有太硬的证据证明"夏"是作为一个朝代存在的，但是商作为一个政权甚或一个文明肯定是有非常硬的证据的。那么多的青铜器传下来，而且文献里面也是非常清楚，甚至一代又一代有哪些王、叫什么名字、王之间的血缘关系，以及他们做了什么事情，都有很具体的、无可辩驳的证据摆在那里。"商"存在于西元前 16 世纪到前 11 世纪这段时间，存在于华夏大地中原一带，黄河流域中下游一带。它非常发达，它的青铜文明如此发达，以至于我们用现在的技术还无法还原当时铸就的那么多精美的礼器、食器、武器或其他器具。1999 年在哈佛大学访学时，去看它的大学博物馆，那里有一个很大的展厅，大于南书房的面积，里面全都是中国商周的青铜器。这样大型、完整的收藏在国内都没有，国内还找不到那么成体系、那么精美的一套商周铜器（尽管可能还有一点其他时代的铜器）。非常令人震撼。这说明文明在那个时代已经高度发达了。

西元前 11 世纪到前 8 世纪之间，又有周代或西周。我认为周是更伟大的一个发展阶段。为什么这样说？因为周人的思维，太现代了，现在回过头看，他们很少谈神论鬼，他们不是做任何事情动不动就求神问卜，而是要根据经验、观察和推理来做出一些重要的决定。虽然不能说周人就完全没有祭祀、没有占卜，但这在周人那里已经大大淡化了。最重要的一点是，周人为了使自己政权巩固，长期存在下去，就总结历史经验，提出了一个非常重要的学说，即天命说。所谓"天命靡常，唯德是辅"，意思是天命是在流转的，不可能永远定格在某一个家族、某一个民族或者某一个集团身上。你如果做得不好，对自己手下的"民"或追随自己的部族或部族集团不好，天命就会转移到另一个集团或部族手里边去。这个概念的提出，对后来整个中国的哲学、政治理念的演进有一个非常强大的定位作用。我觉得到现在为止，当代中国政治中的民本思想、亲民思想，都深受周人提出的这一重要学说的影响。这些重要观念其实都是在所谓"轴心时代"所覆盖的时间之前就已经清晰地出现了。

再回到西方。我这里说的"西方"是一个比较大的概念，一个是埃及，一个是两河流域，因为它们是希腊罗马文明的祖先。这两个地方的文明出现得非常早，西元前 3500 年左右甚至更早就出现了，而从这时到西元前 8 世纪，有 2700 多年的时间，这 2700 年的时间意味着什么呢？很多文明差不多在这段时间里把自己的生命路程都走完了。希伯来文明也好，希腊文明也好，完全是后起的文明，都是建立在两河流域和埃及这两个更古老文明基础上的新文明。两个更古老的文明在它们之前已经有差不多 3000 年的历史，已经走到了其最后阶段，甚至可以说已经到了寿终正寝的地步。新文明起来了，而我们恰恰就说"轴心文明"诞生了。轴心时代兴起了古希腊、古罗马、以色列的文明。但我们只要稍稍留心一下古希腊的文献和文物，就会发现希腊经历了所谓"东方化革命"的时代。什么叫"东方化革命"？就是说，希腊在此之前是较为原始、落后，甚至野蛮的。

举一个最简单的例子。我们一提到希腊罗马，脑子里就马上有各种各样的图片。它的庙宇多么雄伟！它那些石柱多么壮美！希腊的多利式柱形甚至影响了中国的人民大会堂的建筑。人民大会堂外面那些巨大石柱是怎么来的呢？中国传统建筑根本没有这样的概念，它是希腊罗马的东西。但希腊罗马早期根本也没有这些，连神庙的概念都没有。那么它是从哪里来的呢？从埃及来的。如果我们深圳人有机会到埃及去走一趟，到旅游胜地卢克索也就是当时的底比斯去玩一玩，那么你在希腊罗马看到的神庙、巨型的石柱等那里可以说是应有尽有。不光是有，而且有过之而无不及。比如一根石柱的直径可达到 3.5 米，非常震撼！这些巨大的东西在远古的时候都已经有了，就是说埃及当时的物质文明已经达到了一个非常高的程度。但为什么大家对此没有清楚的认识呢？问题在哪里？我以为，一定程度是因为埃及文明没有一个发达的修史传统（就像印度，印度也没有一个强大的修史传统），结果很多好的东西没有记载下来，现在我们只能看到实物，包括那些遗址。

回到刚才所说的"轴心时代"，这个概念只是一个比较方便的工具而已。我们不能受到它的束缚，不然思路就打不开。希腊、罗马那么辉煌的文明，其实是只有建立在前两个更加古老的文明基础之上才有它的发展和辉煌。同样的道理，中国文明在所谓"轴心时代"之前，已经有商和周的伟大发展，不可能因为有人提出个新鲜概念"轴心时代"，就以为在那几百年是人类历史上一个至为关键的时代。确实那几百年非常重要，很多人关注历史也只关注到那几百年时间，再往以前呢，那就不属于他的关注范围了，因为精力有限、眼球有限。无论如何，使用这个概念确实给学术界提供了很好的话题，但是我们不能受它的束缚。同样的道理，所谓"新轴心时代"概念也可能有它的局限性。我注意到哲学界一些人士最近这一二十年喜欢使用这个概念。"新轴心时代"到底意味着什么？是不是说各主要文明又有更伟大的发展？但问题在哪里呢？现在是一个全球化的时代，文明之间的相互交流、融合的速度是非常快的，速度之快甚至是我们无法想象的，说不定再过几十年到一百年，电脑、电子技术、生物技术会发展到这样的地步，人类可以做到你想做一个中国人就做一个中国人，你想做一个欧洲人就做一个欧洲人，可以用芯片或者用诸如此类其他技术来事先决定你的文化身份。技术以后还可以做到很多东西，做到我们现在根本想不到的东西。技术当然也很可怕，有它恐怖的一面，但技术并非不可能被人类驾驭。也就是说，今后一百年、两三百年的发展，我们根本没法预见。我认为人类走到这一步，目前全球化速度那么快的情况下，如果再抱着"轴心时代"概念，可能有点自说自话。当然我这只是表达个人的意见。

王立新：

感谢两位教授给我们详细地解说什么是"轴心时代"。我们现在推进一步，景海峰教授对阮炜教授的说法是不是有不同的看法？

景海峰：我回应一下，阮教授的这个意思我是同意的。因为轴心时代的提出，它是一个比较宏观的、概括性很强的理论，如果放到人类文明几千年的历史中，有那么多的区域，情况就非常的复杂。为什么雅斯贝尔斯要这么说，或者说"轴心时代"的理论为什么有那么大的影响力？这主要还是在现代化的大背景之下，也就是为了反思整个西方近代文明的由来，思考它演进的源头。因为整个现代化的起步，我们都知道，是从文艺复兴、宗教改革、启蒙运动等开启的，而这两三百年现代化的道路，在人类文明的大图景中是个什么位置，和之前相比有什么不同，它的思想源头和信仰主义的宗教形态有哪些不一样，这些都需要寻找到一个思想源头，而且是在一个新的意义起点上。所以雅斯贝尔斯的这个说法，是一个高度的概括，是一个宏观的提法。

这里面，我觉得有两个问题是可以重新思考的，在今天的立场上再多做一些讨论。一个就是"轴心时代"之前的历史，固然在那四五百年间理性蓬勃生长，就像佛经里面说的"十方震动"，突然间好像大地觉醒了，思想的花朵都开起来了，那在这之前难道人类就像西方人所说的在理性崛起以前是一片蒙昧或者一片荒芜吗？显然不是的，因为它有一个历史叙述和思想建构的要求，这是为了凸显所谓西方理性主义的传统，强调现代化的合法性和权威性，它有意地把以前的那些历史的不合理性给忽略掉，或者不再去讲曾经的辉煌，它有这个意味，因为历史的叙述里面是有一个指向性的。刚才阮教授也讲了，实际上在人类文明的轴心时代之前，那段历史肯定也有它辉煌的过程。两河流域距今已有将近六七千年的历史，像很多灌溉、城池这些文明的指标，大概在纪元前的四千年，两河流域就有了，古埃及文明距今天将近有5500年的历史，这些都是非常漫长的。那"轴心时代"只是从2500年这样一个段落来讲的，等于才一小半，在那之前已经有三四千年了，难道是一片荒芜吗？肯定不是。所以现在为了纠正"轴心时代"观念的偏颇，就提出了所谓"前轴心时代"的说法，大概就是指"轴心时代"以前的那段历史，它的影响跟我们今天的生活的确是非常遥远的。因为很多文献和思想观念，实际上已经被轴心时代的思想体系所吸收和消化，是经过重新整理之后的"再出发"。所以"轴心时代"的创造，肯定是在前面几千年的基础上做的，只不过因为经过它们之后，前面的这段历史记忆就慢慢地暗淡下来了，没有人再提了。包括我们今天讲中国文化，一般都是从孔子讲起，难道孔子之前就没有什么吗？中华五千年的文明史，孔子只有2500年，那么之前的那2500年，难道什么都没有吗？显然不是的。这只是为了强调孔子的意义，因为经他之手，把前面的这段历史、这些文明成果充分消化了，经过重新整理之后，开启了一个新的经典时代，这个经典时代的光芒一直照耀到我们今天，所以要特别强调这个意义。关于"前轴心时代"的问题，现在学术界讨论很多，包括古埃及文明对后来的爱琴海、地中海等文明形态的影响，经过很长一段时间才到了古希腊文化的形态。两河流域的文明，经过亚、非、欧交界区域的复杂演变、融合和发展过程，才扩散到了一个更大的范围。所以这个问题实际上是很复杂的，它牵涉到对整个人类文明或人类历史的看法，如何用一些观念和理论给它一个说明、给它一个合理的解释，这是此类学说的目标所在。

第二点我们可以去考虑的就是中西方文明的不同，因为雅斯贝尔斯的学说，基本上还是立足于西方文明形态的。按照哈佛大学考古学家张光直（他也当过台湾中研院副院长）有一个比较文明的说法，在中文学界很流行，他说西方从"前轴心"到"轴心"的转接，是一个断裂式的，就是突然间前面的东西好像消失了，然后古希腊、希伯来这些形态就出现了，和前面的连续性和衔接很不明显，所以他说那是断裂的。而我们中华文明几千年的历史是一个连续的，就是说中西两个形态是不一样的，所以完全按照轴心时代的概念去套所有的文明形态，就可能是有问题的，或者说是不合适的。确实，刚才阮教授也描述了中国传统文明的衔接是很流畅的。从夏商周三代文明过渡到春秋战国时代，到后来秦汉帝国大一统的建立，整个历史是一个非常流畅的过程，有很强的连续性和衔接感，是一代一代承继的关系，而不是像西方的形态，突然间好像是另外一个新局的开场。中国实际上没有一个全新的开场，只是说每个阶段的特点可能不一样，比如说从夏代重巫的文化形态，到殷商时代可能就变成祭祀型的文明，而周代崛起的是礼乐型的文化，也就是后来儒家所讲的礼乐文明这套价值。这几个形态都是有衔接感的，在我们的史料里面都可以找到一些蛛丝马迹。比如说，按照《尚书》"吕刑"篇的说法，以前天和人是隔绝的，天人不相通，后来有所谓"绝地天通"，使得这种隔绝性被打破了，变成一种"巫"文化的形态，就是所谓"神"和"民"的杂糅。到了周代礼乐文化兴起之后，讲人的主体性，讲理性精神，又把神和人给分离开了，就是不大讲神的那些东西，所谓"未能事人，焉能事鬼"，"未知生，焉知死？"孔子就特别强调人自身的问题。这实际上又有一个隔绝，用理性精神排除了神的世界，这些变化在史料里面都可以找到一些线索。

所以这两个问题，刚才阮教授讲得很对，就是我们要把问题细微化，把所谓"轴心时代"放在不同的文明区域里面再去做具体的分析，又可以有很多新的思考出来。之所以我们今天要以轴心时代来讨论儒家思想发展的话题，我想就是因为这个时代对于我们今天理解或者研究儒家太重要了，因为我们现在一般都是从孔子讲起，儒家思想的研究就是从孔子开始的，所以现在要想发展儒家的思想，肯定也要回到 2500 年前的那个历史时段里面，把那个时代的问题先搞清楚，然后再来探讨我们今天怎样去发展儒家的思想，大概就是这么一个意思。

王立新：

谢谢景海峰教授。我个人感觉，阮炜教授和景海峰教授在对于中国社会的连续性的认识上是一致的，不知道阮炜教授对景海峰教授刚才所说的这套话语，是否有继续深入讨论的意向？

阮炜： 我觉得很好，我们其实没有根本的分歧。我并不是反对使用"轴心时代"这个概念，只是说使用这个概念的时候，要知道它其实只是一个比较方便的工具而已，不要受它的束缚。它确实给我们带来了好处，至少我知道的在人类学界、社会科学界，甚至哲学界，大家都蛮喜欢使用这个概念的。但是其他学术领域的人，很可能没有听说过它。比如说，汤因比是一个影响很大的历史哲学家，却根本不提"轴心时代"。按他的说法，人类从古到今有 20 多个文明，每个文明都有自己独到的价值，甚至有平等的价值，说不上哪个文明比其他文明一定要高明。一般来说，大家不愿意注意那么多文明的名字，更不用说注意它们有过什么表现，它们历史上发生了什么事情。这是不可能的事情，一般人做不到。汤因比本人也做不到，但是他有一种观点，就是说，我们不能看到现在有几个比较强势的文明，比如说中国、西方、印度、阿拉伯、俄罗斯，就以为地球上就只有这几个文明。实际上，它们就是现在比较强势的文明而已，因为历史上还有过很多其他文明，其中很多已经消亡了，比如说希腊、罗马消亡了。但是没有希腊、罗马，就根本谈不上西方；没有埃及，就根本谈不上希腊、罗马；没有两河流域，也根本谈不上希腊、罗马。

我们现在很多概念，比如"阳历""太阳历"的概念是埃及人首先发明的。再比如说我们现在的"周""星期"的概念是两河流域，就是伊拉克一带古代文明的发明。他们最先使用这个概念。一天24小时，一小时60分钟，一分钟60秒这些都是两河流域的传统，他们最早就是这么使用的，后来西方人也这么用，最后便传到全世界。这些都是影响我们日常生活的文明要素。古希腊的数学很发达，但是古希腊的数学如果没有埃及的几何学和两河流域的数学垫底，如果没有这种文明积累，也是不可能有了不起的发展的。因为万事开头难，你要从那几千年的蒙昧时代走出来，难度是极大的。连火的掌握，都让人类在黑暗中摸索了几十万年。然而一旦走出蒙昧，人类的知识就呈现一种加速度发展的趋势，而且越到后来越快。但是前几千年，要把蒙昧时代走出来，或者说人的思维要达到一个比较高的理性化程度，难度是极大的。但是这个硬骨头早就被两河流域和埃及文明啃了，所以才有后来的古希腊、罗马，才有以色列。以色列文明就是犹太文明，为什么我们也说它是前面两个更古老的文明的一个发展和延续呢？其实非常简单，《圣经》里面有很多事物，其实早在圣经形成以前，就在两河流域和埃及的文明里边存在了。以色列人在埃及待了好几百年，这几百年期间，他们学会了很多东西，从一个游牧民族转化成定居民族，至少成了一个半定居民族。他们在那里学到了农业，而这以前他们连农业都没有，是在埃及学到的。他们的很多故事，其实只是两河流域早已流传的故事的升级版而已。他们还从两河流域学到了其他很多东西。

当然还有其他一些文明，像已经被西方人灭绝的美洲的阿兹台克文明。16世纪以前，现在墨西哥城一带有一个非常了不起的文明，但已经灭绝了。西班牙人到来以前，它没有受到旧大陆其他任何文明的影响，完全是独立发展起来的。但我们现在生活的方方面面都还在受它的影响。比如说有一组伟大的茄科植物，西红柿、茄子、土豆、辣椒（它们看起来非常不一样，却属于同一科，即茄科植物），都是阿兹台克文明对人类文明的贡献。还有玉米、红薯，也是阿兹台克人对人类文明的贡献。没有红薯、玉米、土豆，我们现在的文明根本不是这个样子。中国在明末清初就引进了这些作物，有了这些作物，中国的人口在18世纪就达到了4亿人。中国的人口爆炸比其他文明的人口爆炸早了一两百年。西方文明也经历了人口爆炸，但它基本上是在 19 世纪以后，也就是在工业革命中或工业革命差不多完成了，才有人口的快速增长，但是中国人口的快速增长早在 16 世纪到 18 世纪这两百年期间就发生了。但如果没有阿兹台克文明在农业上的贡献的话，中国是做不到这点的。这几种作物有什么特点呢？它们对土壤和降水量的要求较低，很贫瘠的土壤，没有太大降雨量的地方都可以生长。这样一来，中国文明在人口方面达到了一个新的高度。

总体说来，轴心时代这个概念对大家、对学界来说还是蛮有帮助的，但我们不要受它的束缚。

王立新：

我都不忍心打断阮炜教授的话，他说到了土豆、茄子、辣椒，已经要开始吃饭了。我最喜欢炒土豆丝，所以不忍打断他的话语。阮炜教授刚才又继续陈述了"轴心时代"的概念，提出了更多的实证，让我们在更多的生活层面上了解到：轴心时代以前，人类的文明发展确实已经不同凡响了。其实在轴心时代之前，人类文明确实经历了很长时期的积累，但轴心时代，确实又是人类文明之花最灿烂的开放时期。它为后来人类的生存和发展，留下了非常丰厚的文明的动力之源。但是今天的话题，主要还是新轴心时代儒学的发展问题，我们前面的问题仅仅是一个铺垫，我们的目标在于探讨"新轴心时代"到来之际，或者有没有这样一个时代，在这样一个崭新的历史时期里，中国的传统儒家将怎样努力为人类的文明做出新的、更大的贡献？所以，我们现在先请景海峰教授深入说一说什么是他心目中所想象的"新轴心时代"，以及在新轴心时代里，儒家将以怎样不同于传统儒家的姿态，做出与传统的轴心时代里所做的贡献不同的新贡献，并以怎样更新、更美的英姿展现在世人面前？

景海峰： 因为文明研究有各种范式，不同的理论系统切入"文明"话题的表达方式不一样，像刚才提到的汤因比，就是从文化类型说的，还有一些人类学家或哲学家，他们可能是从文化气质，或所谓的精神类型来做研究的，这在学术界有各种各样的方式。我们现在借用"轴心时代"的说法，并且将它延伸到当代，提出所谓"新轴心时代"。这个"新轴心时代"也就是强调了我们今天的时代在人类文明发展史上可能又走到了某个节点上，有这么个意思。就是说西方现代化、工业化的道路经过了这四五百年的发展，已经到了今天所谓全球化的时代，全球化条件下各种文明的冲突、交融，使我们今天这个世界呈现出人类历史上前所未有的新的态势。就是我们今天这个时代，如果再拿 2500 年前的东西来解释，已经没有太大的说服力。我们今天面临了一些新的问题，可能需要开始一种全新视野的思想理论的创造，需要提出一些新的范式，来解释我们当代所面临的问题，包括刚才阮教授讲的基因工程，及各种人工技术的问题，因为以后的世界是个什么样，我们今天都有点晕头转向，很难去想象。在这样一个前所未有的时代挑战和环境之下，我们怎么去思考，我们怎样再重新对人类目前的境遇和未来的发展提出一些新的理论和构想，所以在这个意义上，我们借用"轴心时代"的概念，把它叫作"新轴心时代"。

实际上，这个"新轴心时代"的话题还有一个很现实的背景，就是"二战"以后的世界格局。因为今天的世界格局，过去我们说是苏美两霸，苏联垮台后，已经不是一个意识形态对峙的时代，今天可以说有点进入了"新的战国时代"的味道。中国从 90 年代崛起，现在也成了世界第三极的领头羊，其他的国家，现在也结成了各种各样的同盟关系，加之全球化时代各种区域性力量的增长，每个区域、每个共同体可能都有自己的利益诉求。比如说欧盟，已经把散乱的欧洲国家结为一个利益体系，从 20 世纪六七十年代起步的欧共体，从 6 个国家发展到今天的 28 个国家，货币等都已经统一了，走向了高度一体化的进程。比如说东南亚 10 国的联盟，也有它自己比较强的区域性诉求，比如说拉美的一些国家，阿拉伯、非洲等跨国的联盟组织，它们都有自己的区域性特征。所以在今天这样一个世界格局下，并不简单是过去的文明区域或板块的重现，它实际上是有一个现代地缘政治的意味在里面。从地缘政治来看，我们今天直接的一个很强烈的感受，就是从美国政治学家亨廷顿提出"文明的冲突"以后，把所谓对"新轴心时代"的讨论这个话题拉近到了我们的面前，是一个很有现实感的思考。所以我们现在讲

"新轴心时代"，并不是仅作为历史的一种回顾或者一种美好的构想，它是面对我们当下，有非常急切的现实感在里面。因为亨廷顿的思考表达得很清楚，他把今天的世界格局，从文明的历史线索划成了几块，甚至提出了一些危言耸听的观点，认为以后文明的冲突和不同区域之间的角力可能会影响到未来世界的前景。他是站在西方人和美国人的立场来讲这些东西的，借用了一些文明研究的成果和学说，很有煽动性。

同样，我们现在提出"新轴心时代"的问题，肯定也是有一种现实指向的，但它强调的是多元共存，这和"冲突"论的思路不一样。所谓"新轴心时代"不是简单地重复过去，也不是仅仅把文明的历史再重新划分一下，这个意义不是很大。我们现在是要从世界新的格局来理解文明的意义和价值，所以"新轴心时代"，乃至新轴心时代的儒学发展，都是含有很强烈的现实指向在里面。如果从今天的文明格局来讲，不外乎就是西方；然后是中国，或按今天儒家文化的概念来讲可能就是整个东亚地区；然后就是阿拉伯，或者是伊斯兰文明这个区域；如果把印度的崛起也预估在里面，那么它所代表的印度文明这个历史记忆，在未来有一个很强势的可能性，就是南亚；假如说非洲再过几十年或者百年后，它也有可能是一个非常强势的板块，那么也可以预估在里面；这样掰着指头算来算去，大概也就是这么五六个。也就是说，今天这个世界，在我们眼下看到的和未来预计的时段里面，可能也就是这么几个带有深厚传统和文明色彩的板块在互动。"五四"时代，我们只关注到西方，我们讲的文明比较都是讲东西方文化或者东西方文明，但在今天这样一个全球化的格局里面，显然只关注西方已远远不够，所以我们讲"新轴心时代"，就是用一个新的战国时代的格局、这种地缘政治的眼界，来把文明的历史线索和当代状态糅在一起做一个现实的思考，这就是所谓"新轴心时代"提出的背景。之所以儒家的未来发展要把它放在这样一个格局里面来看，是因为它对未来中华文明的发展具有标志性的意义，在中华文明形态的历史记忆和现实认同方面，在这整个板块里面，儒家可以作为它的一个代表，但不是唯一，只是一个代表。

王立新：

景海峰教授刚才提出了"文明板块互动"的说法，这也算是对亨廷顿的"文明冲突"的一种对应吧。有关"新轴心时代的发展"，景海峰教授认为儒学必须是全新的，不能站在过去的立场，不能再恢复历史；要展现自己崭新的英姿，必须面对崭新的现实，所以将来儒学的贡献必须具有极强的现实性。不知道阮炜教授对此有什么高见？

　　阮炜：不好意思，我刚才说对"新轴心时代"这个概念不太同意。因为用这个概念，我脑子里面想的全是一帮哲学家，他们好像更喜欢这个概念。如果使用"新轴心时代"这个概念，我们可以有一些更大的期待，或者说中华文化、儒家文明在理念方面将会有更多的创发。确实如此，这一二十年我不断听到这种提法，并不是十分同意，但是刚才景海峰教授的用法跟他们不太一样。他把"地缘政治"引入"新轴心时代"概念中，结合起来使用，就蛮有意思。因为以后在文明之间，以及具体的文化样式之间，差异会越来越小，也许一二十年以后变化就是很大的，更不用说以后。它是加速度的，技术的发展是加速度的，我们谁都没法控制它，但是希望人类今后是能够驾驭技术的，而不是让技术来统治我们。只怕到了一两百年以后，我们人的概念都要重新定义了，一群小孩聚在一起，会问"你是真人还是假人"？所谓真人，就是父母生的；假人就是合成的，用芯片或基因板块等合成的。你是真的还是假的？所以未来我们很可能得重新定义人的概念。

　　如果引入地缘政治，这个概念就有意思了。因为使用这个概念，即便假定文明和文化之间的差异将来会小，地缘板块也是不可剥夺、不可取消的，因为你就生在了这块地方，虽然人们也可以到处移民，但基本上来说，你这块地方就是这么些人在这里，北美人就在北美大陆，东亚人就在东亚大陆，南亚人就在南亚大陆。从这个意义上来讲，以后中国文明包括儒家文明应该有大的作为。比较其他文明来看，中国文明最大的一个长处就是它是一种"温柔敦厚"的文明，它不具有特别强的攻击性，特别讲究和合。这么多年，大家其实都注意到这点。但是光注意到这点还不行，要和具体的事实联系起来看，这个概念才可能活起来。

为什么中国人重和合？其实刚刚发生的巴黎的"查理周刊事件"，就清楚说明了这点。西方文化为什么会有这么一个品性，为什么可以对其他宗教采取那种侮辱的态度？当然它也可能对任何宗教都采取一种无可无不可的做派，无论什么神圣的东西都可以看作粪土。它为什么会有这种德性？如果我们能把这一点搞清楚的话，大家可能会更清楚地看到中华文明的优点和长处在哪里。假定以后中国人那种"温柔敦厚"的素质可以推广到世界其他地方，世界或许会变得更宁静和平一些。再比如说中国的中医，虽然我不能说中医任何地方都好，但是在很多方面是非常优秀的。批评中医的很多观点我是同意的，但是我们要认清一个基本的事实，那就是，中国人均收入只有美国的四分之一到五分之一，但是我们的人均寿命已经接近他们，只差一两岁，怎么解释这个现象？如果没有中医这套理念、中国文化这套理念在起作用，我们不可能有这个成就的。

也就是说，中国文明、儒家文明以后如果说要对人类再有所贡献的话，除了在技术方面（我相信今后几十年、几百年中国人在技术方面还会有非常多的创发）会有更多的发展之外，在人文理念方面也应该有所贡献，应该把我们的好东西带给其他人，带给其他文明的人们。但不用强制的方式，不是说我征服了你，你不得不来学我的东西，不能这样，而让他们慢慢看，你的方式是好的就是好的，值得我们学习。儒家从来都是不传教的，哪里像西方基督教到处传教，而且是借着洋枪洋炮传教？中国文明从来不搞这一套，我做得好还是不好，你们自己看，你觉得有意思就采用这套生活方式。其实，中国文明是相当民主的一个文明，但是在国内一些媒体或网上大家经常把中华文化骂得一文不值，什么"专制""封建"，其实中国文明有非常民主的一面。他们看不到这一面，不愿意看到这一面。

王立新：

阮教授说到温暖处，感染我，我想插句话。我曾在这跟王兴国教授讨论过儒家是不是宗教的问题。我说不是宗教，因为它没有严格的排他性，都是商量着说。跟阮教授讲的一样，咱们中医讲身体要调理调理，人际关系讲调和调和，政治上也须调和调和。中国人善调，吃菜的时候也是调调味道。所谓"调"，就是很温润地商量商量，就不那么冲突，就不像是说："你为什么不听我的"，就没那种火药味。我想起来一个话语，就是西方人强调"一元真理观"，总觉得自己是真理占有者，宗教到了迷狂的程度，就会把其他教派或者不信教的人群看成魔鬼。我们中国人，古代就不讲"真理"这个东西的，我们是学了西方之后才有了真理观。原来我们是讲道理的，你跟我讲讲道理，这一讲道理就好了，你也有道理，我也有道理，那咱俩调和调和就好了。但是讲真理就麻烦了，因为真理是唯一的，你既认为你掌握了真理，那就只有你是对的，咱俩就是一个对的、一个错的，你要是对的，我就是错的，你掌握了真理，我就是魔鬼，我就没活路了。讲道理就不一样了，道理大家都可以懂一些或者一部分，那咱们就可以互相融通，不必剑拔弩张，更不用你死我活。

　　我只是插一句闲话。我还想听一听两位教授另外的想法，如果咱们中国传统儒学在新轴心时代要大显身手，有没有具体的几个方向可以发力？

　　景海峰：刚才只是从地缘板块来讲的，当然如果要描绘"芯片"什么的，如果从科学技术上着眼，以后的发展趋势是越来越不可预测，甚至存在一种脱轨和失控的可能性。到那个时候，就像原子弹一样，就像核威胁一样，可能会对整个人类社会时刻都有一种毁灭性的、精神上的巨大压力。科学的高速发展或未来一些技术手段可能失控的问题，这确实是现在大家都有的一种忧思，就看怎么来控制。像目前主要是从社会制度或一些体制上的完善方式来进行控制，但这可能只是一种途径。今天人们更真切地认识到了要有效控制这种危险性，那个钥匙实际上说白了还是掌握在人的手里。掌握在人的手里是什么意思呢？实际上就是一个思想观念的问题，一念间，如果弄不好，人就成了魔鬼，可能把这个东西全部放出来，最后人类全部毁灭，这是没有办法控制的，所以人类的前景堪忧。但如果这一念校正过来了，是按照人性，即所谓人文或人的精神、情怀往前发展，那可能人类的前途就是光明的。所以为什么现在要呼唤回到孔子的时代，这不是无的放矢，因为那个时代的哲人教给了我们人类应该怎么去面对自然的挑战、面对人自身的困境，包括内心坏的这些东西，这种无限膨胀的欲望应该怎样去对待、怎么处理。因为人类不是说到了今天才遇到这些问题、碰到这种麻烦、面临这些危机，实际上从人类一开始就有这些问题，只不过表现方式不一样、程度不一样、危机感不一样，或者是一些外在的尺度，像速度之类的量化的物理性质不一样。对个人的生命体而言，实际上从一开始就面临了这些问题，所以孔子的思想也好，孟子的很多讲法也好，他们都有"如临深渊、如履薄冰"的怵惕感，那种忧患意识是与生俱来的。所以刚才主持人描绘的那个未来、那些东西，我想不是我们今天这个时代才面临的，才会有这种危机，它实际上是整个人类文明史在不断思考的问题，历史就是在不断地寻找战胜这种危机的办法。除了以技术来对治技术、以制度来制衡技术之外，对治和克服这些欲望，战胜危机的最好方式应该是一种精神性的，这也就是我们今天为什么要在新轴心时代重提儒学发展的问题。为什么讲儒学发展呢？这个有什么意义呢？因为我们都意识到了儒家思想，或其他文明所创造的思想，对我们今天所面临的这些问题，有一些深刻的经验启迪，这种古人的智慧可以提供给我们作为一个参考，我们可以从历史上来吸收这些营养，用来面对我们当下的困境，找到有可能解决的办法。但不一定说照抄以后就解决了，我们人是活的，可以去思考这些东西，可以得到无穷的启示，可以启发我们去找解决的办法。所以新轴心时代的儒学发展不是说要回到历史、回到孔子的时代，而是要把这些伟大的思想作为今天、作为当下思考现实问题的一种参照，当作吸取智慧的资源，是从这个意义上来讲的。

我们今天面临的是什么问题呢？当今是一个全球化的时代，文明的传播或者文明的相互借鉴跟历史上的情形是完全不一样的。刚才讲的轴心时代的那几个区域可能是各自发展的，但今天不同板块、不同区域之间，不可能是完全与世隔绝的，都处在一个频繁的、强烈的互动状态里面，在相互的联系中来寻求一种共识，来一起往前走。尤其是随着通信、网络、交通等技术的飞速发展，形成了今天所谓"地球村"的状态，就是基本上不存在隔绝性，世界的每个角落都被联网了，都在同一体当中，这跟旧时代中各自为政、自己按照自己文明的步履往前走的情形已经完全不一样了。另外，在不同文明之间、在不同区域和不同板块之间，大家所面临的问题实际上是共同的，也就是以国家的形态所构成的发展战略，除国家形式之外，不管是在联合国的层面，还是区域性组织的层面，实际上都是在考虑怎样谋求共同的发展。所以大家关注的，包括衣食住行，整个的生活状态，处在高度的同质化，基本上已经没有太大的差别。当然也有些边边角角的问题，它依然保持它自己与世隔绝的形态，这种情况也是有的，但毕竟很罕见。从整个世界来讲，已经是一个高度同质的状态。那么在这种情况下，我们还讲区域性、还讲特殊性，理据何在？显然，不管世界同步到什么程度，人的精神性依然是独立的，这不可能完全一体化，每个区域都有它的历史记忆，都有它的文明传统，都有它的文化基因，这些东西始终都在内里暗暗地起着作用。所以刚才讲到的西方的人生价值，或者对世界的根本看法，跟中国人的传统就很不一样，尽管现在可能从生活状态上、物质形态上都是一样的，但在骨子里面我们的精神气质、生命里面的细微处是不一样的。这就需要我们去考虑在这种同质化的状态之下，怎么样把你原有的那些文明的资源能够充分调动起来，能够解决我们今天所面临的共同问题。应该说，我们今天讲儒家的价值，不只是对我们中国人讲，而是在全球、整个人类所面临的问题里面来凸显它的价值，这才有意义。所以我们说新轴心时代的儒家文化发展就不是在一个很狭小的眼界，或者回到历史，或者只对我们中国人的观念和意识，来思考这个问题，它应该是面对今天全球化时代，人类所面临的共同问题来思考的。也就是我们作为一个大的文明传统，怎么样去发掘资源，把这些宝贵的东西可以用现代的意识和语言讲出来，贡献给整个世界，这是我们要去努力的。

王立新：

阮炜教授，您看咱们传统儒家在崭新的时代里应该奉献什么东西？

阮炜： 我们自己作为中国人，我觉得首先要搞清楚自己文明的长处和短处是什么。微博和微信上面几乎每天都可以看到很多人表达对中国文化的不满。我认为，这是因为中国这100多年发展速度实在太快，我们这100年相当于西方人走了三四百年的时间，实在太快了，所以造成了社会失治、道德失范。这种情况应该是可以理解的。假定如果再过个几十年，中国大陆的发展水平相当于新加坡，或者相当于中国香港，那么我估计那个时候，更多的中国人会沉下心来好好看待自己的文化，它到底强在哪里、弱在哪里，用一颗平常心来对待自己的文化。我看网上基本都是攻击自己，这100年来，中国人即使取得了这么大的成就，但都还在怪老祖宗不对，怪自己的文化不好，这种人真是不少。所以，如果中国文化以后要对人类有新的贡献的话，我们首先要端正自己，要认清自己到底强在哪里、弱在哪里。如果你弱的话，那么就要加强；你强的话，就更要发扬。以后儒家文明要继续往前走，要对人类有更大的贡献，首先我们就得尊重自己的传统，好好反思自己的传统，不要开口闭口就骂自己的祖宗、骂自己的文化。把这个问题解决后，才能谈得上进一步创发，才有"新轴心时代"的新发展。

王立新：

刚才景海峰教授、阮炜教授，分别从不同的角度，阐述了新轴心时代儒家发展的目标和贡献，以及应该注意的问题。从整体上来讲，我感觉景海峰教授讲的是大的文明板块互动情势下的儒学发展，是从整体目标入手。阮炜教授由于长期从事地缘学文明的研究，也就注意到角落和边部没有跟上主体形势的一些情况，道德的失范还有文明总体目标的失落等情况，他看得很清晰。

我非常赞同两位教授的说法，我也感觉到：一是要发挥中国人信善、近善和尽善的基本功能。你可以不相信人性是善的，但是我们必须朝着善的路走，如果说我们真相信人性都是恶的，那就随时都可能按电钮，咱们人类也就彻底完蛋了。另外，阮炜教授刚才提出有些人无端辱骂中国传统的问题，并且表示了不同的看法。当然，我们觉得将来世界会走向多元化，目前也是这个样子，人们怀着不同的想法是可以表达的，但是辱骂是不对的。批评是可以的，但要有根据，否则就是无端的辱骂了。我们中国传统儒家最了不起的地方，就是经得起批评，不反对别人批评。

时间不多了，现在请现场的朋友们提问，跟两位教授进行直接交流。好，那位手举得高的，声音高亢、热情洋溢的，请提问。

听众：我今天是第三次来听景院长的讲座，算是粉丝了。我在想四大文明古国，另外三个都消失掉了，我们还在，为什么？是因为经典还在。所以我想儒家发展也一定要强调经典。如果大家不以经典为核心，我觉得就是比较泛泛了。比如，从实际行动来讲，我觉得是要从服装开始，我今天特意穿了汉服，我注意三位老师，两位是西装，一位是圆领衫，这显然都是西化的结果。所以我想一个是核心节点，一个是形式（如服装），这两样才是我们新轴心时代儒家发展的方向。

王立新：

尽管你追随景海峰三次了，但是今天这个问题由我替景海峰教授回答，或者是由我来回答，你看怎么样？你重视经典的态度非常令人钦佩，因为经典是深厚的，它里面有无限开掘的资源。为什么我们叫轴心时代？就是那里面动能多，我们要慢慢开发。没有经典，我们就失去了"动力依据"。像你说其他几大文明，刚才阮炜教授也提了，他们不善于作史记载这个东西，所以他们丢失了，所以我们不能丢弃经典。但是同时要使经典发挥现代的光芒，不能经典说什么你就是什么，写经典的那些人，是那个时代的人，我们今天是这个时代的人。我们面对的是原子弹的时代，他们面对的不一样，经典里没有说"不放原子弹"这种话语，这是第一个。第二个，我们虽然穿着西装，但是我人是中国人。张敏敏不是在歌里面唱"洋装虽然穿在身，我心依然是中国心"嘛，关键不在穿什么，关键在心里存什么，脑子里想什么，当然你的内心和穿着里外合一是最好的了。你身材好，我穿你那个衣裳看上去就像孔乙己，我要是穿那种衣服，人家怀疑在我身上体现不出社会主义积极性。好了，有请下一位。

听众：三位老师好，我们谈到的"新轴心时代"，有一个概念大家讲的跟科技技术相关，就是社会飞速发展，那么现在有一个冲突，未来的文明会不会就是一种科学文明，科学文明与儒家文明，儒学的新的发展会不会在科学时代带出一个新时代？这个问题我想听听三位老师的看法。

王立新：

这个问题请阮教授来回答一下。

阮炜：我个人觉得，以后科学技术发展的最后结果，就是荡平所有文化和文明之间的差异，这个总体趋势是不可阻挡的。我们能做的事情，就是怎么保存和发扬我们已有的文化中的好东西。那么什么是好的东西，什么值得发展，什么值得发扬，这又是一个问题。我们现在能够理出来的，我估计争议比较少的，不外乎就是整个文明的气质。中国人肯定不是那么富于进攻性，总是愿意我活也让人活，这是咱们之所以几千年可以延续下来的一个关键原因。这个心态是非常重要的。至于其他的细节方面，我们穿什么，我们吃什么，我们是不是一个表情或一个动作看上去像不像中国人，这个我觉得不那么重要。人作为一个物种是发展的，比如说，20万年以前没有动物分类学上的智人；1000万年以前，连灵长类动物都没有，那个时候我们人类的祖先可能跟老鼠差不了多少；六七百万年前，才有所谓灵长类动物。所以今后到底怎么样发展，我觉得都是说不清楚的。

王立新：

还有几分钟的时间，再留给两位提问人。请后面那位女同胞。

听众：我的问题是：其实我在多年以前，也就是在2001年9月初的时候听了一个讲座，是全球化跨文化对话，几天之后就发生了"9·11"事件，两天前，发生了法国《查理周刊》的这个事件。我想问的是，在座的老师都是做哲学研究的，那我们哲学家在这样的时代面前，面对这种快速的变化，冲突不停地发生，一会是人质，一会是冲突，你们焦虑吗？你们觉得应该怎样去面对这样一个时代？

景海峰：肯定是焦虑的。因为我想在这个时代，当然有很多麻木的人，或者是所谓的"经济人"、经济动物，他除了利益和物质享受之外，对人类的共同价值已经不太关心了，这在这个时代是非常普遍的，是一个麻木的冷漠的时代，这是我们这个时代的病痛。但是我想每一个有良知的人，对人类有一种休戚与共情感的人，面对这些问题的时候，他肯定是有感触的，他不可能无动于衷。尤其是对儒家思想来讲，就特别强调这一点，这也就是儒家讲的什么是"仁"。程明道举的那个例子，"不仁"就是麻木，就像中医说的手足麻痹了，没有任何感觉、没有任何感知了，那个就叫"不仁"。那反过来什么是"仁"，就是有一种良知感，对他的同类有一种休戚与共的情感。对这个"同类"的理解，实际上是一个不断放大的过程，从"亲亲"到"仁民"到"爱物"。在孔子的时代已经超越了亲人的界限，他是对普遍的人而言，那么到我们今天这个时代，当然就是对人类都有这种感知，看到别人的伤痛，他有一种悲悯，这也就是孟子讲的"恻隐之心"，恻隐之心是道德的根本。我想如果本着儒家的思想，或者说本着儒家的仁学来讲，面对这样一个时代，恰恰我们需要高扬儒学的旗帜，就是对人类要有悲悯之情，要有恻隐之心，这样的一种心胸是我们今天特别需要的。所以当前所面临的很多问题，尤其是恐怖主义的灾难，世界上每一个正义的、有良知的人，他都会对这个东西有一个态度，他不可能不去关注。我想我们用儒家的思想，就有一种更强的说服力，就是说我们人类应该怎样做，才能够符合人的标准和原则。当然除了古典的意旨之外，它又包含了很多现代的价值，就是我们今天是一个现代人、是一个文明人、是一个教化之后的人，我们脱离了传统的某些狭隘性，也早已经抛弃了种族主义的那些东西，所以我们今天又是按照现代的价值理念和标准来看待这些事情的，因为这些价值经过几百年各种文化的交融，可能已经获得了相当的普遍性，我们都认可这些价值。所以说，这种为非作歹、行凶作恶、草菅人命的行为，肯定是为人类所不齿的，不管你是哪个国家的人，肯定都会对这些暴行持一种谴责的态度，这是理所当然的。

王立新：

最后一个问题。请站起来的那位先生提问。

听众：谢谢老师将机会给我。今天听了三位老师的讲话很有感触，老师们一直在说儒学的好处，不可否认儒学对我们国家、中华文明的贡献是大的，但是自汉武帝独尊儒术以来，我们汉族的阳刚之气便一代不如一代，且逐渐落入汉宣帝所说"不合时宜"类似那种的状态里面。而且刚才景教授也说了未来的政治发展是一个地缘政治文明的发展，但是我们自身做谦谦君子没有错，但是这样做如何提防他人的狼子之心，若我们只是说自己修身养性，如日本类似其他国家虎视眈眈地看着你，难道我们还要再像明清时期抱着天朝上国的态度看待他人吗？抱着不屑于你争我夺的那种浮夸之风去面对吗？希望教授们回答一下，谢谢。

王立新：

我说两句，实际上文化的研究和政治的研究、历史的研究是不能完全割离的，仅从文化的角度不能完全解决你提出的问题。比如说我自己，我对宋太祖这个人特别感兴趣，我在写宋太祖的一些东西的时候就感觉到，他崇尚文化的时候可能知识分子听了会很高兴，他可能在国内把文化、经济、社会生活都搞得很好，但是宋朝可能阻止不了外面的列强对它的侵凌。那么这个国家如果全身心拿出去对外，里面可能又治理不好，这是我们普通人的一个想法。怎么样调剂这种关系其实是很复杂的，不是一个文化学者、一个经济学者，或者仅仅一个政治学者抑或军事家所能解决。你讲的话语肯定有意义，我们肯定不可能在面对外来入侵的时候跟人家温文尔雅地讲这些东西，在万不得已的情况下，他一定要入侵，那我们肯定不会用这种方法的。不用说儒家，我们中国人普通的智慧都知道，朋友来了有好酒，敌人来了拿猎枪，当然得先把猎枪准备好，所以发展科学技术等，都有这样的目的在里面。虽然你今天讲的话语是很有意义的，但是稍微有点偏离我们今天讲的文明轴心发展的主题。

　　我非常感谢大家，感谢两位教授精彩的讲说。今天我有身份在，我是兼主持人的，所以时间我必须得控制，到了时间不能让大家再说了。所以有很多朋友热情洋溢地举手，不要紧，我可能以后还有机会到这里来主持，这一次我认识了你，下次我肯定找你发言。我给学生讲孔子《论语》的时候，我第一句话就是"问渠那得清如许，为有源头活水来"。今天晚上我们讲新轴心时代的儒家发展，实际上我们未来人类社会能保障自己的安全、保障自己的安宁、保障幸福美满，一个最重要的思想之源同样来自于中国传统儒家，我们还可以说"问渠那得清如许，为有源头活水来"。希望儒家在新的轴心时代里能有更加伟大的奉献，为人类的和平和幸福的未来，造就出更美好的前景。谢谢大家，今天晚上就到这里。

深圳学人·南书房夜话第六期：
儒家的人格理想

——君子小人之辨

韩望喜　方映灵　胡野秋（兼主持）

（2015 年 1 月 24 日　19：00—21：00）

胡野秋：

　　各位女士、先生，晚上好！非常高兴能够和大家在南书房夜话相遇，一起讨论儒家文化，今天的主题是"儒家的人格理想——君子小人之辨"。我是胡野秋，今天由我代班主持，因为前几期一直是王绍培先生主持的，但他前几天去了日本，走之前请我代他主持一期，我在电话里跟他说："你自己去日本，让我代为主持，这个做法不太君子啊，你应该让我代你去趟日本才像君子。"当然这是玩笑话，不能当真，我要真那么想才不像个君子，君子是要成人之美的，所以我应该感谢绍培兄，因为他去日本旅游，让我得以和今天的两位学者一道探讨儒家文化的一些问题。

　　我先介绍一下今天的两位嘉宾，按女士优先的原则来吧。

　　第一位嘉宾是深圳市社科院中国思想文化研究中心主任方映灵女士，她好像也是南书房夜话迄今迎来的第一位女学者，这说明研究儒家文化女性是不能缺位的，而且这又符合道家的阴阳平衡，有君子必有淑女，就像《诗经》里唱诵的"窈窕淑女，君子好逑"。方女士参与主编过《百年中国哲学经典》《深圳百科全书》等，都是大部头。

　　第二位嘉宾是韩望喜博士，我认识他很多年了，很多次我就跟他说过这样的话，我说你特别像一个传教士，或者说是布道者，因为无论什么时候，只要一听到他富有韵律感的娓娓道来，就会迅速被他的语言和思想俘虏。在我认识的朋友圈里，他是最有君子风范的人，而且我觉得我要是做导演的话，我一定请他演孔子。大家发现没有，韩博士跟吴道子画的那个孔子像还真有几分相似，只是多了一副眼镜。今天的题目仿佛是为他量身定做的。

在两位开讲之前，我先简单地破个题。今天的题目不像前几期那么高大上，不是"精神"就是"主义"，今天的题目跟所有人都能连得上，很接地气，儒家的人格理想——君子小人之辨，辨别的辨，也就是如何区分君子和小人。

讲到人格理想，先要弄清楚何为"人格"。"人格"这个词其实有多重含义，究其种类大致分成以下几种：第一种是法律意义上的人格，指享有法律地位的人，比如我们常讲的"公民的人格和尊严平等"；第二种是文学意义上的人格，指人物心理的独特性和典型性，进而产生与之相应的独特行为，贾宝玉的人格和薛蟠的人格是截然不同的；第三种是心理学上的人格，指构成一个人思想、情感及行为的那种稳定而统一的心理品质，这种心理人格会使一个人区别于他人，如果心理人格出现问题，就会"人格分裂"。

但是我们今天讨论的"人格"不在这三种之列，我们讨论的是属于道德范畴的"人格"，是第四种。这种由思想、品德、操守构成的人格，决定了一个人的精神境界，以及由这种精神境界所影响的思维方式、行为方式和生活方式。涉及的是人的精神思想的高度和深度，今天我们就在这么一个范畴内讨论儒家的人格理想。就是要弄清楚儒家希望我们每个人追求的人格理想是什么，这种道德范畴内的人格，也是更大层面上的人格。

好了，我的开场白到此结束，现在我请两位嘉宾围绕主题先把各自主要的观点发表出来，然后再讨论。

继续按照女士优先的原则，由方映灵女士先给我们解解惑。您认为的君子和小人的定义是什么？他们的区别又在哪里？

方映灵：谢谢主持人！大家好！很高兴今天能够在这里跟大家分享一下自己平常的一点专业研究心得。君子小人之辨确实是儒家学说中最核心的问题。儒家是人学，是关于人的生命的学问，它所有的思想义理都是围绕怎样成为一个人、成为一个大写的"人"而展开的。这个人最高的人格典范是圣人，孟子说"仁且智，圣也"，就是说，圣人是一个具备了仁爱与智慧的人。但圣人既要"内圣"，也要"外王"，就是说既要有崇高的内在道德修养，也要有在社会上的丰功伟绩。所以，圣人几乎就是神人，是难得一见的。而仅次于圣人的人格理想就是君子了。其实儒家是一种入世的学说，是一种成人之学，它最重要、最核心的人格理想在于怎样成为一个君子。所以孔子说，"圣人吾不得而见之矣，得见君子者，可矣"。据杨伯峻先生统计，"君子"一词在《论语》里出现了107次，在《孟子》里有82次，在儒家经典《易传》里有84次，由此可见"君子"问题在儒家学说中的重要分量。

关于君子与小人的判别，按冯友兰先生的说法，君子是道德的、建设性的，小人是不道德的、破坏性的。在我看来，君子最突出的一个特点是"正"字，所谓"正人君子"，正义、端正、正派，正心诚意，"名不正，言不顺"，"其身正，不令而行"，等等，都是从君子的这种"正"的特质衍生出来的。而他的对立面小人就是不正、不端、邪恶的。

那么，君子的"正"主要体现在哪里？首先，体现在他具有一颗"正"的心——仁心，他应该以仁爱之心对人、对社会、对世间万物，具有仁心仁德。儒家是仁学，以仁为核心，所以君子的人格理想必须充分体现这个"仁"字。而儒家的"大学"八条目，"格物、致知、诚意、正心、修身、齐家、治国、平天下"，强调的就是要"正心"后，才能够"修身、齐家、治国、平天下"。先要"正心"，具备了仁心后才能讲修身，才能真正成为一个对家、国、天下有作为、有贡献的仁人君子。

其次，君子要有"义"，要讲正义、讲道义，讲担当。孔子讲"君子喻于义"，"不义而富且贵，于我如浮云"。面对"义"和"利"，君子始终考虑的是"义"而不是"利"。假如不符合道义的话，就是能得到富贵，君子也视若浮云。而孟子则讲"富贵不能淫，贫贱不能移，威武不能屈"，讲"养我浩然之气"。面对非正义的诱惑和磨难，君子表现的是刚正不屈和正气凛然。正因为君子的这种难能可贵的特质，所以，君子才堪负重任，可以托付大事，就是曾子讲的"可以托六尺之孤，可以寄百里之命，临大节而不可夺也"。

再次，君子要有"学"，要好学、博学，有学问，"博学于文"。古代的士要习"六艺"：礼、乐、射、御、书、数，讲"诗书礼乐以造士"。君子是好学之士，"学而时习之"，"谋道不谋食"，"忧道不忧贫"，由好学、博学而使君子成为智者。君子的"三达德"就是"仁者不忧，智者不惑，勇者不惧"。所以君子既是有道德操守的人，也是有广博学问的人。

最后，君子要有"礼"。要温文尔雅、谦恭有礼，要"修己以敬"，"约之以礼"，"不学礼，无以立"，"色思温，貌思恭"。如果说仁、义、学是君子的内在品格的话，那么礼就是君子的外在修养，而且这种内在品格和外在修养是紧密联系、内外兼修的。"君子以仁存心，以礼存心"，"人而不仁，如礼何？"礼是仁心和学问由里而外自然透出的一种修养。

总之，君子作为一种人格理想是比较完美的。孔子说，"君子有九思，视思明，听思聪，色思温，貌思恭，言思忠，事思敬，疑思问，忿思难，见得思义"，对君子的方方面面都有非常细致的要求。尽管不容易达到，但也要通过"吾日三省吾身"不断地努力，从而获得道德和学问上的进步。

至于"小人"，《论语》里提到了24次，大多是作为君子的对立面提出的，比如，"君子喻于义，小人喻于利"，"君子成人之美，不成人之恶。小人反是"，"君子求诸己，小人求诸人"，"君子和而不同，小人同而不和"，"君子泰而不骄，小人骄而不泰"等等，从而映衬出小人不仁不义等特性。

胡野秋：

我先归纳几句，方女士大概给我们划出了一个框架，她有一个核心概念，那就是一个"正"字，用"正"字框定了什么是君子，实际上钱穆先生早年也这么说过，而且这个"正"一直影响到中国文化的很多细节，比如说中国的古代建筑讲究对称，这就是一种正，如果你建一个房子，左边一扇窗，右边也必然要有扇窗，而且要形状一样、大小一样，否则那个房子是不合格的，在古代是不可以验收的。所以古人特别讲究对称，也就是讲"正"。中国服装也特别讲究对称，乃至于延伸到大多数需要设计的领域。同时做人也要周正，这是古人对孩子教育的底线。另外方女士也讲了"君子"与"小人"的区别，比如"君子喻于义，小人喻于利"，这是"义"与"利"的区别，也讲到了结党的问题，君子是"和而不同"，小人是"同而不和"。

下面我们想听听韩望喜博士对君子和小人有什么样的具体解读。

韩望喜：谢谢野秋兄。今天谈君子与小人其实蛮有意思的，这与哲学的思辨和现实的生活都有非常紧密的联系。《论语》上说"君子之德，风，小人之德，草，草上之风，必偃"，就是说统治者提倡的主流价值观是很重要的，足以影响民众。到了孔子，最了不起的是，孔子不再用社会地位来划分谁是君子、谁是小人了，而是根据一个人的德行、修养来判断他是君子还是小人。根据你的德行，像佛教说的根据你的"身口意"，你心里想的是什么，你说的是什么，你做的是什么，来判断你是君子还是小人，如果你心里想的是好事，说的是好话，行的是好事的话，那就是君子无疑了。如果你心中阴暗，说话伤人，做事害人，那你还能谈君子吗？小人一个，禽兽不如，见到这样的人直接骂禽兽就好了。孟子就是这么讲的。

怎么样来判断君子呢？其实特别好判断，就几组词，第一组是"仁义礼智信"，第二组是"温良恭俭让"，第三组是"恭宽信敏惠"，我们记住这15个字，就什么都明白了，最重要的是"仁义礼智信"，后面的10个字，可以融到"仁"和"礼"里头去。判断一个人最重要的是"仁义礼智信"。

一个人讲仁义礼智信，其实就是求道。儒家特别讲"志于道"，道者，不可须臾离也，可离非道也。孟子说："仁，人心也；义，人路也。"道就是君子的安身立命之所。《论语》里面讲"君子务本，本立而道生，孝悌也者，其为人之本与"，就是说君子是务本的，本立而道生。人生在世，总得有一个方向吧？总得知道自己的人格理想、知道自己怎么做人吧？要做一个什么样的人，做一个受人尊敬的人还是受人鄙视的人，以什么来立人的本位，这就是做人之本、为人之本。若说人是天地的心，那么什么是人的心？就是这求道的心，求仁义礼智信的心。所以我们说"仁义礼智信"是为人之本。

做君子，第一是要有仁心。孟子说，"仁，人心也"，是不是这样的？那么君子该怎么样做，我说的每句话都可以到《论语》《孟子》上查到的噢。"君子去仁，恶乎成名？"就是君子把仁德的心去掉了，你怎么在这个社会上立足？"君子无终食之间违仁，造次必于是，颠沛必于是"，就是说君子是没有任何一刻离开仁德的，在颠沛流离的时候他是如此，在仓促之间他也是如此。我们有人说"我是一个君子，我是一个君子"，但是真的遇到利害取舍的时候，就忘了自己是君子了，立刻变小人，打回原形。真正做一个君子，那是一以贯之的，是在什么时候都保持君子的风范，不会在仓促的时候忘记了自己的本色，也不会在颠沛流离的时候失掉了自己的信心，这个是最大的考验。为什么孔子说"岁寒，然后知松柏之后凋也"，为什么在天冷的时候万物萧瑟，见不到绿叶的时候才知道松柏原是不落叶的？指的是什么？以树作喻，意指君子，只有在危急的时候，才知道君子是能够保持英雄本色的呀，他的仁爱的心原是不变的呀。达的时候，兼济天下；穷途末路之时，也能独善其身。所以作为一个君子，首先不是外在的，长得漂亮，穿得高雅，见人彬彬有礼，那只是一个相，你的本性如何，才是决定性的。本性就是指你的心。君子之心一也。哪怕你长得很丑，穿得衣衫褴褛，但是你的心让人看得见感动，那就是君子无疑了。

做君子第二是要有道义。做君子要有道义，有这个骨气。"君子义以为上"，以义安命。曾子说"可以托六尺之孤，可以寄百里之命，临大节而不可夺也，君子人与？君子人也"，帝王能够把幼小的孤儿和国家的大事都托付给他，在安危存亡的关头，保持大节不屈服动摇，这就是君子啊！想想看，如果我们要奔赴战场了，我们的孩子才三个月大，要托付给别人，你心里想是否要托付一个可靠的人，遇到饥饿的时候，我的孩子有没有一口吃的？遇到胁迫的时候，我的孩子能不能有安全？托付给你，遇到大难大劫的时候，你不会撒手不管，就这三条，就是君子了。道义是心中有主，有良知，有担当。我举几个例子来说：一个叫许衡的人，宋朝亡了，元朝入主，很多士大夫逃难，一逃就逃到一个破旧的庄园边，看见果树上有李子，饥渴的人难道还不摘两个来解解渴吗？许多人都去采摘树上的果子，因为主人都走了呀，都跑了，没人管的。只有许衡虽然也饥渴难忍，但他还是坐在路边，有人就说"你也采着吃啊"，"这个没有主的啊"，就是说果子是没有主的。许衡说了一句话，你们会终生记得的，"果树无主，我心有主"。明白什么意思吗？果树上结满了果子，虽然没有主人来照看，可是我的教养、我的心是我的主人，我有良知，良知就是我的主人，良知就是我成为一个君子的根本。你说你是君子吗？君子在任何环境之下，颠沛于是，流离于是，仓促之间亦是这样。孔夫子被困在陈、蔡之间，七天不能生火，饿得东倒西歪，依然在那里抱着琴弹琴歌唱。他的学生过来说："老师你不是说做君子就能通达吗？今天怎么落到这步田地呀？"孔夫子就说："君子固穷，小人穷斯滥矣。"就是说君子也会有穷途末路的时候，也有没有办法的时候，但是他不像小人一样，一穷困，就不能自我节制、自我约束，就没有意志力，没有控制力了，杀人放火什么的就都来了，君子是在任何环境之下都能够洁身自好。所以颜渊就很理解夫子，当时夫子叹气说："匪兕匪虎，率彼旷野，吾道非邪，吾何为于此？"就是说我不是兕，不是虎，竟然把你带到荒原之上，是我错了吗？我怎么落到这个地步？颜渊，他的好弟子，就说："夫子之道至大，故天下莫能容，虽然，不容何病？不容然后见君子。"意思就是，夫子你的道是天下之道，是大道，人们一时理解不了，一时不能理解有什么问题呢？正是因为道路阻隔，才更显现出你君子的高洁。"不容何病？"不容有什么问题呢？正因为这个世界不容你，才能显得你的道至大至广啊。我们还记得荆轲刺秦的故事吗？荆轲赴燕国，受燕太子丹器重，那时赵国被秦所灭，战火烧到燕国的南部。诸侯国都要被秦国的铁骑踏平了，何况那么小一个燕国。燕太子丹很着急，他问荆轲："怎么办？你愿意为燕国去做些什么事吗？"士为知己者死，荆轲准备刺秦，走在易水这个地方的时候，祭了神，他唱了一首歌，唱歌的时候，旁边的人都在那里流泪，"风萧萧兮易水寒，壮士一去兮不复还"，唱完之后，跳上车，头也不回，直奔秦国而去。他知道有去无回，但是毅然决然地要去做这件事情。什么意思？"君子以义安命"，道义才是君子的标签。面对真理的时候，那是高山仰止的"义"；面对邪恶的时候，那是赴汤蹈火的"义"，什么叫"剑胆琴心"，这就是"剑胆琴心"。所以君子有"仁德"，有"道义"。

做君子第三是要讲礼仪。文质彬彬，然后君子。做一个君子要内外兼修。现在社会做君子太难得了，很多人喜欢去抢、去夺、去杀，这哪里是礼仪之邦？人与人见了面有没有和善的心，见了面有没有和颜悦色？礼是很重要的。

《论语》中有一个故事，说的是孔子的两个学生在对话，司马牛说"人皆有兄弟，我独亡"，课间 10 分钟，他还在那里叹气。人家都有兄弟，我就一个人好惨。子夏对答道："君子敬而无失，与人恭而有礼，四海之内皆兄弟也，君子何患乎无兄弟也？"就是说如果你对人恭敬，没有什么过失，对人那么好、那么温良、那么有礼貌、那么节制，不要担心，"四海之内皆兄弟也"，四海之内都是兄弟。"君子何患无兄弟"，你还想什么自己没兄弟呢？孟子有一句话，"君子以仁存心，以礼存心，爱人者人恒爱之，敬人者人恒敬之"，你爱人、关怀人，一定会得到爱的回应，温暖的回应；你敬人、礼貌对人，一定会得到礼貌的回应。这个是真实不虚的。

孟子注重讲"仁心"，荀子讲"礼义"，仁心和礼义都很重要。孔子是把"仁"和"礼"都讲得非常好。"礼"的深处是什么，其实是内在的一个仁德的心、爱人的心。孔子说："礼云礼云，玉帛云乎哉？乐云乐云，钟鼓云乎哉？"就是说"音乐"难道只是钟鼓之声吗？"礼"难道只是送人的玉帛吗？难道没有内心的爱吗？人而不仁如礼何？人而不仁如乐何？比如说一个人对你唱歌，嗓子特别好，如果他歌唱的时候没有用心，没有爱，你听得下去吗？如果我们送人一个礼物，很不耐烦地说"哎呀，给你吧！"那你有爱吗？那是礼吗？你得有一个爱在里头，那才是礼。你要想的是"我朋友真好，家庭这么和睦，我真的是好高兴，这是我的一份心意，盼着孩子快快长大成人"，这个才叫"礼"。"礼"是把自己放低一点，心里很谦逊，你把自己放低没有问题的。"礼"有两种意思，一种是把别人提高，尊敬，一种是把自己放低，谦逊。《周易》上说"谦谦君子，卑以自牧；谦谦君子，用涉大川"，就是说谦谦君子好像牛羊在草丛里吃草一样，让草盖过自己的身子，风吹草低才见牛羊的嘛，就把自己放得低一点，低一点干什么，牛羊在吃草，我自己在修养我自己的心灵。"谦谦君子，用涉大川"，"谦卦"里头就说，谦谦君子啊，唯有你才能够越过高山大河，为什么只有谦虚的人才可以越过高山大河呢？因为谦谦君子一般都受人欢迎，有利于渡过难关。过去有一个器皿叫"欹器"，是斜着的器皿，现在也还有见过。它空的时候是斜着的，装一半的水的时候就是正的，可是装满水的时候就倾覆了，水洒了。在鲁桓公的庙里有这个的。孔子去看了，他的学生说这个是什么意思呢？孔子说："聪明圣知，守之以愚；功被天下，守之以让；勇力扶世，守之以怯；富有四海，守之以谦。此所谓挹而损之之道也。"意思就是，你也许非常的聪慧、聪明，但是世界上聪明的人很多，你还要学习，不要认为你自己是天下第一的；你确实很强壮，能打得过很多人，但你不一定打得过天下所有的人，你心中还要对别人有一份敬意；你很富有了，或者对国家功劳很大，但是你还是要谦和、谦虚。我们常说"山外有山，天外有天"，地球也不过是宇宙间很小的一颗尘埃，无垠的宇宙还大得很呢。所以作为一个君子来说，要以谦逊的心来对待天地、对待人，这是不是就是君子呢？孔子说"君子九思"，第一就是"视思明"，思就是想，我要看得清楚，很多时候我们其实看得并不清楚，我们看不仅仅要用眼睛看，还要用心看，《心经》第一个字就是"观"，观就是看，但"观"不仅仅只是用眼观，还要用心去看，用心去看才能真正体会到什么叫"观"，所以观察事物的时候，你要力求看得明白，我们这个世界上有多少人是真正地明白呢？"听思聪"，听要听得清晰，解得清楚，耳朵听的东西是直接入心的。听的东西你不要听得那么糊涂，需要分辨的，听的很多东西有人说好、有人说坏，有人说真、有人说假，是是非非，红尘滚滚，你怎么能听得出哪句是真？哪句是假？哪句是是？哪句是非呢？还得回到你的心里去掂量一番不是吗？君子九思最后一句，"见得思义"最重要，前面都是讲形貌特征的，最后一句就到根本了。见得思义，钱到面前来了，我真的能拿吗？我怎么不能拿，没有人我就拿。天知，地知，怎么会没有人知呢？是不是？一定会有人知的。所以所有的地方见到"得"的时候，不要去起心动念，要想着道义在哪里。儒家经典说得很好，"莫见乎隐、莫显乎微"，藏在屋子里，你以为就没人看见了吗？最细微的地方，其实就是大庭广众！所有你认为隐秘的事情，其实是众目睽睽的，真相最后都是大白于天下的。君子的心要时刻去反省，这个事合不合乎道义、何不合乎礼义。李零教授教人读《论语》，说有两句话最难，哪两句呢？第一句是："三军可夺帅也，匹夫不可夺志也。"你能做到

"富贵不能淫，贫贱不能移，威武不能屈"吗？在钱财面前，你不低头吗？寒光闪闪的刀子对着你的时候，你不退缩吗？你做得到，那么你是君子；做不到，就是狗熊。第二句是："不义而富且贵，于我如浮云。"有人不道义，反而变得又富又贵，又香车宝马，又高官厚禄，你也想跟他一样吗？第一条是君子立志，第二条是君子不动如山，"不义而富且贵，于我如浮云"，就是不动心嘛。我两个都是不动，别人可以夺三军之志，我匹夫不动。别人在利益面前跪倒在地上的时候，我依然不动。世界在动我不动，这就是君子。

做君子第四是要讲智慧。"仁义礼智"，什么叫智慧？其实是两个方面，孟子讲的"智慧"和荀子讲的"智慧"不是一回事，把他们两个相加是最好的。孟子讲的是心性的智慧，什么叫心性的智慧呢？就是在善恶面前，能够弃恶扬善。"三人行，必有我师焉，择其善者而从之，其不善者而改之"，就是看到别人做的事情，走过的路，我思量一番，正确的、好的、美的，我去学，不好的我不要学，我反省我自己。"见善如不及，见不善如探汤"，见到人家好的，我马上要跟你一样去学，见到不善的东西，就好像把手放在开水里一样，立刻就要拿出来，就是要改。见到好的要快点去学，见到不善的东西要即刻改。《论语》中说"君子之过也，如日月之食焉"，你的过错大家都看得见，你改过了，别人也能体会得到，所以就是说"知错能改，善莫大焉"。通向君子的道路有三条，"智"、"仁"、"勇"，智者不惑，仁者不忧，勇者不惧。刚才"仁"和"智"都讲了，"勇"，就是内心里刚强，知耻而后勇，勇是很重要的。我们讲《孙子兵法》的时候也讲过"智、信、仁、勇、严"，带兵打仗，你要有一种刚烈之气。其实，刚烈之气不仅仅是打击敌人，同时也可以是勇于反省自己内心不好的东西。有时候打击敌人容易，跟自己内心做斗争却困难。要做一个君子不容易，要跟自己的内心的邪恶的东西做斗争，这个太不容易了。《荀子·王霸》里有一句话，说杨朱跪在分岔的路口哭泣，他说我不知道走哪条路，一旦我选择了一条错误的道路，我就没得回头了，所以我在这里哀哭。这个故事对我们有很大的警醒。很多人在利益面前纠结、迷惑，所以"智"，一方面是向心内求，讲道义的抉择；另一方面是向心外求，格物致知。《论语》里头孔子也说要多学习，"不学礼，无以立；不学诗，无以言"，不学礼，我怎么在社会上立足呢？不学诗歌，我怎么说话呢？还要"多识鸟兽草木之名"，大千世界是有很多东西要学的。到了荀子的学生韩非子那里更是强调学习了，把理性和知识放在第一位，所以在中国的文化上讲到"智"的时候，应该是两方面的内容，第一个方面是学习使自己能够弃恶扬善，知道什么是良知，什么是正确的人生道路；另一方面，是知道怎么向这个世界学习，怎么了解这个世界的规律，怎么治国理政。

做君子第五是要有诚信。孟子讲"仁义礼智"，到了董仲舒的时候，就加上了"信"。"仁义礼智信"，"信"很重要。孔子曾说：做一个人，却不讲信誉，那怎么可以！"君子义以为质，礼以行之，孙以出之，信以成之"，就是作为一个君子，最重要的是你要讲信义，要依礼节行事，用谦逊的言辞，还要用诚实的态度去完成它。如果你不讲信义的话，那你哪儿也去不了，别说到外国去了，就是连小地方也出不去。没有道义、没有信义那不可以叫君子，完完全全就是一个小人。

综上所述，真正比较完全地来讲"君子"，就是确实要讲"仁义礼智信"，缺一不可，这五个方面才能让你做一个大写的人。我们讲的"温良恭俭让"其实可以融进"礼"里面。温柔敦厚，"温良"，良善；"恭"是对人恭敬；"俭"不是俭朴的意思，"俭"是节制的意思，"俭者不夺人"，不是俭朴的人不去夺人东西的意思，而是知道自我节制的人不会去夺别人的东西；让，是谦让、忍让，譬如行车，把我的姿态放低一点，那自然就让得出来，如果你坚持不让，那两个就顶死了。所以"温良恭俭让"既是"仁"，也是"礼"，也可以归到"仁义礼智信"里面去。"恭宽信敏惠"也是一样。"恭"是恭敬，恭则不侮；"宽"是宽厚，宽则得众；信，信则人任焉，诚信别人才会相信你；敏则有功，做事快；惠，给人恩惠，所以总体说起来还是在"仁义礼智信"里面转。做君子，"仁义礼智信"是管总的，是大写的人，大写的君子！

胡野秋：

韩博士一下子就把我们带到了 2500 年前的古代，估计当年孔夫子讲课也是这样娓娓道来的，韩博士除了没有山东口音外，对《论语》的讲解可以说是原汁原味的。

他刚刚从"仁义礼智信"、"温良恭俭让"、"恭宽信敏惠"这几个不同的层面，来给我们分析了君子和小人产生的原因和根本的差异。在他的解读中既有宏观的揭示，也有中观的阐述，还有微观的例证，尤其他对《论语》熟悉之程度，令人钦佩。我对他的这段讲解有八个字的点评："鞭辟入里、抽丝剥茧"。

听了两位博士的分别阐述和讲解，我也借此机会谈一点我对儒家君子、小人之辨的观点。

刚才韩博士分析了"君子"和"小人"这两个概念的演化，我来补充一点背景。在春秋时期之前，也就是在孔子和儒学还没有出现之前，"君子"和"小人"并没有更多的道德判断，也没有更多的价值优劣，而更多的是指代一种身份，"君子"往往指的是贵族，或统治者，它是指贵族这一阶层。而"小人"也同样不是指那种阴险、毒辣、卑鄙、下流的人，那时候小人就是指平民、老百姓，所以我们一直到后来的每个朝代也还有这样的自称，人们自谦的时候都是自称"小人如何如何"，这个"小人"并不表明我是一个很坏的人。

这是春秋之前对君子、小人的普遍认识。而那个时候，在君子和小人之间，这两个阶层往往是固定的，或者某种程度上是世袭的，二者之间难以互相转换。你是皇族，你是贵族，我是平民，我是百姓，不会经常互换的。但是到了孔子的时候，他的一个非常大的贡献，就是他把"君子"和"小人"这两种"身份"的概念转换成了"道德"的概念，并且使得君子和小人是可以互换的。怎么互换呢？比如你现在是小人，你道德、操守不高，但是你通过德性修养可以转换你内心卑微和阴暗的这一部分，然后把自己修炼成君子。也正因为这样，儒学提出"君子与小人"的概念才有重要的现实价值和意义。假如君子和小人像春秋之前那样固化，你生来就是君子，他生来就是小人，然后贵族的你到死都是君子，他生在一个平民家庭，他永远就是小人，至死不变。这样的话，就失去了儒家的教化功能和意义，也失去了现实的判断。

所以孔子是有大仁之心，他创立的儒学总是要去帮助别人转化，这个帮助别人转化，对孔子来说往往通过教化，通过对人的心灵、精神、德性的教养而实现。按照儒家的观点，人的生命性质实际是有两种，一种生命就是动物性生命，也就是"气质生命"，另一种是精神性生命，也就是"德性生命"。当你只有动物性生命，还没有经过德性修养的转换的话，你实际上还只是一种"气质生命"，这个"气质生命"就是你生命的原生态，那么在原生态的生命状况下，你饿了就想吃，吃了还想吃得更多，你看见利就想占，占得越多越好，当然这个就是小人，这个时候就只活在气质生命的状态下。但是儒家给我们描述了一个很好的人格理想，就是当生命经历过修炼，启发出自身主宰的仁心，并依靠这种仁心而转化了它动物性的原貌，进而呈现出优美的品格之后，我们便可转称之为"德性生命"，这种状态下的人便可以称为"君子"。"德性生命"相比于"气质生命"是不是更高呀？

而且在孔子看来，每个人心中本来都是有仁爱之心的，你之所以没有，是因为受后天环境因素等的影响，所以儒家一直认为环境对人很重要，我们以前曾误解过儒学，认为它只是唯心的，其实它有时候也是唯物的，"孟母三迁"就是这样的故事。儒家不认为你生来好就会永远好下去，假如环境不好，可能你也会很糟糕，所以孟母三迁总是给小孟同学找一个好的环境，孟母是承认环境对心灵的改造的。所以孔子把君子和小人的道德范畴划定之后，他认为双方之间是可以互换的。他认为君子和小人是两极的状态，像"君子怀德，小人怀惠"，就是说如果有时候在生活中碰到一个人对你特别客气，给你送点什么，一些小恩小惠的，你别窃喜，你就要想他是不是有求于我了？要对我有什么样的要求？当你拿了之后，就是我们说"吃人嘴软，拿人手短"，那么你就会不由自主地为他干一些什么事，你干这些事情的时候，起先可能会有内心的挣扎，最后变得习以为常了。第一次不觉得，谁愿意做小人呢，没有人愿意做，但是你两次、三次，到最后就变成你如果不做，你也已经回不去了。在这样一个状态下，也就是我们现在经常看到的，有很多人是怎样一步一步从君子或向往君子到最后走向小人的。像现在有些关进监狱的贪官，我觉得他们在里面要读点《论语》可能才会明白，他们对"利"和"义"的取舍也会正确很多。

当然了，做君子的代价也很大，像刚才韩博士讲的，看到那个果子，别人都在吃，你不吃，那么在逃难的时候，可能死掉的就是你。所以我们看到战乱年代、饥饿年代，往往最先死掉的那批人恰恰是德行、修养最好的一批人。为什么？因为他不可以苟活，不可以降低自己的道德标准，宁可让自己死，也要求得一个仁，求仁得仁，他认为我要求得内心的圆满，我不能留下污点，所以"果无主，心有主"，就是因为我的心是受我主宰的，我只要有一天能够主宰它，我就让它向善，不让它向恶，这是人最需要的。但是我们发现当代人很多选择正好都是相反的。所以 2500 年前，孔子反反复复提出"君子"和"小人"，在《论语》里面，把"君子"和"小人"作为一对相印证的概念提出来，很多地方提到"君子"，后面就会提"小人"，即使有的地方不提小人，让你知道君子怎么做，让你知道不会这么做的就是小人。而且孔子对君子和小人的判断实际上概括的是儒家的一种是非观，他们认为的"是"就是君子之是，而且孔子自己是很谦虚的，孔子其实不承认他是圣人，他认为圣人只是在周天子的时候，他自己很低调，他只认为自己在朝君子方向发展，但是后来我们发现比他老人家德行高的人确实少之又少，所以我们最后尊奉他为至圣先师，我们认为他是"圣人"，而且是"至圣"，最高的圣人。到今天为止，我觉得中华几千年文化中，我们真的能数得出来的真正的圣人，第二个好像也找不到，孟子也只是亚圣，他也只能叫亚圣，是亚军，不是冠军。没有一个人能够认为自己是圣人，为什么呢，因为圣人是完美的，无缺的。如果从这个角度说，圣人可能真的并不存在。我读过一本书叫《真孔子与假孔子》，作者是地地道道的美国人，却起了一个中国名字叫顾立雅，他是芝加哥大学东方语系主任，是西方最著名的孔子研究专家，他在里面讲了两个孔子，一个孔子是真实的孔子，当年周游列国在每个国家之间奔来奔去，"惶惶然如丧家之犬"的孔子，经常穿着补丁衣服，但是看见人就想向你传道，要告诉你怎么善，怎么仁，灌输"仁义礼智信"这些东西，但是他自己活得很落魄。另一个孔子就是一个风光的孔子，他也有过辉煌的时候，做到了鲁国的大司寇，就相当于现在的司法部长，官也不小了，部级干部，但他依然不会去擅用权力，不会用自己大司寇的职位随意处罚人。因为对孔子来说，他认为处罚人也必须是有道理的。

我们现在需要反思的是，中国其实离当年那样一个以君子为人格理想的时代真是越来越远了，但正因为这样，我们现在才开始意识到我们必须要回归，回归到一个君子时代，尽管可能是回不去了。今天的中国文化其实已经陷入了一个危机时代，而我们老是莫名其妙地自豪，总是说我们有悠久的历史，中华文化在四大文明中一枝独秀云云。我们的历史教科书其实经常误导人的，它告诉我们，四大文明中只有中华文明一枝独秀活得最好，另外三大文明都湮灭了。大家有没有听说过？这种观点其实是大可商榷的，为什么？因为我们今天的中国文化其实和我们悠悠的5000年文化是背道而驰的，我们的文化是有根本的断裂和转折的，我认为我们今天的中国文化是几千年中华文化的"转基因文化"，"转基因文化"是我创造的词，为什么"转基因"呢？因为刚才两位博士说的那些儒家理念当然好，而且甚至是普世的，是天底下最好的理念，但问题是我们自己在用它吗？我们中国人自己在用它吗？没有用它，不但不用，而且糟蹋。我们的核心价值观是"仁义礼智信"吗？不是。今天的中国文化是正活在一个十字路口。所以现在提出的中华民族的伟大复兴，这伟大复兴中，我认为最核心的是中华文化的复兴，没有中华文化的复兴，中国梦就永远是场梦。

正因为我们今天的中国文化某种意义上是对我们中华母体文化的"转基因"，所以在今天的现实生活中，你都不敢跟你的孩子去说"君子喻于义，小人喻于利"，你会跟你的孩子说"出去了不要吃亏，他拿了，你也得拿。他们拿了一个，你可以拿两个"。很少有人说，你不应该拿这种非分之财，不义之财不能拿。今天中国的教育观念有多少是背离孔子的？《论语》里面有一句话叫"君子矜而不争，群而不党"，就是说君子不要争，也不要拉帮结派。这个"不争"在今天又是一个问题，我们的教育理念是"永远争第一"，回到家父母就教育孩子，你必须在班上拿第一名，至少也是前三名、前五名。但是我们发现，儒家哲学告诉我们的是不争，它是中庸的，它是矜而不争。至于"群而不党"，更难做到，大到国家层面，小到一个单位，都是派别林立的。我跟谁走，我跟哪位站队，是首要问题，总是要跟一个人，跟对了鸡犬升天，跟错了后果很严重。所以在中国经常是出事以后才回过头去反思，其实我们犯了一个2500年前圣人早就给我们指出的病根子，他早就说了"群而不党"，你一结党就不是君子了，你最后就会陷到里面去，因为进去之后，你必然失去是非判断、黑白判断和黑白的选择。而在今天我们再来讨论君子小人之争我觉得有特别现实的意义。

现在就有一个很现实的问题，我们讨论这些，实际也是为了我们当下。这是一个有病的时代，或者说一个有病的社会，我们该怎么样去疗救社会、疗救大家，包括自我？君子和小人既然是可以通过道德修养、修炼转化的，那么君子应该怎么样去修炼呢？小人应该怎么样去改造呢？想请教两位博士。

方映灵：听了胡先生的一番宏论，我想到一个问题，就是君子与小人最初的分界以及由此引申出来的问题。君子最初指的是贵族、统治者等处于高位的人，而小人则指的是处于下位的平民百姓。儒家认为，处于高位的君子的德行应是普通百姓学习效仿的典范，"君子之德风，小人之德草"，君子之德就像风一样吹动影响着草一样的百姓之德。正因为君子小人有这种道德上的高低之分，后来才延伸出只具有道德意义的君子小人。而"政者，正也"，当政者就意味着自己本身就该是正人君子，作为平民德行的典范，引领着社会道德风气。儒家的理想追求是"内圣外王"，对内追求成为有德行的圣人君子，对外追求成为有作为的王者、统治者。同时，儒家也是主张推行仁政的，认为一个有高尚德行的正人君子成为统治者，国家社会就能正气清明、仁爱和美，从而实现儒家仁政下的理想社会。

现在学术界有人提出儒家是否可以作为一种统治当今中国的思想意识形态，由此继续推行儒家的仁政。我个人觉得，儒学在今天的现实意义和价值，应该是它作为仁学和成人之学，带给我们的仁爱温暖、宽厚博大和文明优雅，而不是作为一种统治思想和意识形态。德行高尚的"内圣"并不必然导出君临天下的"外王"，所以孔子终其一生只是一个圣人，一个大教育家、思想家，而不是一个君王。但是，要成为君临天下的"外王"，倒是需要德才兼备的"内圣"才能服人，所以，儒家的价值、君子的人格理想追求就体现在这里。

作为一种成人之学，儒家体现的是一种贵族性文化，它非常注重人文修养，提倡温、良、恭、俭、让，对于竞争也是很有风度、文质彬彬的，"其争也君子"，非常文明优雅。所以儒家的君子人格理想是非常高尚美好的，它对于我们社会的人文教化，对我们个人的品格修养是非常有价值的。虽然要实现这种人格理想不容易，有难度，但作为一种社会人生理想，我们对它的向往和不懈追求，既体现了人作为万物之灵的尊贵性，也提升了人的生命价值意义，所以无论对于社会还是个人，都是很有意义的。

胡野秋：
不知道韩博士是否同意方博士这个观点呢？

韩望喜：我觉得无论是哪家学派和宗教都是有自己的人格理想的，终极的目标，道家讲"至人"、儒家讲"君子"、佛家讲"菩萨"等等。我在想，为什么会有小人呢？人生下来都是纯洁的、天真的，为什么会出现小人呢？儒家，尤其孟子认为人性是善的。如果人性是善的，必然产生的是君子，为什么还会有小人呢？儒家怎么回答的？当时孟子和告子有一个争论，吵得面红耳赤。关于人性，告子说人性有善有恶，不善不恶，就像一个水坝一样的，你在东边决个口子水是往东边流，你在西边决个口子水就往西边流，所以水不分东与西，人性不分善与恶。孟子说，你有没有看见万川之水、天下之水都是从高处往低处流的？水无有不下，人无有不善，水的本性是从高处向低处奔流，水的本性是如此的话，那么人的本性是善的。我们的长江、黄河都是来自唐古拉山脉点点流泉，汇集溪流、江河，浩浩荡荡奔向大海，万川归海，万邦归心，天下归仁。有人就会问了，夫子你多么迂阔啊！这世间有那么多邪恶的事情发生，那么多大奸大恶的人，那么多杀戮，为什么你还说人性是善的呢？难道你看不见？孟子讲了一个故事，听了这个故事就明白了：从前有一座山叫"牛山"，山上的草木何其茂盛，流水淙淙，但是因为它在城市的郊区，所以每天都有人赶着牛羊上山去啃食，每天都有人拿着斧头和锯子上山去砍伐，问你们一句"斧斤之下，可以为美乎？"就是在你的斧头的砍伐之下还会有青山绿水吗？没有，哪怕是夜晚的时候有休养生息，清晨长出一两片叶子，又有人赶着牛羊上山去啃食，又有人拿着斧头锯子去砍伐，所以这座山，这座曾经枝叶繁茂、郁郁葱葱的山，最后就变得光秃秃的了，也许最后连山也消失了。夫子想再问你一句话，你今天看到这座山是光秃秃的，你就说这座山它从来都是光秃秃的，上面从来没有长过一根草、一棵树，山上从来没有繁花似锦，这是真的吗？这座山真的从来不存在吗？这座山从来没有长过茂密的树木吗？从来没有飞鸟在上面鸣唱吗？你们肯定说不是！从前是有的！他说的是山，指的是人，牛山之木，说的是人性，是人心。在今天看来穷凶极恶的那些人，小人，在妈妈怀抱里的时候他并不是坏人、小人，但是，天下所有的小人都是从妈妈的怀抱里成长起来的，不是从石头缝里蹦出来的，那些杀人、放火、抢劫的都是从纯真的儿童而来的，那些做过令人发指的事情的人都是曾经天真烂漫的孩子变成的。他是如何变成的？魔鬼是从哪里来的？如果魔鬼是从天使变来的，那么天使是如何变成魔鬼的？孟子说，就是因为失去了本心，失去了本性！一个人失去了正确的教养，失去了心灵的滋养，心灵就会枯萎！这棵树，现在是很绿的吧，如果我5年、10年、50年不给它一滴水，不给它一点阳光来照耀，它会变成什么呢？你们能猜到吗？它会变成粉末，变成齑粉。人的心和这棵树有什么两样？如果你不给他正确的教导，不给他滋养，不给他培育，不给他叮咛，不给他呵护的话，就像把珍珠放在浑浊的水里一样，再也见不到它原本的光芒！这就是孟子的说法。人心原本是善的，人原本是可以成为君子的，但是欲望和错误的教养把它遮蔽了！人性向善，"火之使然，泉之使达"，像火苗刚开始在燃烧一样，一滴一滴清澈的泉水刚从泉眼中流淌出来一样，要扩充他的心性，要培养他、教导他，讲美好的故事，指引美好的榜样给他，扩充他的心，让这火成为燎原之势，让这点滴之水成为汪洋大海，这样才能造就一个君子。但如果家庭教育连这一点东西都堵塞、都扑灭的话，教给他的是邪恶的东西，那么这个孩子就立刻变为一个野兽。因为亲子的关系非常紧密，妈妈说的话，孩子认为是不可能有错的，因为妈妈肯定是最疼爱孩子的，如果这个妈妈给他的教育或老师或朋友给他的教育都是黑暗的、阴暗的，是往另外一个方向走的，那么经过这样的熏染，他就回不来了。他的心灵已经变为齑粉，就不可能再有青山绿水了。所以说儒家讲的小人是什么呢，是失掉了自己的本心，忘记了初心，忘记了纯真的心而变成这样的。所以孟子说，"学问之道无他，求其放心而已矣"，学习没有别的途径，只要把你那个行差踏错了的心、放逸了的心呼唤回来就好了，给它阳光雨露就好了，给它关照和呵护就好了。所以，每一个爸爸妈妈爷爷奶奶，你们的儿子、孙子的前途都在你们的手上，这是你们的责任啊！家庭教育是要有好的教化。那么治国治之道怎么样呢？儒家认为还是通过教化，因为知道人性是善的，小人通过教化一样可以变为君子，所以教育很重要。儒家讲的教育，是办学校、办私塾，教化你知道礼义，成为一个君子，迷途知返。在儒家，无论性善、性恶，都强调教化之功。人没有天生是小人的，是因为后天的种种熏染，使人走入歧途，变成了小人，通过教化，涂之人可以为禹。所以，君子小人，不是命定的，是可以改变的。我们看看禅宗。《坛经》上说，人忘记了自己的本心，忘记了清静的本性，就好像天空布满了乌云，"上明下暗，不能了见青天"。其实日月天天都是朗照的，只是因为乌云笼罩了，使你见不到青天而已，若是善知识以惠风吹散，用圣人的话语来开导你，吹散这些乌云，一时万象森罗、万法皆见。

世上有君子、有小人，那治国应当怎么治呢？

孟子说性善，荀子说性恶，但是荀子也一样认为通过教化可以使人变为善，孟子说的是人本性是善的，后来变坏了，教化后又变为善，荀子说人性本是恶，可以通过教化让他变为善，殊途而同归。可是荀子的学生韩非子，他和孟子、荀子的看法都不一样。他认为世界上没有君子，所有人都是小人，都是趋利避害的小人，都是好逸恶劳的小人。所以做君王的不要指望有比干剖心那样的忠臣，不要想，没有，100个中找不到一个，做臣子的也不要想有尧舜那样的圣王，1000年也没有一个，那怎么办？治国不能指望明君和贤臣，是非善恶，一断于法。不管你是君子还是小人，用不着父慈子孝，君仁臣忠，君不仁、臣不忠都没关系，治国就以法度，一切都按照法度来做。举例说，每天上班8点到，有人早到，有人迟到，如果总经理天天站在门外查，还不得累死！还得跟你吵架、打架，用不着！就设一个打卡机在那里，这就是法度。"你车越线了"，"我怎么可能越线，我多么君子啊"，"好！看录像"，一遍不行就放100遍给你看，看你承认不承认，承认，可以，那就罚钱吧，就是一断于法。有次在央视讲韩非子，我就说治国之道不是只用一种，先秦诸子要圆融来看，兼收并蓄，因为你不能指望这个世界都是君子，也不能失望这个世界全是小人，物之不齐，物之情也。是君子，我尊重，我教育，我启发，他便能够迷途知返；那小人，穷凶极恶，屡教不改，那就由法度来强制。德治法治综合运用，才能治国，治国之道其实是圆融无碍的。关于人性是善还是恶，是君子还是小人，只是哲学上的一个预设，人人做君子，这个社会会非常和谐地运转。但是社会一定会有小人、会有坏人，怎么办？由法律来伺候你。正如孟子说的，"徒善不足以为政，徒法不足以自行"，只有善不行，只有法也不行，一条腿走路不行的，要两条腿走路才行。法度是治国之重器，必须依法治国。所以君子和小人是很大的哲学命题中的两个小点，背后牵涉了整体的东西，对人怎么管理，教育怎么实施，法度怎么施行，治国有什么方略，它是整个一套顺序的东西，所以我们教孩子的时候，一定要以儒家打底，先教做善良的人，做有规矩的人，做讲信誉的人，但是同时你要知道这个世界上有邪恶的东西，有邪恶的东西怎么办？我们有法度。孔夫子说，"以直报怨，以德报德"，如果你是小人，我用法律的尺度来衡量你，不行就起诉你，"以直报怨"。如果你是君子，我就用德来报答你。所以我们学先秦诸子这些经典的时候，要非常圆融通达才行。治国治世是个复杂的系统工程。

胡野秋：
好，我们的讨论到此先告一段落，现在到了现场提问的环节。

听众： 谢谢胡老师，我来之前就有问题，听的过程中又产生了问题，所以我可能会多问几个问题，我用最简单的语言陈述自己的问题。第一个问题，社会上有一种看法，一个是"伪君子"一个是"真小人"，社会上普遍认为的是"真小人"比"伪君子"要好，请问老师有什么评论？

方映灵： 刚才我讲过，君子与小人之间的区别是一个道德与非道德的问题。你刚才讲的缺乏仁心而外面却伪善，那其实他本质上也是一个小人，也就是像你说的是一个伪君子。他与真小人的区别在于更具欺骗性和迷惑性，所以在一定程度上应该说，他对社会的破坏与伤害确实比真小人更大。

韩望喜：我觉得两个都不好，我觉得做真君子是最好了。过去我们常说，"金玉其外，败絮其中"，就是你刚才讲的伪君子。我上次到宁夏同心县的清真大寺，那儿写的是"金玉其心，香兰其室"，就是不仅你的外表要好，你的心也要像金玉一样好才对，散发芬芳才对。外在的行为彬彬有礼，内在要温柔敦厚，所以人还是要表里如一。"香兰其室"，就是说环境很重要，你跟着什么人很重要，受的影响很重要。儒家特别强调环境的因素，如果人本身是好的，天性是好的，为什么还会变坏呢？那就是环境的熏染，所以这里特别强调好的老师、好的父母的重要，书的重要，电影、音乐各个方面的重要性，所以你的居室、环境也要像香兰一样的美好。

胡野秋：

所以听完今天的讲座，我觉得还是做一个真君子比较好，哪怕你做不成真君子，我觉得还是不要做真小人，今天到这儿来的朋友，我觉得至少是想当真君子的人比较多。

听众：第二个问题，我们平常待人处事的时候，有一个说法叫"先礼后兵，先小人后君子"，这句话的潜台词就是说：我跟你谈判最终是依靠君子的做法还是以小人的做法作为后盾呢？

韩望喜：孔夫子讲"仁义礼智信"，五德兼备。所以，要做一个圣人，必须是"既仁且智，可谓圣矣"，就是说既仁爱又智慧才能算得上是一个真正的圣人。

听众：第三个问题，西方的一个学者洛克在《政府论》中讲，如果这个世界没有君子，就像韩非子说的那样，每个人都是恶人，但是每个人都自私自利为自己造福，就造成了公共的善。如果每个人都追求发财致富，那么整个社会的财富就增加了，请问您个人对恶造成公共的善是怎么看的?

方映灵:我想这里涉及一个问题,就是儒家对经济发展的作用问题。儒家是重义轻利的,所以儒家认为"君子喻于义,小人喻于利"。那么儒家对社会经济发展到底起了什么作用?对于这个问题,学术界历来有两种截然不同的看法。一种看法是认为起阻碍作用的:马克斯·韦伯就认为,中国近代资本主义为什么没有像欧洲那样得到发展,跟儒家思想的制约作用有关系,儒家伦理阻碍了中国资本主义的发展。因为儒家的君子缺乏西方清教徒那种有利于资本主义经济发展的"强烈的激情"和"天职思想"。

另一种看法则认为儒家对社会经济发展起促进作用。余英时、杜维明两位先生都认为,儒家伦理对商人的经营管理、为人处世等有着深刻影响,是商业伦理"贾道"的重要来源,对中国近代资本主义和20世纪六七十年代新加坡等亚洲"四小龙"的经济腾飞有促进作用。

应该说,这三位大家在某种程度上恰好从正反两面阐明了儒家的局限及其与经济发展的关系。儒家的重义轻利在某种程度上确实抑制了人们对资本财富的追求,从而阻碍了社会经济发展,但是,儒家反对唯利是图等原则伦理却往往成就了更大更长远的"利"。所以儒家伦理构成了独具特色的东方商业伦理"贾道",从而对东亚社会经济的发展起了促进作用。

确实,有西方学者就像中国的荀子、韩非子一样,主张人性是恶的,像霍布斯就认为原始自然状态下"人对人像狼一样",人的本性是自私自利的,但近代西方却发展了资本主义。其实这里除了肯定个人对"利"的追求的正当性外,西方的新教伦理以及契约精神都起了重要作用,并不是像你所说的不要君子不要"义"只追求利。

韩望喜:你提的这个问题特别好。你一定要知道,英国的契约论学派,霍布斯写的《利维坦》,《利维坦》说在自然状态之下,原始状态之下,人们确实是恶的,恨不得出来就把你打死,有东西就要自己抢着吃。但是他说这个情况是难以为继的,还是要有一个自然法来处理,就是人与人要相互谅解,相互理解,要有一个法规,就是我不想别人强加给我的，我也不要强加给人。己所不欲，勿施于人。你看西方的东西一定不要人与亦云，要看原典。所谓西方的发展，一个是宗教，一个是法律，就是天上的律法和人间的律法这两个东西。西方宗教改革之后，马丁·路德用德文重新翻译《圣经》之后，每个人都有祷告的权利，都有与上帝直接沟通的权利，每个人在这个世界上的成功就是荣耀上帝，他的观念改变了。以前是我在修道院才能荣耀上帝，那么现在，你关注这个世界，关注这个世界的人，关注这个世界的事情，你在这个世界上取得成功，你就是在荣耀上帝，这个观念完全改变了。所以说可以拼命去工作，拼命去赚钱，拼命去做慈善，修公路、修铁路、修医院，做慈善事业，做公益事业，因为这些都是荣耀上帝的，这是一条，在精神上解除了束缚，新教伦理促进了资本主义的发展。第二个切切不要忘了，以为人人努力赚钱，这就是善，不是的，市场经济必须是有法律的，是有平等的，是有契约精神的，只有这样，才能保证市场经济朝着"善"的方向发展，因为每个人都想快点致富，先把别人的钱拿到自己的口袋，甚至杀了人也不怕。怎样使一个社会和谐往前走，大家都能够致富，但是又平安，每个人的生命财产才能得到保障呢？那就是地上的法律。如果搞市场经济忘记了法律，也忘记了心灵，那这个市场经济没法搞。

听众：今天两位博士谈这个话题，我想你们两位的两个名字就已经把儒家的人格理想反映出来了，一个是望喜，一个是映灵，就是我们读儒家的经典要望见欢喜和快乐，要映照出灵气和灵秀，我觉得这样才是。我的问题是：君子小人之辨，我觉得不需要辨，是因为我们用现在的眼光和理解去揣度孔子对君子和小人的定义，就像刚才两位老师说的，其实孔子的论语就是讲给官员听的，他要官员做君子，是君子之道，而小人是指的老百姓，所以这样我们就可以理解，"君子喻于义，小人喻于利"，这句话到现在仍然是适用的，官员们要讲规则要做好裁判，小人老百姓要去大胆赚钱养家。请两位博士回应一下我的话。

韩望喜：的确，先秦诸子都是讲治国之道，都是讲为政。儒释道其实都是讲为政、讲治国的，它并不是只是讲家庭的，但是家庭也囊括其中。所以无论佛家的，道家的，庄子或老子，甚至《论语》、《孟子》，很多时候其实都是君王在对话，所以基本上孔子要么就跟君王对话，要么就是跟他的学生来论道。但是我刚才说了，君子之德风，小人之德草，我们不能说君民之间完全没有交替。很多时候我们很多话确实是对君子说的，对统治者说的，不一定完全是对平民百姓说的。但是一个社会的倡导还是一致的，所以我们说佛法不是二是一。所以君王当然是要讲道德，讲仁义礼智信，讲君子之风，这是绝对没错的。孔夫子说的"举直错诸枉，能使枉者直"，就是把正直的人放在上面，坏的人放在下面，下面的人就做不了恶了，自然就变直了。反过来，如果把弯的放在上面，正直的放在下面，那社会全乱了，所以首先对官吏是很重要的。韩非子也讲了君王是治吏不治民的，纲举目张是要治那些官吏，由他们来以身作则。但是民众也是非常非常重要的，因为所有的官吏是从民众出来的，没有人一生下来就是做官的，都是由妈妈怀抱里的孩子一步一步教育出来的，所以你们给他正确的教诲是他成为君子大人的必要的条件，它是阶梯。也许他不一定要做到君王那么十全十美，但是正确的价值观、正确的教诲是非常必要的，不然会毁了一个孩子。

方映灵：补充一句，"君子喻于义，小人喻于利"，并不是分开地说义是君子的，利是小人的，所以我等百姓小民追求利就行了。假如现实中你要这样做的话，其实是把你自己放低，有点自甘堕落的意思了。因为一方面，儒家是提倡有教无类的，它希望人们可以通过教育和自己的努力改变自身的身份地位；另一方面，儒家也希望人们能够通过人文修养，提升个人自身的人格精神境界，从而体现人的尊贵性，彰显人的生命价值。所以，君子作为一种积极向上的理想追求，我想对于一个人、一个家庭乃至一个社会都是很有意义的。

听众：三位老师好，我的问题是：刚才韩老师讲到，儒家的人格理想是通过教育的方式，但是我们现在的社会是学习型社会，与传统社会的教育是区别很大的，我的问题是请三位老师谈谈儒家人格的教育和学习在新的社会如何来理解？

韩望喜：教与学、学与思都是在一起的，君子要学习，咱们很多时候是求诸己，古之学者为己，今之学者为人，为己不是说自私自利。古代的学人是为了提升自己，培养自己，灌溉自己，自己让自己成人，古之学者是为己，为己不是自私自利，是尽心尽力，是自己成为一个君子。今之学人是为人，就是说我学到一点东西我赶紧去吹，我学到多少了，我有很了不起的技能，学了一句聪明的话就恨不得天下之人都知道。其实教化和学习是一体的。颜氏家训里有个故事，那时候很多人学鲜卑语，学琵琶，颜之推觉得，学习圣贤才是正道。他举例说有一户人家，觉得自己家的儿子很聪明，说一聪明的话恨不得让十里八乡都知道，要说一句不怎么样的话，赶快捂着，不让人说。后来这个孩子因为言行无状、举止失措、言行粗野，被大将军周逖抽肠衅鼓，把他杀了，用他的血来祭战鼓。就是说家庭的教育培养是多么的重要。这本是一体的，是不能分开的。谢谢。

胡野秋：

我来回应一下，儒家的教化我觉得其实是有两方面，除了教育、书本、教化外，还有一个重要的东西，就是大自然，大自然是古人一个非常重要的老师，古人是到山水里面去悟的，去悟道。王阳明是52岁的时候辞职去悟道的，所以他成了心学的集大成者，为什么呢？王阳明本身是一个学养深厚的人，他官职也很高，做到了兵部尚书，就相当于现在的国防部长，他也没有时间天天去修身养性，怎么办？他必须回归大自然。所以中国古代的文化是融会贯通的，中国的国画也基本上是在自然山水之间，主题基本上是山川河流花鸟虫鱼，而西方画画总是聚焦在裸体上。中国的古人认为山水是我们最好的老师，而只有在山水之间，你的烦躁、焦虑才能够消失掉，在山水之间你的需求、欲望会变小，会变得从容、会变得安静。所以在这样的教化过程中，当下的我们可以这么做，第一多读儒家经典，第二多走进大自然，第三多听听讲座，尤其多来南书房行走，虽然多来不能保证你成为君子，但是你肯定是走在通往君子的路上。

谢谢两位博士，也谢谢今天所有到场的君子，谢谢。

深圳学人·南书房夜话第七期：
文化的对话（上）

——儒家与道家

景海峰　李大华　王立新（兼主持）

（2015年3月14日　19：00—21：00）

> **王立新：**

　　各位南书房热心的朋友大家晚上好，南书房夜话又开始了，中国有一电视台节目叫"中国好声音"，我们深圳有"南书房夜话"，是深圳的好声音，好声音不仅得有好音质，而且还得有好内容。我们今天晚上的内容非常好，是关于中国传统儒家和道家的比较宽阔的话题，在我身边坐的都是名儒高道。在我正式宣布今天晚上夜话对话开始之前，我想问一下观众朋友们，这里面谁是一直坚持听南书房夜话的热心者？就是说每一期都来参加了，有没有这样的朋友？（有）有没有是第一次新来的？很多新人。我先问大家一个基本问题，因为我们今天要谈论的是儒家和道家，各位来到今天的现场，是不是已经在心里面对道家和儒家有了一个大致的感觉或把握？你认为什么是道家？什么是儒家？哪位朋友勇敢地先说一下好不好？要不然我下来点一下，你为什么参加这个节目？就这位朋友，你说你是新来的，你说说，你感觉什么是道家？什么是儒家？

　　听众：我感觉儒家是入世的哲学，道家是出世的哲学。儒家追究的是成功，道家追求的看起来是不成功，实际上是顺其自然的成功。我觉得儒家太实际了、太功用了、太短视了，道家可能太超脱了，但是它对心灵有好处。谢谢。

王立新：

你必须得把这个话筒给我了，你要再说下去，我们今天的话语权就被你夺了，你说得真好。看来在座的朋友们，以这位朋友为代表的对于儒家和道家都是有相当的思考和感觉的。坐在我身边的这位是深圳大学文学院的院长、中国哲学界著名的景海峰教授，他是长期研究中国儒家的。我这个问题，是首先留给他一个问题，就是简单说一下什么叫儒家。接着这位是深圳大学文学院的教授、宗教研究所的所长，长期从事道家和道教研究的李大华教授。我说我身边有名儒和高道，大家掌声欢迎他们。这都是我们深圳大学的思想和文化的金刚。我作为一个主持人和调停人，根据刚才那位朋友的说法和我起初的发问，先请两位教授简明扼要地说一下什么是儒家？什么是道家？首先有请景海峰教授。

景海峰：什么是儒家？这是一个很大的问题。因为不管是对儒家一般的了解，还是专门来研究儒家，要对什么是儒家做一个概括，实际上是很难的事情。因为儒家如果从孔子开始算起，已经有2500年的历史了，这么漫长的一个时段，它有很多人物、很多思想，有着非常丰富的内容，所以要用简单的几句话来概括儒家的话，难乎其难。所以刚才这位朋友讲"儒家是入世的"，这也只是一个说法。可能对一般人的观感来讲，讲到儒家的时候，肯定是跟社会、跟家庭、跟个人的身心修养等问题都有关联。我的理解是，儒家作为中国文化几千年历史中积累下来的主干思想系统，实际上就是我们中国人整个的一种生活样态。我们的家、国、天下，由小的范围到大的话题，可能都跟儒家有关系。所以今天所谓的国学热，实际上里面的很多话题大概都牵扯到儒家。如果从大的框架来讲，"四书"里的《大学》讲"修齐治平"，"三纲领""八条目"，这大概就是从总体上给儒家定的范围，也就是从正心、诚意开始，到格物、致知，然后修身、齐家，一直到治国、平天下，这些内容都属于儒家的应有之义。另外一个理解是，儒家大致包括了三个方面的问题，第一个层面就是从政治或社会治理方面，即刚才这位朋友讲的"入世"的问题，因为儒家不光是一套学说，它实际上是我们这样一个国家在漫长的历史过程中所形成的一套治国理念和方式，所以从政治层面来理解，很多社会现实的问题都是和儒家连在一起的。第二个层面大概就是一些思想，也就是学术的层面，从孔子《论语》开始提出的那些观念和问题，一直到宋明时代的理学，从朱熹、王阳明，到近代、当代的一些大儒，他们提出的很多思想观念，这个层面也是我们今天研究中国思想的一些主要内容。第三个层面，我理解的就是日常生活里面的东西，从人们的行为举止，我们每个人的具体想法，日常生活里怎么做人，很多的行为准则、立身处世的一些标准，或者日常生活状态里所呈现出来的观念习俗，这个东西应该是儒家非常重要的内容。所以从这三个大的范围来看，儒家可以说是我们中国人的精神世界，是我们的思想观念，也包括我们的行为方式，即一些标准和要求，大概这就是儒家。

王立新：

我今天作为主持人，我要串讲，我不光主持，而且也要发言。根据景海峰教授和刚才这位朋友的说法，如果有人问我什么是儒家的话，因为景海峰教授说得比较全面，我会简单地说：第一，儒家是生活；第二，儒家是文化；第三，儒家是思想；第四，儒家是理想。那么儒家是一种什么生活呢？就是包括政治生活、社会生活、家庭生活，我们都以儒家的那种在历史上定性并传承下来的一种方式或者崇尚的那种价值感在生活。儒家怎么是一种文化呢？就是说它铸造了整个中国人的生活世界和全部生活的氛围。不管你同不同意，你说道家高也好，儒家太世俗也好，儒家太功利也好，像刚才那位朋友说的，但我们都生活在儒家的文化氛围之中，谁都逃不掉，我们现在的交往方式都是儒家的。第三，我说儒家是一种思想，这三个方面景海峰教授刚才都说了，我只是重复一下，因为儒家是一套思想，是一套治世的思想，是一套修身的思想，是一套理论和实践相结合的思想。还有就是儒家是一种理想，儒家是一种救世的理想，放弃了这种救世的理想的话，儒家未来的前景就没有那么强的感召力了，儒家就没有那么高远的目标了。我这个补充不知道是不是合理，景海峰教授一会儿可以进一步说明。下面有请李大华教授简单给大家说一下他心目中的道家。

李大华：各位大家好。道家和儒家，刚才景海峰教授说的儒家学问很大，很难界定。道家的学问也很大，也不好界定。但这是在中国文化传统当中，我们过去讲儒释道三家三足鼎立，支撑起整个中国文化。而佛家是外来的，从中国文化产生的就是儒家和道家，这两派其实要界定自己可能都要借助于对方。比如说要界定儒家，就要以道家作为参照；界定道家，就要借助于儒家作为参照，所以它们两个都有很多相同的地方，也有很多不同的地方。我们这么来说可能更明白一点。从两个相同的地方来说，其实都是要追求道。大家看过最近拍摄的关于孔子的电影，有一个戏剧性的场面，就是孔子去见老子，去求道，最后孔子出来说您的道是很高，但是还不是我追求的道，我的道在人间社会，这大概可以表示老子之道和孔子之道的区别。道家的学说当然是以追求道作为崇高的目的的，儒家也是这样，孔子讲"朝闻道夕死可矣"，就是一生都在求道，但是两个道还是有所不同的。从两个相同的地方来说，儒家和道家都是文化上的保守主义者，都是崇尚过往的价值，比如说，儒家比较崇尚商周时期的价值观念，道家也是很崇尚古始，就是很古的时候，如大家所知道的"小国寡民"的世界。这是道家和儒家相同的地方。此外，道家和儒家也共同坚守着自己的一些文化上的认知和价值。比如说，儒家是讲究"尊尊、亲亲"，而道家也讲究"天地君亲师"，这一套伦理都是强调了对自己文化传统的认同。这大概就是两个比较明显的相同。不同的地方，可以随便说几条，因为儒家和道家有很多相同的地方，但也有很多不同的地方，如果都相同，就没有存在的价值了。道家相对儒家来说，它强调自然性，儒家更强调社会性。虽然道家也有自己的政治理想，但是它是通过一种自然的形式、超越的形式来实现它的社会政治理想；而儒家更强调社会制度、政治的安排，强调社会的担当、强调社会的责任，这是儒家和道家明显的不同之处。从个人修养方面，道家更加追求个人的自由与自在，儒家更强调在家庭社会中自己的社会角色。在道德方面，我们都知道"仁义礼智信"是传统儒家很经典的五个价值，那么道家也有自己的道德规范，它的规范大家可能不是很熟悉，这就是因为儒家长期处于在朝的状态，道家处于在野的状态，我说的是历史，现在的儒家和道家都在野，我们都是在野者。那么这两派相对来说，儒家过去都在朝，所以它对国家社会的制度安排更关心一点，在伦理方面、道德方面，儒家强调仁义礼智信，而道家强调宽容、公平，这是道家的道德价值观，"容乃公，公乃王，王乃天，天乃道"，庄子又讲究"在宥"，"在"就是自在，"宥"就是宽宥。讲究公平，讲究宽容，这是道家的价值。总之在这个方面它们有很多的不同，这是两个历史上的关系，可以不恰当地叫"兄弟关系"，长期共存，荣辱与共。

王立新：

　　李大华教授是以儒家为参照在讲道家。任何一个事物都有参照，说你是个男人，是因为参照女人说的。李大华教授刚才把道家的核心精神价值及与儒家相同和不同点说得很简明扼要，我个人感觉，他讲得比较到位。他说是因为儒家的比照才有道家，两家的价值体系有所不同。关于这方面，儒家学者有没有更进一步的想法？道家认为儒家和道家的关系，在儒家看来是不是这样？儒家和道家到底有什么相同点和不同点，还有没有其他的东西需要进一步深入说明呢？有请景海峰教授。

　　景海峰：我接着李大华教授的话讲。他刚才从对儒、道的比较入手，这是一个经常用的方式，就是"儒道互补"。在中华文明这样一个多元的文化格局中，对我们中国人的精神世界、对我们的人生观影响最大的莫过于儒道二家。从20世纪80年代的文化大讨论，到90年代的国学热，儒道互补说是一个非常流行的观念。如果从中国传统文化的渊源来讲，就是阴和阳这两种意象，儒家好像更可以用所谓"阳"的意象去理解和概括，包括它的入世精神、刚健有为，以及它的人生价值，对君子气度的要求；而道家则好像喜讲阴柔。这个在文化界和学术界讨论的很多，从思想学说的精神气质来理解，好像是一个近"阳"的、一个近"阴"的。当然这个概括不一定完全准确，实际上在儒家里面，也可能有"阴阳"这两个方面，道家里面也可能有"阴"和"阳"的两种气质。但如果从主流的形态来讲，从所谓的对比性来着眼，或者要给它们做一个区别的话，大概就是阴阳互补，或者说"刚强"和"柔弱"这两个意象是容易被大家所理解和接受的。这就说到了所谓"阴阳互补"的问题，或者说中国文化的主流问题。刚才李教授讲，儒家在历史上大部分在朝，道家在野，如果要从社会现实来讲，可能道家在形象上更为个体化一些。或者说道家对生命的理解和把握，以及所采取的人生态度，相对来讲，跟社会的结构问题，比如说家庭、族群、团体等，可能要疏远一些，或者说它和社会性的问题缠绕要少一些。所以我们看道家里面的很多人物都是特立独行的，他们不受这些世俗东西的羁绊，比较自由，比较放浪和逍遥，这也是道家精神在我们日常的记忆里所形成的一个大致的形象。而儒家好像是讲入世的，需要扮演很多的角色，而且这些角色都是世俗性的，也就是要体现在具体的社会情景当中。比如说在家庭里面，作为一个角色，你是父亲还是母亲，是儿子还是女儿，在这样一个亲族的关系之中，每一个人都是具体的，你不可能把这些东西弃之不顾，只说我自己怎么怎么样，实际上每个人都是在一个环节当中，在一个社会关系的网络当中，只有这样才能给自己的价值来定位，这可能跟道家对个体生命的意义的理解就很不一样。另外，如果从中国历史的环节来看，儒家可能承担了更多的世俗的功能和价值，就是所谓的"修身、齐家、治国、平天下"，很多操心的活都是儒家在干，它的负荷非常重，所受到的社会制约性也很强。而道家就显得比较飘逸，可以站在一边不去管这些东西，甚至有意要跟它划开界限，可以站到另外一个角度对世俗的东西"指手画脚"，有一种清醒的批判意识，往往可以对这些东西从反面的角度给予一些检讨和批判。

我们讲这两个形象和这两种精神，恰恰是一个文明形态健康发展所不可缺少的。就像我们很浅近地理解，每个人在他整个的生命历程中，一方面不能永远处在一个超脱的状态，你活在这个世界上，总要去做事，总要去打拼，总要对不管是小的范围还是大的范围的其他的人有所贡献，或者有个交代。因为你活在这个世界上，不只是有你一个人，在这个承担里面，一定有很多世俗的、伦常的要求。这些问题在儒家思想里面，从孔子开始，就在不断地思考，并且提出了很多规范性的要求，就是怎样去做人，怎样做一个有利于他人、有利于社会的人，教人怎么去做一个好人，这可以说是儒家的一个根本精神。之后在发展的过程中，又衍生出了各种社会结构的东西，从家、国到整个社会的治理，这都是从儒家对个体生命的责任和要求自然延伸出来的东西，所以它有必然性。这对一个民族的文化形态当然是很重要的，文化要繁衍，社会要维持向前发展，必须要有这种精神来支撑，所以儒家是中华文明或中国文化的主干。但在这个世俗的状态下，是不是光"埋头拉车"、光做这些事，生命就有完整的意义呢？也不是，这就需要有一个"跳出来"的精神，就是要有一个从这种状态里把自己拔举出来的另外的一只慧眼、另外的一只手，就是要有一种自我反省和自我批判的精神，这种精神对于一个文明的健康成长，也是非常重要的。而这种精神的一个很重要的代表，在中国的文明传统里面，就是道家所扮演的角色。从老子开始，他就是一种"冷眼向洋"的人生态度，跟后来儒家过分地纠缠于世俗当中的形态是不一样的，他眼中的儒家是如在胶漆盆中。如果是过分世俗、功利的那种形态，对一个文明来讲是不理想的状态，对每个生命来讲也是一个不理想的状态。所以道家的这种角色，也是非常重要的。但道家的意识里面，也可能包含了走向极端的东西，亦如儒家本来是入世的，这很好，但有时可能过分功利化，成为纯世俗的形态，丧失了精神的向度，道家如果只是冷眼旁观、只是超然出世的态度，也可能会造成另外的一种偏向。所以儒家和道家这两种精神气度，在整个中国文化发展的历史长河中，有一个互相矫正或互相提醒的意义在里面。包括历史上的儒家人物批判道家，或道家人物批判儒家，这些内容，我觉得就有把两种精神很好融合起来的意味。这才保证了中国文化在2000多年的发展过程中，有一个自我修补和自我调节的机制，我大概是这样来理解的。

李大华：我也不等主持人再叫说话了，我接着景海峰教授的话题往下说。景教授其实立场在儒家，但是给道家说了很多好话。这个是必然的，因为这两者关系就是如此，作为道家的会敬仰儒家，作为儒家的也会敬仰道家，这是一样的。刚才景教授也说到了儒家对社会制度的担当和它的缺陷，那么道家也有它的长处和短处，从道家的立场来说，道家是比较注重对社会的批判；儒家呢，因为它长期在朝，就像现在的公务员不能批评领导一样，它总是强调忠、孝，但是它的批判精神就相对弱一点，长期就只是认同，缺乏批判精神，而历史上的批判往往是由道家担当这个角色，因为它长期不在朝，没有官爵，所以它敢说，所以长期以来就形成儒道互补的传统。如果在朝的总没有人指出它的毛病的话，那他一定会犯大的错误。所以一定得有这个对子，对里面有一个在野的批判他，这是道家在历史上的责任。其次，在人与自然的关系问题上，我刚才讲了，儒家强调社会性，道家强调自然性，这个自然性在我们当今社会显得尤为重要，就是我们人与自然的关系，道家强调的是我们对自然要有一种敬畏的精神，要敬畏自然，这一点就是说，虽然我们传统文化都是讲天人合一，但怎么个合法，这还是个问题。比如说儒家比较强调"尽人事以待天命"，强调"人定胜天"，而道家恰恰强调的是我们对天地要敬畏，而这个"敬畏"意味着什么呢？虽然我很喜欢自然，但是如果我对自然没有敬畏，就如同夫妻两个，我爱得要死，爱到最后可能会变成暴力，但如果在爱的前提下，还有另外一种精神，就是平衡与敬畏，那就不一样了，所以夫妻之间要长久，需要有一点平衡和敬畏精神，这是道家所强调的。再次，从审美关系上看，儒家比较强调"善"这一面，而道家强调"真"这一面。所以做事情，道家的人都是比较直率的，看起来比较放浪的，但是很真实；而在朝的可能因为经常说一些自己不愿意说的话，不敢公开批评领导，时间久了在性格上可能会有一点问题，这就是道家在这个方面的区别。最后，在个人生活方面，我们简单地用庄子的说法，儒家是比较强调恩情关系，强调父母、子女、亲族以及对他人的一种亲情关系，而道家强调淡然一点、自由一点，强调人的平等性。用庄子的话来说，儒家是比较倾向于相濡以沫，而道家是强调相忘于江湖。这可能正好是一个对子，我们个人生活，我想应该是这样比较好一点。对儒家来说，需要提得起，更需要放得下。而对道家来说，既要放得下，也需要能够提得起。这就是它们一个真实的关系。

王立新：

两位教授谈得真深刻。今天南书房夜话是我参加的这几次中问题谈得最深刻的。从景教授开始，把儒家和道家的详细关系阐述得那么深刻，体会得那么精微，演说得那么具体。李大华教授又做了更进一步的具有审美意义的阐释。我平常跟他们做同事，很少听见他们这么侃侃而谈，所以今天我很高兴，我想继续听他们长谈下去。我跟大家一样，都会因此而受益。

景海峰： 刚才讲的在朝、在野观点，我不同意这么一个简单的说法。从中国历史来看，尤其是汉武帝"罢黜百家，独尊儒术"之后，好像一般治国是以儒家的纲常作为它的准则的，汉以后的整个帝制、整个的官僚系统都是入世的，包括隋唐以后的科举考试，考的都是儒家的经典，所以给人的感觉，好像讲儒家，肯定就是所谓在朝的，实际上我觉得这个理解不全面。对"在朝"怎么看？当然这一块，刚才我讲儒家的三个面相里面这是很重要的，因为你要入世、你要做事、你要完成"治国平天下"的理想，需要用现实的一些方式和手段来达到儒家的这个理想。但实际上，儒家也不仅仅是这一个面相，它包括了刚才我们一直在讲的批判精神，这种自省的精神、自我反省的能力，实际上儒家一点都不缺乏。尤其是宋明以后，我们看儒学的大师，他们有很多自省和批判的精神，这不一定完全是从道家的那个本源来的，实际上在它那个文化系统里面，就有自己产生的机制。这种机制在汉朝作为一种国家意识形态之前的那个儒家，不管是孔子的思想还是孟子的思想，实际上都已经有了这个因素，只不过后来作为一种治国方式把它的那个面相放大了，而批判的这个面相在专制的格局下可能被压抑或被掩盖掉了。但到了宋以后，我们看"士大夫"的那种精神，包括我们今天常常歌颂的历史上的一些有气节的人物，那个表现应该是儒家的精神，而不一定是刚才我们一直在讲的道家的那种批判性。这种精神是从儒学的内部产生的，就是孟子所讲的"大丈夫"精神，"富贵不能淫，威武不能屈，贫贱不能移"，那种气度实际上是儒学里面本身也有的东西。

刚才我们的话语是"儒道友好"，就是比较强调它们的互补性，相互地肯定。但从另一个侧面，我们看整个中国文化里面，为什么后来有很多学者不同意所谓的"儒道互补说"？因为讲"儒道互补"如果讲得太过，也是有问题的，就好像中国文化是在儒道各占 50% 的格局中走过来的。实际上，我们还是要强调儒家的主流地位或者主干的意义。为什么？因为在整个中华文明发展的历程中，儒家的主导性，以及它的主流价值，对中国人生命世界的影响是其他学派所无法比拟的。道家固然重要，但在根本点上，我们说中国人的立身处世、他的做人原则、他的行事方式，基本上还是按照儒家思想来做的，这个观念，在历史上儒学独尊的时代是没有问题的，就是一直到今天，我们在讨论哪一个思想对中国人的影响更大些，往往还是强调儒家是主干的东西。所以一方面我们讲儒道的互相借鉴和互补的问题，但也不是说平分秋色，各占50%，不是这个意思。我们还是强调中国人的立身处世，从整个的环境、接受的教育、观念世界，以及整个的社会结构，能有一个比较合理的安排和发展，儒家还是起着主导性的作用，这是我要特别强调的。

王立新：

我接两句，大华教授先不用着急，虽然他没有给你50%，您等会儿再说。我是觉得刚才两位教授的话语，给我的启发不小。以我自己所从事的教学和研究的内容来看，我是讲《论语》的、讲孔子的。我感觉孔子所从事的教育的伟大意义，其中有一条就是培养了很多在野的知识分子。虽然他们不参政，但是正因为他们在野，所以可以眼睛盯住政治家的毛病，不断攻击他们、矫正他们，给皇帝上书，给大臣上书，指摘皇帝，斥责宰相和大臣。他们是有批判精神的，并且都付诸行动了。所以我非常同意景海峰教授"儒家并不缺乏批判精神"的说法。儒家真的不缺乏这种自觉性和独立性，也不缺乏自我反思和批判社会的能力。但是有一点，我在反省，儒家所谓的批判，多半还是在自己固有的体系内的批判。而道家对于儒家和中国传统政治的批判，是站在场外的批判。它没有在体系内，所以批判的目标更高，批判的力度更大，批判的意义更加不容忽视。就算很多儒家学者，不做官，不在政治体系和统治集团或领导体系之内，可他们的思想，也没有游离在这一套统治的理想和统治的方略之外。所以总的来说，它还是在体系内对体系进行批判。而道家的批判，是将儒家的所谓治世理想连根带梢都给舍弃了。老子说的"我无欲而民自朴，我无为而民自正"，你不用搞这一套政治建筑，你搞这么一套东西，你以为你搞得好，你越搞，天下越坏、越乱。老子是这样的一套想法。这是我个人的感觉，就是儒家和道家的批判，是一个在体系之内批判，一个在体系之外批判，至少我有这样的感觉。

当然李大华教授说了,从前我们儒者都是在朝,咱们也没有赶上那个机会,没有在过朝,也没有在过野,因为咱们要想在田野中建个书院,没有官批也做不到。我们今天在书房,就说书房的话。有关于景海峰教授刚才的这一套说法,从中国的历史角度来看,儒家确实在对中国社会生活和一直延续下来的政治、文化、生活等方面,比道家的作用和效果要大,这点我是同意的。对于景海峰教授不想给道家50%的天地和江山,不知道大华教授对此有没有什么感想或者愤慨?

李大华:这是一个观念,当然我不反对景教授的观念和说法。就我个人来说,我也许能够代表一个道家的观念,我有三个原则,不省钱、不省油、不占地。"不占地"就是不占地方,道家就是个不占地方的,它压根就没有想到去占那个50%的地方。当然,在中国我说这些没有任何否定儒家对中国文化的巨大影响的意思,这个是不用多说的。从两个学派创始以来,就是各有所侧重的,因为儒家比较注重教育,就是学在民间,我们的教育传统是孔子开辟出来的,原来学在官方,从他那里下移到民间,老百姓都可以读书,有教无类,这是孔子开创的,可见这个教育的影响多大。再一个,"伦理",就是"亲亲尊尊、父父子子",这个东西对每个家庭的影响多大是不用说的。而道家的老子、庄子,比较的哲学,它是比较纯粹形而上的,我当然不是说孔子、孟子没有形而上,但老子和庄子是更纯粹的一个形而上,所以形而上就是更哲学。就像现在学哲学的人少于学经济学的一样,道家和儒家的关系可能就是这样,我们自然说经济学重要,但是我们不敢说哲学不重要,所以这个是没有结果的。

景海峰:我也一直在想这个问题,就是儒家的角色是什么?道家的角色是什么?还有为什么刚才要强调儒家在整个中华文明的发展历史当中,是其他的思想或学派没有办法来比的,或者是无法来取代的?我想来想去,可能还是要回到先秦诸子百家的那个时代,因为按照司马迁和他的父亲司马谈讲的"六家要旨",当时就是儒、墨、名、法、道、阴阳六派,到了两汉之交的时候,刘向、刘歆父子又讲"九流十家",这大概就是后人对中华文明在早期的形态,诸子百家纷起之时格局的一个总结。大概意思就是，当时他们的世界观、人生观、价值观是不同的，看法和理解不一样，每一派都有自己的一套。那为什么后来儒家成了中国文化的一个主流的东西，除了道家一直绵延不绝，跟儒家还能构成一种抗衡的力量，而其他的那些学派，后来都没有了，墨家、名家没有了，阴阳家基本上也没有一个独立的形态了，法家也是若有若无，中间有时候会有法家思想的抬头，但总体上好像只剩下儒、道这两个流派，道理何在？我想很重要的原因，就是儒家不光是春秋战国时代的一个学派，它实际上是远古文明的延续。我们看孔子的形象和他的历史角色，就是整理历史上的这些文献，讲"周监于二代，郁郁乎文哉！吾从周"，他的一个身份和目标，就是要继承周礼，而周礼相当于是孔子之前2000多年中国远古文化的一个结晶。我们现在讲华夏文明5000年的历史，是从炎、黄讲起，但真正的文献或思想观念系统是从春秋战国开始的，也就是说，孔子在他的时代不是白手起家的，他是把之前的中国文化那2000多年积累下来的文明成果给做了一个清理，通过私人教学或典籍整理方式，把历史的成果做了一个收集和重新集结，然后这个东西又接着往下传，后面又是2000多年。所以我们从这个意义和角度来理解儒家，可能它就不只是一个学派的问题，或者是可以跟道家平行的学派。当然在历史上，孔、老之辨也是一个大的话题，魏晋的时候，当时有些玄学家就争论是老子高明还是孔子高明，这在当时成为一个话题。后来在这两个学派的发展历史上，它一直是一个话题，就是到底谁高明些，是老子高明还是孔子高明。在汉代的时候，不管是《史记》的文字，还是当时的一些石刻，里面都有孔子向老子问礼的记载。后来这个话题，在中国学术史上、在儒学史上，都有很多的论辩，到现在仍然是人们研究的话题。所以我想它不是一个年代的问题，也不是说可以简单用一个高下来比较的问题，还是要从整个中华文明的形态，从这个文明的发祥，到后来几千年的积累，以至到春秋战国时代的诸子百家是怎么来继承的，后来又做了哪些新的诠释、新的创造，然后影响到后续2000多年中国文化的发展。只有在整个大的脉络里面，儒家的重要性，或者说我们为什么要强调它是中国文化的主流，这个意义才能够确立起来。大概就是这么个意思。

李大华：对主持人前面的说法点个赞。刚才景教授谈到儒家在历史长河中并不缺少自我批判的意识，也不缺少批判式的人物，历史上是这样的，但是有一个问题，刚才王教授谈到的也是这样，就是儒学的批评是以认同为前提的。近代有两个人物，一个是康有为，一个是廖季平，其中廖季平说的话很有意思，因为他爱开拓创新，儒家要开拓新的生面、新的天地出来，他就讲"我所讲的每一句话都是新的"，古人没有讲过，圣人没有讲过。但是有人说，"他讲的每一句话都是没有不符合古人的"，就是说他讲的每句话都是符合过去圣人讲的话，所以这种批判是在体制内的批判，这也是西方学者对中国学者的一个反省，就是为什么它的批判精神很强，但是它还是强调对历史是以认同作为前提的，所以中国从传统的社会形态走不出来。当然我们不是说把这个东西只归结为儒者的责任，是共同的所有的中国人没有从传统的形态里面走出来，这是一个历史的问题。关于老子和庄子，景教授谈到这个问题，最近北大有一个叫"李零"的人写了一本书，叫《老子天下第一》。我还有一个朋友写了一本叫《半部老子治天下》，反正这两个人的观点就是老子都是天下第一，但是我看孔子也是天下第一，两个并列第一可不可以呢？都是第一。

景海峰：实际上李零的这个话题是炒冷饭了，因为我们都知道胡适，就是写《中国哲学史大纲》（卷上）的，他1917年从美国回来以后，在北大讲中国哲学史，胡适之前讲中国哲学史是按中国传统的四部"经史子集"的讲法，而胡适是用西方学科的讲法。在胡适之前，北大的那些老先生讲中国文化、讲中国学问都是从炎黄讲起，一直讲到周公，是这么一个讲法。而胡适的《中国哲学史大纲》是将前面的内容全部都砍掉，他从谁讲起？是从老子讲起，当时胡适实际上已经这么做了，他认为老子是中国思想的开端，是哲学的鼻祖，所以他的《中国哲学史大纲》第一个中国哲学家不是孔子，而是老子。为什么我们现在一般都不这么讲？后来到30年代，冯友兰先生在清华大学开中国哲学史课，他又写书，就是从孔子讲起。胡适60年代在台湾的时候，他对这个问题有一个反思，他说当时我觉得应该是从史料出发，因为过去孔子好像从年份、从当时的记载，都要比老子年轻，老子年长些，所以应该是老子在前，孔子在后，这是理所当然的。但是他说，我多吃了几斗米后，现在才领悟到这个道理，就是为什么中国人要先讲孔子，他说这不是一个历史考证的问题。因为 2500 年前，谁在前，谁在后，它实际上是后来的一个历史需要和一种塑造，因为只有先讲孔子，才能把中国文化的整个系统说清楚。你光从老子入手，你只是讲一个哲学观念的问题，只是讲一个年代考证的问题，整个文化形态的很多关节和脉络还是讲不清楚，所以必须要以孔子作为一个历史节点的开头。这是胡适本人的一个反省，他在 60 年代的时候就意识到了这个问题。因为他在写《中国哲学史大纲》的时候只有 20 多岁，完全是年轻人的那种想法。后来他体会到了中国文化的深意之后，再来反省为什么后来人们都要从孔子讲起。包括一直到今天，我们写中国哲学史，没有谁不是从孔子讲起。不管是现代学术的一种叙述方式，还是过去历史上人们的一种理解，都是要从孔子讲起。所以现在李零讲的这个新方式，只是把历史的老话题又拿了出来，如果没有更有说服力的东西，没有比胡适的认识更进一步的东西，可能过些年后又烟消云散了，又没有人会从老子第一的说法来理解中国文化。

王立新：

是老子天下第一，还是孔子天下第一，这个无所谓，不是今天的主话题。讲儒家和道家对中国文化的铸造，对塑造中国人的心态，影响中国人的生活等，才是我们今天的主要话语。李大华教授既然给我点赞，我也来赞扬一下李大华教授。大华教授刚才对于道家在中国人的家庭生活中的作用的描述，我觉得是非常到位的。比如，道家给予了我们有一点逍遥的精神。我很赞成这点。景教授刚才说的总得有人担当，事情总得有人做。没人干活，我们怎么生活？我忽然想到，在每一个中国的家庭中，是不是夫人像是儒家，老公却像道家？家里的活，全部是女同志干的，男同胞们都出去找朋友吹牛，都吹到南书房夜话里来了。可女同胞们还都在家里干活。谁重要呢？因为出去吹，所以把思想、理想和目标都吹出去了，从而能够影响社会大众，对社会有贡献。在家怎么擦，都是那块地板。如果这样比喻的话，道家实际上在提升中国人的精神的高致这方面确实起到了重要作用。当然我举的这个例子也许并不很恰当。我也不想讲家庭中的责任问题，我要说的话语主要在下面。就是儒家给我们一种责任的意识，它告诉你：这个世界要延续下去，我们世代代要生存下去，国家和民族要存在下去，就必须得有人实干，你必须得担当，你必须得负责，你受了多少委屈、吃了多少苦头，你都必须忍受着。就像我们当家长对待孩子一样。而道家没有想到这些，或者说可以甩掉这些。它想我不是什么链条上的一个环节，你不要非得把我塞在那上面，好像我离开什么链条我就没意义了。我是独立自由的个体生命，我的自由、尊严和幸福，可能比你把我安排到哪个机器上面去当螺丝钉都重要。所以道家为人提供了一个精神自由的清醒剂，它提示人们，你有一个个体的生命，你是一个独立存在的个体。而儒家强调你是历史的一分子，你要承担起这份历史的责任。至少在形式上讲，我们觉得是这样。当然，儒家到了一定的时候，景海峰教授也说了，沉闷久了之后也要从事务中跳出来。否则的话，人就会淹死在里面，会被世俗事务彻底闷死的那种只知做事的像蚂蚁一样的存在。我说的世俗的事务，包括很多女同胞老在家里擦地，包括我们今天南书房夜话，也包括日常的政治、经济、军事、文化、教育和生活事务，也包括我们几个人在这里谈话，我在这里做主持。以道家的眼光来看，这些都是一些世俗的事务。从这些世俗的事务中超拔出来，需要一些外在力量的帮衬。刚才景海峰教授也说了，最重要的一个是有道家。就我个人而论，如果我要是写东西累了，或者是被什么事情搅得很心烦的时候，我希望一个人走到没人的小山林子里面去。边走边背诵庄子，"北冥有鱼，其名为鲲"。这样心里就舒服了，精神就舒爽了，就感觉自己有一种短暂的解放感。所以，道家真的可以给人精神松绑，让人觉得生命不再总是被捆绑。好像我们是一头驴一样，拴在桩子上，蒙住眼睛，只管拉磨就行了。儒家所强调的责任，对个体生命来讲，确实比较沉重。我的话语没有指斥儒家和道家，我是在谈个人生命中的体会。为什么说出这番话语？因为我觉得今天的两位教授谈得太深入了，深入骨髓，发人深省。所以今天参加南书房夜话的各位现场朋友们是很幸运的。

景海峰：我再补充一下。我也赞成从现代的视角对道家精神性的定位，或者凸显那个层面的意义。因为这个意义在西方文化、西方哲学传入中国之前，中国人看得不是太清楚，包括过去一些大儒排斥佛老、批评道家的时候，可能也没有意识到那么深，这实际是在不同的文明之间和不同的文化比照下，才开始意识到世界上还山外有山、天外有天，还有另外的视角。为什么这么说呢？严复是近代启蒙思想家，他本来也是科举考试出身，应该是儒家的状态，后来到英国留学，回来后讲进化论，尽管是西方价值的启蒙者和倡导者，但到晚年的生活状态实际还是一个儒者。但他对道家的理解就多了一份以前的士大夫所没有的眼界，他评点《老子》《庄子》，有些观念在历史上是没有的，他是在用西方的文化启发来重新理解道家和老子、庄子的意义和价值。所以刚才李教授也讲了，精神的向度，这确实是从中西文化交流之后，中国人才有的一种新的理解。在很长一段时间，从黑格尔那个时代开始，包括后来的一些西方大哲，他们看中国文化的时候，认为只有老子的思想才够哲学的标准，就是强调哲学或精神的向度，因为老子讲了一些很抽象、很玄思的东西，表现了跟现实的具象的东西可以剥离开的思辨方式。这在中西比较中非常明显，西方的那个东西是非常发达的，但东方文化、中国的传统中缺乏这种东西，所以他们觉得老子够意思，有这个味道，才对道家有很大的兴趣。近代以来，西方的很多人对道家思想特别有兴趣，觉得这个东西有哲学的高度，所以一直到 20 世纪，西方人在精神世界发生一些问题、出现一些毛病的时候，他们自我反省，比如说存在主义，像萨特这些人，他们在第二次世界大战后对西方文化的反省和批评，也自然想到了道家的一些东西，对道家思想情有独钟，很多现实社会的批判性，是从道家里面吸收养分的。所以我认为，如果我们按照现代学术的分科或按照西方的理解，中国的文化形态，不管是儒家还是道家，这个面相就是哲学性、超越性、超拔性，就是可以跳出现实，用一种更高的思考方式来理解现实，这在中国文化里面确实是非常有价值的，尤其是对中国文化的现代性转化，可以说是非常重要的一个资源。

李大华：接着这个话题往下说。历史上有一个人物可能各位都比较熟悉，叫"韩愈"，唐朝的韩愈，这个人是很有担当精神的，在儒家里面也是很有批判意识的一个学者。这个人我们也很敬仰他，但是这个人有一点不好，就是40岁刚出头的时候，牙齿掉得差不多了，头发都花白了，这是他自己的文章里写的，我想可能是担当太沉重了，担当是没有错的，如何从里面超越出来，能不能放得下，有可能他就是放不下来，如果放下来以后，真正把他放到广东以后他干得好了，他头发也不再白了，牙齿也不再掉了，可能就是这个原因。这也就是说可能道家在精神方面确实对个人有更多的一些帮助，儒家在社会生活层面有注重现实的安排，责任心和担当更大一些。话说到这个分儿上，我们还能分得出天地儒家占多少，道家占多少吗？我是分不出来了。

王立新：

说得非常好，我插几句，我最近这一段时间，一直驻心于宋太祖的写作。刚写到宋太祖见了两个高人的事情。这两个人一个是道士，一个是处士。说宋太祖在河北定州见到一位高道，这个人叫"苏澄"，苏轼的"苏"，清明澄澈的"澄"。这个人很有名，80多岁的一个老道了，原来的那些割据君王都想请他去，听说他很懂养生，让他去教给自己怎么样保护生命，延长寿命。人家都不去。宋太祖来了，到他家去看他，说我在东京汴梁建了一个道观，请你当住持。人家说大城市很嘈杂，不便于贫道修炼，就这么给挡回去了。宋太祖又来看他，说你养生这么好，80多岁长个娃娃脸，你有什么养生的妙方，可不可以教给朕？苏澄说："我作为一个平民百姓，养生很简单，不过精思、练气而已。但是帝王的养生，跟我们普通人的养生不一样。帝王的养生应该怎么养呢，老子说的，就是我刚才讲的那句话，叫'我无欲而民自朴，我无为而民自化'。"宋太祖很感动，给了他很厚重的奖赏。人家这位，是真高道。不依附权贵，不借机攀缘，然后告诉你不要对很多事情太较真，以免粘连不开，自己超拔不出来不说，最后事情恐怕也未必真正解决得了。这是一位道士。宋太祖还召见了一位处士，是个儒家，专门研究《周易》的。同时身上也有些道家气。宋太祖听说他远近闻名，是个大善人，就专门召见他，让他为治理国家和个人修身养性提点建议。他送给宋太祖一句话："治国莫若爱民，修身莫若寡欲。"治国的道理最重要的在体恤老百姓的苦难，修身这个事情很简单，就是少一些欲望。宋太祖非常感动这个儒者的说法，把他的话语写成了一副对联，贴在自己的座右，当座右铭，没事就看。所以你看人家宋太祖，儒也吸收，道也吸收，到最后是儒50%，还是道50%？因为儒放在身边可能经常看，道是入到骨髓里面去的，虽然看不到，但是作用同样不容小觑。我讲这两个故事没有别的意思，同时弘扬儒、道两家，算是给两位教授做和解台词。

李大华：王教授正写宋太祖的书，我也写过李世民，这个书已经出版了。历史上，不缺乏"儒道互补"用来共同治理国家的这种例子。刚才王教授讲到宋太祖从个人修行、治理国家的观念上既用了道家，又用了儒家，用道家就是无欲，它那个无欲就是帝王少做事情，让大臣、老百姓按他们的意愿去做事情，把事情做好了，这样自己少一点主观成见，他这是用了老子的东西。那儒家的东西就不用说了，治理国家这套制度安排就是按照儒家的。唐太宗也是这样的，唐太宗的"无为"，他像老子的"无为而无不为"，他的无为当然是我作为君主是要无为，但是不是大臣、老百姓的"无为"，大臣、老百姓尽量有为，君主要无为，我睁大眼睛去看，张开耳朵去听，但我不强加我的意见于你，让你们每个人把自己的能力发挥到极致，这就好了，实在有必要，我顶多出来点拨点拨，他的无为就是这个道理，所以唐太宗是典型的把儒家的治国理念和道家的治国理念结合起来了，这就是历史上的儒道互补。

王立新：

　　我觉得大华教授的说法，是很符合历史实际的。历史上很多优异的君王都是儒道互补的，两种学说并用。两种学说，都能用来治世、用来修身。当然，从治世的角度也是儒道互补的。道家的"我无为而民自化"的意思，不是说毫无作为，其实它真的是有所作为，它的作为就是我不作为。它跟我们现在的政治不一样，我们现在的政治领导巴不得让大家都认为只有我是对的。其实这个不好，因为如果只有你才是对的，那么大家就不用发挥任何作用，照着做就行了。而"无为而治"的意思，就是我不把自己的意志强加给你，不规定你非得如何如何，就像大华教授刚才讲的一样。充分发挥和调动每一个在世界上存在着的人，还有在整个治理链条中的各级、各类官员的积极性，我不给你规定，不给你指示让你这样做。遇见事情了，你不想办法呀？大家都想办法了，想的办法又是根据你所处的实际，肯定比高高在上、远离实际的统治者虚拟的指示更符合实际。所以道家的"无为"，其实不是不为，大家的积极性和主动性都调动起来了，就能达到最好的效果，这就叫作"无为而无不为"。当然，领导的必要点拨还是需要的。现在请景海峰教授点拨我一下。

景海峰： 说了半天还是道家在治理啊？我要稍微说一下，当年成吉思汗在欧亚草原纵横驰骋的时候，游牧民族很多地方可能都是按照他们的战争方式，杀伐无度，这与中原儒家仁义的理念不太一样。后来他远征到了雪山，从中原不远万里去用儒家的道理进行"止伐"的不是儒生，而是一个道士，是谁呢？丘处机。丘处机不是去给成吉思汗讲养生那一套，不是给他去讲怎样清修，而是去讲儒家仁义的道理，后来成吉思汗听了他的劝告，这对整个历史的进程和变化起了很大的作用。所以有时候，是儒是道的具体身份和他的思想观念又不是说可以剥离得那么清晰的。比如说李大华研究道家，但是他写李世民，李世民绝对不是一个道家，他还是以儒家的思想作为治国基本方略的。当然所谓的综合性，或者儒道互补，甚至兼采法家的一些东西，这在中国历史上的帝王之术中是司空见惯的，但作为一种政治的主导倾向，儒家思想肯定是它的基础，这是没有问题的。所以我们看中国历史上的很多人物，不管是当政的领袖人物，还是一个学者，或是一个普通的老百姓，他往往是文化的多元主义者，或是一种混合的样子。这可能是一个常态，包括那些坚定的儒家，或者是坚定的道家，他们有时候在很多行为或处事方式上，往往可能是经过融合之后的一种形态。包括刚才讲到的韩愈，他在历史上是以"排佛"作为旗帜的最坚定的儒家战士，他要"庐其居，人其人"，要把佛教彻底赶出去。但我们看韩愈的交游和诗作，包括后来他的学生李翱，对佛家的东西是吸收了很多的。由此我就想到，这不光是一个所谓"儒道互补"、儒道融合的问题，它实际上是反映了中国文化的一种精神。中国文化的伟大、高明之处，就在于它不是一种极端的形式，在根本观念里面没有唯我独尊的那一套，不是说我是正确的，我就成了真理的化身，没有这回事，它比较谦和，不排他，有共融性。包括儒家，它好像比较强势，但实际上之所以在 2000 多年中能够不断地壮大、不断地更新，就在于它具有吸纳、融合的精神。所以这等于是代表了中国文化的一个特点，它不是一种排他性的文化，这恰恰就是与西方那种以宗教形态为主导的文化系统的一个根本差别。儒家在历史上是不断地去吸收、不断地去融合的一种形态，只要是优秀的东西它都乐意去接受，而这个恰恰是中国文化的优长，是中国文化的特点。当然儒家作为中国文化的主流形态，它的这种吸纳性表现得更明显些，实际上道家也在吸收儒家的东西，包括佛教传入中国之后，它也在吸收其他学派的东西。一直到今天，很多道家的思想理念，包括现代的佛教思想里面，大量的都是在讲儒家的那些东西，所以实际上还是在互相融合，这就是中国文化的一个特点。

王立新：

　　因果历史学家汤因比举证了人类历史上的 26 种古老文明，现在基本都丧失掉了，还有的虽然活着，但是已经不是在原来的母体上运作，而是转到其他的一群人的身上发挥作用。只有中国文化这一项，自始至终还是中国人操持火炬在前行。为什么会是这个样子呢？我们过去认为，主要是由于中国周围是几面环海，几面环山，地理优势，保护了华夏文明。其实还有一个很重要的东西，就是作为中国的主体文化，且在历史上起到主导性作用的儒家文化，具有很强的包容性，它能包容和涵摄其他形态的文化。尽管它也批评，且批评的态度也很强烈，可实际上它对待对方和周边的异质文化，还是很具有宽容的情怀的。要不然的话，佛教也不可能进入中国。如果不是儒家宽广的包容情怀，佛教直接就被挡出去了。佛教进来以后，儒家又充分吸纳佛教的营养。当然，佛教也吸纳儒家的营养。今天中国的禅宗，就是饱吸了儒家和道家两家的营养后，才成了这个样子。禅宗根本就不再是印度的佛教，而是中国新兴的宗教，是中国文化奉献给人类文明伟大的精神作品。

李大华：儒家和道家的话题是说不完的。从我们的个人生活中或从我们设身处地的一些社会经历方面来说，这就是我们生活的两个向度，就如同我们需要提得起，同时我们也需要能够放得下。如果没有这种进取精神，我们可能无所作为，枉活一世，或者我们活得很自私。但是如果只有这种精神，而没有一种能够放得下的精神和向度，我们可能就像夸父逐日一样，像逐了一个太阳，跟着太阳跑，后绝力而死，我们跑得没有力气了，累死了。因为我们的担当就像我们家庭一样，我们说这一辈要担当，对老人要担当，我们自己的事要担当，对下一辈也要担当，对子孙还要担当，这个责任就没完没了，所以说我们还是需要一个超拔的东西，需要一个放得下的东西。如果放得下，这样既不影响我们对家庭、对他人、对社会的担当，同时我们也使自己活得自在、愉快、自由，这样可能才是我们一个完整的人生，所以说我们把精神上升一点去说的话，儒家是比较讲究仁爱的东西，道家更讲究自由的东西。对儒家来说，"善"的价值是至高至上的，是超越一切的；对道家来说，自由的价值是高于仁爱的，是超越一切的。正因为不同，所以才形成了一个对子，一个互补的东西。我们人生既需要进取，又需要退一步的精神，我们退一步其实是为了进两步，如果我们从来只想进，而不会退的话，可能欲速则不达，绝力而死，如果我们退一步可能走得更远，所以这就是儒家和道家的互补之处。

王立新：

今天晚上两位教授谈得都非常深刻，都把自己真实的研究和生活的体会说出来了，说得亲切而又细腻。我作为他们的同事，我每天跟两位兄长在一起，经常见面，但没有这个机会听他们两个像今天这样，深入地畅谈儒道。各位参与者可能跟本主持人一样，一定是受益不浅了。有关儒家和道家的话题，就像刚才李大华教授说的，是讲不完的。为什么？很简单，在我们民族的日常生活里，儒、道两家的东西都像空气、水分一样，早就渗透到我们的生命里面，怎么解都解不脱。即使你现在是一个完全的道家，你坚决反对儒家也是不对的。为什么？你只要还在反对儒家，就说明你身上还有儒家的东西。反过来也一样。儒和道，这两个东西是解不开的，它们都已经成了文化遗传基因。我们在 DNA 里，就被注进了儒家和道家的东西。当然还有佛教，尤其是禅宗。现在还有半小时，我将时间交给大家提问。

听众：几位教授和专家给我们做了普及，也很深刻，非常感谢。如果退回到原始的当初我们就是儒家的孔子和道家的老子，用刚才提到的一些关键字来给他们贴一些标签，他们是否认同？第二点，从汉代的"罢黜百家，独尊儒术"，到后面宋明"存天理灭人欲"，客观的后果是成了一种愚民的统治者，我想知道这是老子、孔子或者孟子他们的本意，还是说后世的人为了需要挟持了他这种学说？同样还是聚焦于老子和孔子，假如这两位身在现代，我们每一个拿着手机和微信，可以跟地球的另一端信息畅通地联系，那么他们是一种什么样的态度？这是我的问题，谢谢。

景海峰：这位听众对孔子和老子都有质疑，讲出了他们思想后续发展的一些问题，这很好。因为不管是我们今天讲孔子也好、老子也好，他们只是整个道家和儒家思想里面的一个创始者，是作为一个原点，我们只是在那创造的最初的意义上，给他们一个地位和一个解释。但实际上，不管是道家还是儒家，在整个中国文化里面，经历了 2000 多年的漫长发展历程，是在一个非常复杂的、各种文化和各种文明交流的互动过程中，才走到今天的，所以这里面有好多问题，包括你刚才提到的对后续的，不管是儒家的问题或道家的问题所造成的历史上的一些弊端的情形，我想我们都不能去苛求于老子和孔子本人。在他们的那个时代是有特定的历史情形，有他们面对的当下问题。孔子当时的焦虑就是"礼崩乐坏"，就是三代文明的礼乐文化结构到了春秋之时土崩瓦解，整个天下大乱，处在一个无序的状态，也就是后来孟子讲的"率兽食人"，等于道德礼义的东西处在一个沦丧的状态，所以他们忧心如焚，想要创造一套新的价值，来把社会安定住。创造一套新的价值，不是简单地说克己复礼回到周代，而是面对春秋战国那样的格局来重新思考中国人的价值如何去安放，一方面是继承了周代以前礼乐文化的传统；另一方面更重要的是给中国文明形态创造了新的价值，这个价值后来影响到后续历史的发展。我想老子也是一样，当时也是面对一个乱世，他是从他的特有焦虑去创造一种对于世俗状态或现实社会的批判精神，然后这个东西又影响到了后续 2000 多年中国文化的发展，所以我们如果从老子和孔子本人当时的情境来讲，是在他自己的历史背景当中。至于后来儒家或道家在发展过程中产生的一些问题，像刚才你讲的汉代以后的愚民、专制问题，我想这在"五四"时代，当时的学者已经有非常深刻的反省和批判。他们当时对中国文化的不满和对儒家的一些指责，也是在这些方面。这些是不是儒家一定不能去除掉的东西，我想不是。就比如历史的每个发展环节中，可能要处理的问题不一样，可能有些纲常伦理在封建时代、在帝制的环境下，有它的有效性、合理性，这是已经被实践过、被历史所检验证明了的。但是到了我们今天，这样一个民主的时代，可能就无效了，我们就不能再死抱着历史上的那些东西，认为这个东西是不可以改变的。所以不管是儒家也好、道家也好，我们今天去把握它、去继承它的，还是它的一些精神，根本的精神及文化内在的精神，这些东西才有永恒、长久的价值。至于里面的一些环节，在具体的社会情景中的一些具体的东西，这是在不断变化的。我们应该这样来理解儒家和道家，它们在今天还有没有这个价值。

关于手机的问题，这也是变化的，可能我们没有办法去设想这些古人他们面对我们今天所面临的新的生活、生存的条件该怎么去处理，但是我想作为中华文明的优秀传统，这些精神和理念，它在不同的时代可能都会创造出一些新的应对的方式，这大概恰恰是留给我们今天的这些人要去做的事情。就是我们一方面要继承，另一方面要创造新的东西，去处理这些问题。

李大华：我接着回答你后面的这个问题，为什么老子提出"小国寡民"，我想在老子那时候已经清楚地看到社会的急剧变化，很多东西发生了变化，在进步、变化当中，我们因此可以得到很多好处和方便，但是对于这种进步和变化，是否要保持一些警惕呢？这就是老子所做的事情，他提出"小国寡民"，就是要我们对文明和进步要保持一个警惕，不是说什么都改变就好。比如说现在我们有了克隆的技术，现在如果放开，没有一点文化保守的意识，我们很快就把人造出来了，造出来的到底是我们本人，还是我们的儿子孙子呢，他跟我们的儿子、孙子，跟我们是什么关系呢，就搞不清楚了。对诸如此类的进步是需要保持警惕的，所以我们不愿意因为变化而失去了我们原本的东西，就像我们不愿意失去我们的家乡一样，家乡是我们的根，我们不愿意变成一个什么也不是的人。我想老子就是这个用意，谢谢。

王立新：
　　下面每一个朋友只能提一个问题，你不可以扫荡两个老师。那个老朋友来说一句，他是南书房的老听众了，但是我希望你提出新的问题来。

　　听众： 感谢老师，你们今天讲了儒和道的话题，实际是不同的面相，道和儒本身就是不同的面相，所以它们两个之间是没有冲突，它们是同为一体的，但是我们常常说，我们的历史上有用过儒、用过道，什么治世的什么帝王，我想问一下，这个世界上从有帝王以来，有哪个真正用过儒、道？请举出例子。作为一个帝王来讲，本身的所作所为就是天下的，因为他劫持了我们的整个天下，本来就违背了道和儒的理想，他们怎么用道、用儒呢？

王立新：
　　两位教授能不能真正举出哪个是真正崇儒的，哪个是真正崇道的？

　　李大华： 我来回答。我们可能说是历史上很多帝王既学道又学儒，但是我们可以说还没有一个可以达到你说的要求的。

　　景海峰： 这实际上是中国历史文化中的一个大问题。你刚才讲的真假，或者亦真亦假、亦假亦真的变换形态。我想在历史的现实情形中，可能对一个文化或者一个形态的理解和认识都存在着类似的挑战，也就是"名"和"实"的问题。比如汉代，在文景之世是用"黄老道家"，他打道家的旗号，到了武帝，才"罢黜百家，独尊儒术"，然后打儒家的旗号，但实际上，他们的子孙，像汉成帝就说汉家自有他的主张，杂王霸而用之。对于一个统治者来讲，他是心里有数的，是把儒道都作为治理的工具，这是帝王的心态。对这种东西，在辛亥时期，到五四新文化运动，学者们都有非常深刻的揭露和批评。比如说现代新儒学大师熊十力先生，你去看他的著作，他是参加过辛亥革命的，他对中国历史上的帝王专制可以说有非常深刻的认识和批判。他是一个儒家，但他并不是按照传统儒家维护君权的理解，而是站在现代民主或自由精神的立场，对历史上帝王歪曲儒家真精神的做法有大胆的揭露，他的著作里对汉代儒生的依附帝制、为虎作伥的那种形态痛加鞭挞，可以说批评的严厉程度在今天大概很难达到。所以这个问题不是没有人认识到、不是没有人理解，实际上现代的很多学者都做了非常深刻的反思。由此，如果你硬要说一个真的，真到一个什么程度，这个问题我们可以再辨。

王立新：

下一个问题。

听众： 今天有幸聆听三位教授的夜话，感到受益匪浅。你们三位教授是博文多学的，从你们的言行，从你们的坐姿，我认为景教授和李教授受儒家思想影响很深；王教授有一点道家的风姿。今天我提两个问题，第一个问题是：在我们中国有 2000 年的儒家的正统思想的统治，有 5000 年的文明，儒家和道家对我们中国科学技术的创新有没有论述？第二个问题是：儒家思想和道家思想，是因为批判思想不够，中国决决 13 亿大国，有 2000 年儒家思想的正统思想，有 5000 年文明，为什么至今在科学技术方面不能获得诺贝尔奖？

景海峰： 这位朋友的质问和疑虑，至少在这 20 多年是会经常被提起的一个问题，新文化运动就是对中国传统形态的反思和批评，里面有一个话题就是所谓知性的缺乏，也就是没有一种像西方文化那样对知识的追求态度和方式，所以它的逻辑不发达，它的思辨性不够，在整个文化上是有缺陷的。这个实际是"五四"时代批判中国文化的一个很大的话题，所以我们才要补科学的课，追求"赛先生"，这是"五四"的老命题了。改革开放以来，在反思中西文化差别的时候，一直会使用这样一个尖锐和具体的质问，来讲中国儒家的问题，所以这个问题在学术界有很多的讨论，也不是一个新的问题了。我是这么理解的，一个文明形态，在它的传延和发展过程中，在不同的历史阶段，它的表现形式或者辉煌的程度是不一样的。西方如果从希腊、希伯来的文明算起，也是2000多年，它在历史上也经历过长久的黑暗时期，中世纪1000年，它那种所谓的进步的程度远不能和东方的中国相比。近代这四五百年，西方的科学、民主可以说是一个翻天覆地的变化，大踏步地前进，成了人类文明的前行者，一个动力源和火车头，所以我们都需要向西方学习。中国人这100多年也是在向西方学习的过程中走过来的，我们一代又一代人都是在向西方学习。但这只是问题的一个面相，不能因为好像西方在这个时段非常优秀，就把所有文明形态的所有东西都说得一无是处，或者把所有的价值都否定掉。我们还是要从一个文化发展的长时段来看，看不同文明形态的一些特点。今天中国在这100多年，恰恰不是封闭保守的，我们可以环顾其他的国家，或其他文明的区域，我们看中国是不是最开放的？像阿拉伯世界、印度等，他们对自己文化的守护性，比中国要强得多，他们对西方的很多东西是从不接受的。我想在今天我们中国人的这种包容性、开放性，可能在整个世界的文明形态中算是最能打得开的。所以我们经常说，就今天的中国社会而言，到底是一个西化的，还是一个中国传统的，这都成为一个问题，因为很多状况实际上与我们传统的东西已经有一个距离。所以，得不得诺贝尔奖，只是当代一个量化的具体指标，我们还是要从一个文明发展的历史长河中来认识这个问题。

李大华：我想我们虽然有5000年文明，我们有辉煌的文明史，但是不等于说我们这个民族的文化本身就没有缺陷。比如说刚才景教授谈到的，"五四"以来反省我们缺乏知性，还有就是反省我们缺乏理性的工具，或者说是工具理性。我们的知识从古到今，没有独立出来，没有成为一个对象，没有像希腊时期亚里士多德一样将知识独立出来，实际上它缺乏一种工具，缺乏一种形式化的、公式化的工具，使得科学能够发展出来，这是我们民族本身所具有的问题。很简单，毕竟我们没有从传统的形态中走出来，我们是借助于西方的影响跨过了这一步，我们需要反思它。至于您说的中国为什么现在出不了诺贝尔奖？因为民国时期，西南联大出来的人已经得到了诺贝尔奖，问题是1949年后我们没有得到诺贝尔奖，这个问题如果是提给在场的儒家和道家来说，这个责任都背得有点太沉重了，因为儒家和道家，我们一起在野，但是当下主持教育的，既不是儒家也不是道家。

王立新：

　　刚才这位朋友提出的问题很尖锐，两位教授回答得很认真、很透彻。我也想说两句，中国科学技术是不是发展，与儒家和道家应该说是有关系的。但是最主要的，还是跟中国社会政治统治的需求的关系。在传统时代里，也许我们不需要那么高超的手段来统治，也许科技发达了反倒不好统治，这点可能更关键。但儒家和道家在思想方面的提倡，肯定对中国的科技发展产生过很大的影响。大华教授说儒家曾经是在朝的，在朝的，就得维护一点现行的东西；道家是在野的，在野的，就不一定管这些。可是写《中国科技史》的英国科学史家李约瑟博士却认为，中国古代科学技术的发明权利，应该归于道教徒。所以道家还是比儒家在中国科学技术的发展方面做出的贡献大些。我们两位儒家学者向道家学者大华教授表示敬意。下面希望有一个女同胞来发言。

　　听众：我觉得儒家和道家本是一家，孔孟老庄及诸子百家都是喝《诗经》奶水长大的，他们都是读五经长大的，都是周的子民，后来才成支流。所以我觉得在这点是统一的。我的问题是，其实孔子和老子这两个不要打架，我觉得孔子是地方大人，有丰富的实战经验，而老子是图书馆的馆长，但是他是著名的学者，所以他没有实战的经验，他有独特的思想，这是孔子和老子的区别。这两个人都是接受中国主要的五经典籍长大的，所以，我的问题是：儒家和道家我觉得将来是不是有一个统一的文化的源头？这样的话我们中国人才有希望和西方的以《圣经》

为代表的价值观进行战斗……

景海峰： 这位听众是我们的老朋友了，场场都到，是我们的忠实听众，也是我们讨论的积极参与者。他刚才讲的问题是有道理的，因为过去讲"诸子出于王官"，后来胡适提"诸子不出于王官说"，就是那个官学、私学的问题，这个在现代学术史上是一个很大的辩论问题，后来熊十力先生有一个响亮的说法，就是"诸子皆出于儒家说"，他那个儒家的意思代表的就是经典的传统，那个经典不是春秋战国时代各家写的，而是春秋战国之前的 2000 多年积累下来的那些遗典，当然那个东西就是中国文明的根，只不过儒家继承得直接一些，其他学派也都是从这里面吸收营养的，所以同源是没有问题的。在这一点上，我们说诸子百家都是中国文化或中国思想大的根上结出来的果实。

王立新：
请下一位听众。

听众： 我想问一下，在我们这个礼崩乐坏的时代，怎么能够恢复比较文明、比较有秩序的社会生活？儒家和道家有没有什么资源能够让我们在现代这样的条件下做到这一点？

李大华： 您的这个问题有一点含糊。首先我们现在不是一个礼崩乐坏的时代，这个社会是在逐步建立文明规范的时代。你说的现在道家和儒家能否各自担当一部分，或者独立担当起来，维持我们一种和谐的，既符合本性的又保持我们家庭与社会既定的社会关系的这么一个社会，在这种社会制度下，又能够带领我们自由而文明的社会前进，我想恐怕在这个知识多元化的时代，儒家和道家的东西和价值观一定会发挥作用，而且正在发生作用，但恐怕没有哪一家可以独自担当所有这些作用。我们可能几千年有过法律，但我们从来没有实现过法治社会。到现在为止，都不能说我们现在是一个法治社会，要是现在是的话，我们就不用搞以宪治国了。就是因为我们不是一个法治社会，要走向法治社会，我们肯定会借鉴我们古代唐朝的"贞观律",也会借鉴西方的"罗马法"和民主制度,简单来说,我们的法律审判过程,从过去的"疑案从有",到现在的"疑案从无",这个变化就不是来自我们自己的传统。

王立新:

刚才这位朋友的想法,就是想问一下,在未来中国建设成为既文明又有秩序的社会生活里,儒家和道家究竟可以扮演什么角色。我觉得一定可以扮演非常优异的角色,刚才大华教授的话语,已经涉及这个问题。我们不要把未来的中国社会看得太狭隘,以为仅仅只是我们中国人在生活。刚才景海峰教授也说了,我们中国现在开放的尺度和力度是全人类、全世界最大的。将来中国人的生活,绝不能回到传统意义和过去封闭意义上的境地中去,我们一定要借助世界上的各种资源、吸纳世界上各种生活群体的优良要素,来填充我们的生活。我们展现的不仅是儒家和道家,还有丰富多彩的现代化的全人类的最优美的精神,那才是中国人期盼的生活。

下面我把最后一个提问的机会给那位老先生。有请。

听众: 儒家和道家,我们在它的思想文化中,看不见对人权的主张,也看不见对人性的张扬。如果没有对人权的尊重,也没有对人性的张扬,我们怎么能指望这个思想可以带领我们走向美好的明天?我的问题是我能听出两位老师在你们的学术领域里面都有很深的造诣,但是你们没有讲出,你们研究的最新的最前沿的东西来。在这样一种场合,我希望老师要用最新最前沿的东西来教给我们这些好学的人们,不能用那些小儿科的、众所周知的东西拿到这种地方来讲,深圳是一个美好的城市,全国都在看深圳。深圳的图书每年销售300万册,创造的价值是几千万元,这些东西是值得全国学习和借鉴的。图书馆搞的好多活动我也有参加,有的水平很高,但是我也看到有的水平并不高,不管在哪里,老师们不敢深讲,我感到这么一点,不知道我说的是不是实际情况。我想请老师给我们大家一个回答。

景海峰：谢谢你的批评和激励。我不知道你的深浅是从哪个角度来讲的。因为在不同的场合对不同的听众，我们对学术的传播有不同的对象和不同的方式。我们今天的讲法肯定和课堂上不一样。在大学的课堂上，如果我们开一门课，不管是讲老庄的思想，还是孔孟的思想，肯定不会是今天这样一个讲法，可能要扣住文本，要考证，要从历史的脉络和重要的思想观念来讲，是比较学术化的。而今天我们基本上是一个比较轻松的，因为是一个比较公共的场合，所以不是按照那个方式来讲，如果你是指的这个深浅的话，我们只能很抱歉，没有按照那种课堂的方式。如果是另外一种意义，就是说要结合实际，那反而是还浅得不够。所谓浅，就是跟我们当下的、跟我们目前的非常实际的问题结合，是不是这个意思？你所谓的深和浅的要求，如果是这个意思的话，我想道家也好、儒家也好，它毕竟还是一个文化的历史资源。就是过去对中国传统的很多批判和指责，实际上我们刚才也讲到了，它可以说是不能承受之重。因为很多问题不是儒家或者道家造成的，尤其是我们眼下的很多问题，我们可以去反省，它当然和中国的历史传统和中国的一些观念和历史的附赘有关系，但是很多现实的困境的造成并不是可以简单算到儒家和道家的头上就可以来解决的，如果这么简单的话，那么我们可以把这些东西一弃了之就完了。实际上在新文化运动的时候，当时很多知识分子是有这种急切心态的，认为"打碎旧世界，建立新世界"，可以把传统的东西作为一个包袱来扔掉，然后我们就可以大踏步地走向未来。但这100多年，或几十年发展的经验告诉我们，那种想法是很幼稚的，就是说不能跟历史是简单的切断的关系，所以我们现在一种理性的精神还是应该从我们历史的长河中具体分析这些问题，有哪些东西是造成我们今天的困境和障碍，有哪些东西是需要批判的，甚至是抛弃的，而有哪些东西是经过我们这代人当下的改造后成为我们活的精神动力，成为一个有用的资源，这就需要靠我们当代人去努力，而不是简单地说儒家和道家的东西不好，所以这就有一个当代的就是我们应该怎么去做的责任。我是这么理解的。

李大华：这位老先生的问题，您说要报告我们研究的成果，我就给您报告一个问题。如您刚才谈的权利的问题，据我研究，从古到今，中国有自由的观念、有人格独立的观念，甚至有法制的观念，甚至差一点走进了法制的社会，就是战国末期的时候，还有平等的观念，但是我们唯独没有发现的是中国有权利的观念，这是我想报告给您的一个我曾经研究过的问题。关于您提出的我们谈的是不是浅了一点的问题，刚才景教授也回答了，其实这些话题往下说都是很不浅的，当然王教授和景教授都是尽量浅出，但是浅出并不等于浅，实际上问题是很深的，以一个轻松的方式说出一个严肃的命题。至于您说到的我们谈更专业一点、更学术化一点，那得请图书馆开一个专场。老先生您可以"学而不厌"，我们也敢斗胆说我们"诲人不倦"。谢谢。

王立新：

　　谢谢老先生，谢谢两位教授。今天晚上南书房很热烈，热烈程度不亚于过年。感谢大家的积极参与，热情提问，积极交流，我们下期再会。今天到此结束，祝大家晚安。

深圳学人·南书房夜话第八期：
文化的对话（下）

——儒家与佛家

方映灵　王兴国　王绍培（兼主持）
（2015 年 3 月 28 日　19：00—21：00）

王绍培：

　　各位现场的朋友，晚上好！今天是南书房夜话第八期。我过去每次讲的时候会重复一个说法，我说南书房夜话隔一个星期举行一次，最好是能够每期都来听，为什么呢？就像我们晚上走夜路一样，我们用手电筒照明，手电筒只能照到一个点，最多是一小片，因为手电筒这个地方照照、那个地方照照，你照多了、看多了，就会发现空间是怎么回事，如果只听一个晚上，有的时候会有点不知所云，所以你要每一期都来听，这样才能知道南书房夜话是干什么的。

　　今天我们的话题是儒家与佛家之间的关系，上一期我们讲的是儒家与道家，在休斯顿·史密斯的一本书《人的宗教》里，它有一个说法，"什么叫中国人"？中国人就是这样一种人，"头上戴的是儒家的帽子，身上穿的是道家的袍子，脚上穿的是佛家的草鞋"，这个说法其实蛮有意思的，它有意思的部分是说中国人的精神世界往往不是一个东西、不是一种文化，它可能是由几种宗教、几种文化构成的，比如说，我们的入世精神是儒家告诉我们的，所以我们的身份是儒家的；但是我们想起一些终极问题的时候，可能在很大程度上会受到佛家的影响，就像我们穿的是一双佛家的草鞋，所以我们有一种出世的倾向；但是我们穿的衣服是道家的，道家的衣服想想应该是比较舒服的，因为道家讲的是顺应自然，讲的是怎么舒服怎么来……中国人的精神世界是由这三部分构成的。我们今天要讲的是"帽子跟鞋"之间的关系。今天讲的内容分三部分，第一部分是讲一下儒家和佛家对于我们生活的一些影响；第二部分要讲的是儒家和佛家之间相互的影响，在过去数千年的历史长河中，它们彼此是怎么共存、共处的；第三部分要讲一讲儒家和佛家在长期的对话当中，在这种交流中，它有哪些经验是值得我们注意的，有哪些教训是值得我们来总结的。首先有请方映灵博士。

方映灵：谢谢主持人！很高兴再次跟大家见面！上次有幸在这里与大家交流君子与小人的问题，这次的话题讲儒家和佛家也是非常有意思、有意义的。儒家、道家、佛家是中国传统文化的三大主干，儒家与佛家都是中国传统文化的重要组成部分。但总起来讲，儒家与佛家在我看来主要有以下不同：

第一，儒家是中国本土、最主流的文化；佛家原是古印度的宗教，两汉时期传入中国后逐渐本土化并成为中国文化的重要一支。第二，儒家的主旨和精神姿态是积极入世的；而佛家是出世乃至弃世的。第三，儒家是关于现世的学说，它不讲前世、来世；而佛家则是讲前世、今生和来世三世轮回的。第四，儒家对鬼神是存而不论的，它不肯定鬼神存在。孔子说，"未知生，焉知死"，"未能事人，焉能事鬼"；而佛家则肯定鬼神、灵魂的存在，它讲灵魂不灭，并借此得以完成它的"三世轮回"报应学说。第五，儒家不是一种宗教，它没有设立外在的人格神；而佛家则从一开始就是作为一种宗教而存在的。第六，儒家崇尚的是清醒理性，它讲格物致知，讲博学；而佛家则注重非理性的、神秘主义的直觉，讲"悟"，讲顿悟、渐悟。

但归结起来，儒家与佛家最核心的不同，我认为在于一个是"有"字，一个是"空"字。儒家强调对人生社会有责任、有担当、有作为、有理想、有追求、有教养，等等，所以可说它崇尚的是一个"有"字。它有一种浓厚的家国情怀和家庭社会责任感，把"修身、齐家、治国、平天下"作为人生的意义和价值追求，希望由此建设和谐美好社会，体现自己的人生价值。所以它强调积极进取、自强不息、刚毅勇猛、坚韧不拔，"天行健，君子以自强不息"，"士不可以不弘毅，任重而道远"；讲仁义礼智信，协调人与社会的关系，目的就是要建设一个和谐美好、优雅友爱的社会。儒家心目中理想的人是有作为、有责任的君子，具备"仁义礼智信"品格，在家能和睦家庭、承担家庭责任，在社会能为社会做贡献，有大爱、有担当。

而佛家则是一个"空"字，所以我们经常称出家的佛徒为"遁入空门"。它看空一切、舍弃一切、不执着一切，把一切都看成是幻象和假有。所以"空"可说是佛家的核心概念和最后宗旨，通过"空"而完成它出世的理论建构。对于如何悟"空"、看"空"，历史上不同佛教宗派都围绕"空"字进行了不同解读，两晋时期"六家七宗"集中讨论的主题就是这个"空"字。当时的僧肇把"空"解释为"不真空"，专门写了《不真实论》，被鸠摩罗什誉为是"解空第一人"。佛教大乘空宗般若学以"性空"和"假有"对"空"进行了深刻解读。般若中观学有一个重要的观点叫"缘起性空"，认为一切法都是因缘假合而成的，没有自性，不能独立存在，所以万物都是一种假有，都是空的。由于看空一切，所以现实中的一切，包括家庭和社会的责任、个人的情感、名利，等等，都没什么可以执着、值得执着的，都可以放弃。只有悟到"一切皆空"，从而放下各种欲望，人们才能得到解脱，心灵得到平静。所以佛家对遭受痛苦不幸的人们有独特的安抚作用和价值。中国历来有"得意谈孔孟，失意谈佛老"之说，佛教成为遭受不幸和苦难人们的避难所和安慰剂，从而有效地补充了儒家这方面的缺失，并逐渐构成为中国传统文化的重要组成部分。儒家只讲命，但仍然希望人们"知其不可而为之"，这有时可能是勉为其难的，不如佛家的彻底解脱让人得以慰藉。就一个社会来讲，有幸福的人、有不幸的人，有得意的人、有失意的人，幸福得意的人当然要讲儒家，要讲积极进取、讲责任，实现人生价值，推进社会进步；但对于失意不幸的人，也要容许和尊重他们转向佛家，学会放下。对于个人来讲也是这样，漫长人生总有幸福得意的时候，也有不幸失意的时候，所以要学会有时做儒家、有时做佛家，该自强不息的时候就积极进取，该放下的时候就不要执着。

尽管儒家与佛家有很多不同，但它们都有一个共同的作用和功能，那就是人文教化功能。儒家的教化功能自不必说，它是提倡积极美好人生、注重群体和谐的。它讲"仁爱"，对社会、对他人有爱心，讲仁义礼智信，关爱他人与社会，希望社会健康和谐发展。假如用"真、善、美"来套用的话，儒家可说是追求一个"美"字。它追求个人是博学有礼、优雅庄重的君子，社会是秩序井然、和谐友爱的美好盛世。而佛家则讲"十二因缘",讲三世轮回报应。由于讲因缘,所以,它开示每个人、每一件事都是与社会、与他人密切联系的,是不能独立存在的,所以每个人要和谐与社会他人的关系,善待他人,必须造善因,不能伤害他人和社会,否则会自食其果。由于讲三世轮回,因此它又开示每个人要为自己的前世、今生、来世负责。所以它的目的是教导人们向善的,它与儒家一样,对社会起了一种人文教化作用。假如用"真、善、美"来套用的话,佛家可说是追求一个"善"字,它引领人们超脱世间一切,善待人间,成就慈悲。

牟宗三先生说,中国哲学、中国文化是关于人的生命的学说。作为中国传统文化的三大主干,儒家、道家、佛家对于我们的社会人生所起的作用是不同的。从一个社会来讲,既要有理性严谨、刚毅进取的儒者,也应该有率性自由、自然随意的道者,也还应有超脱一切、成就慈悲的佛者。这样的社会才是一个包容大气、健康仁厚的社会。从一个人来讲,既要做一个自强不息、积极进取、有责任担当的儒者,实现社会人生价值;但是,也要做一个懂得放松自己、顺从天性的道者;而当受到挫折、遭受失意不幸时,也不妨做一个懂得放下、豁达超脱的佛者。这样的人生才是张弛有度、圆融美好的人生。我想,这就是老祖宗留给我们最珍贵的文化遗产,也是中国传统文化的永恒价值和对于我们今天最有价值的智慧。

王绍培:
我们再请王兴国讲讲他自己的看法。

王兴国: 谢谢主持人,谢谢大家! 很高兴我们今天来谈论儒教或儒学和佛教的关系。从20世纪以来这个问题就是一个全世界关注的话题,这个话题对中国人来讲,可以说是不可回避的。这个话题为什么会成为一个国际性话题,严格意义上讲,这个话题在我们中国的讨论是非常不够充分的,这个话题,从20世纪整个儒佛关系的研究来看,它在国际上是一个很大的话题。在日本,这方面的研究是领先的。我们知道,从20世纪以来,日本出了很多研究这个课题的大学者,比如非常有名的久保田量、道端良秀、久须本文雄、常盘大定和荒木见悟等人，特别是荒木见悟，可以说是研究这个问题的大家，在当代还没有人能超越。其实，我们看，在祖国的台湾也有一些学者研究过这个课题。我们大陆研究这个课题，相对来说，起步比较晚一点，对这个问题的讨论还不是很充分。这个问题为什么重要呢？就是这个问题从佛教在西汉末传入中国以后，到今天为止，儒佛关系一直是整个中国文化里非常大的一个问题。儒佛关系从佛教传入以来一直贯穿中国整个文化。这个问题的重要性在哪里呢？这个问题的重要性在于，它不仅仅影响到我们的生活，而且影响到中国文化的走向，就是中国文化向何处去的问题；反过来看，中国文化向何处去的问题也必然联系到儒佛的关系。今天是处在世界文明对话的时代，中国文化和世界文化的关系怎么处理，也有一个问题，也有一个很重要的内容在其中，这就是儒佛的关系。儒佛关系，从历史来看，在至少 1000 多年的历史过程里面，我们可以说是从对抗进入对话，再互相摄取和交融，互补互济，然后不断纠葛，又不断融合，在经历了这样一个反反复复的过程后发展起来的。在这个过程中，佛教进入了中国文化，深入到中国人的心灵里，成为中国文化的一部分。我们有一种说法，就是说佛教已经中国化了。大家知道，特别对佛教徒来说，讲到佛教的问题，全世界的佛教徒都承认佛教只有一个，全世界的佛教只是一个佛教，不会是两个佛教。当然，我们知道，佛教从印度传到中国以后，在逐渐中国化的过程中就有了本土化的佛教，本土化的佛教就是具有中国文化特色佛教的出现，像我们知道的天台宗、华严宗、禅宗和净土宗，特别是禅宗和净土宗，一直保留到现在。我们看，在我们中国，最兴盛的就是这两个宗：禅宗和净土宗。这些宗派都是中国化的产物，所以它跟中国本土的文化是有密切关系的。那么，它们之间是一种什么关系呢？特别是其中佛教跟儒学的关系是怎么样的呢？我曾经在跟朋友聊天的时候，说过对佛教和儒学、佛教和中国文化关系的一个看法。如果我们从儒道释的关系来看，我们可以这样说：因为有道家的哲学，所以它成为佛教进入中国的桥梁；因为有儒学，所以佛学可以在中国落地生根开花结果。对佛教来说，如果道家哲学是桥梁，那么儒学就是土壤、水分、阳光和空气。佛教之所以能够完成中国化的一个原因，从佛教来说，最关键的是它和儒学的交流、交摄和融合，如果没有这个交流、交摄和融合，它就不可能变为中国本土的产物，中国也不可能有那么多的佛教派别，这是肯定的。当然，我们站在一个更大范围的观点上或一个更高的角度上来说，我们说它是儒释道三家融合的产物。刚才主持人也引述了西方人的一种看法，这个看法很有意思，我们中国人，特别是我们传统中国人的身上一般都有儒释道的色彩，就这点来说，我们应该是可以接受的。但是，对现代的中国人来说，我不敢相信它，我怀疑这样一个看法是站得住脚的。因为我们今天的中国人，这种传统的色彩，儒的色彩少，佛的色彩也少，道的色彩也少。所以，今天的中国人与传统的中国人应该是有一个分界的。但是，未来的中国人身上是否会重新被赋予儒释道的色彩呢？我相信，是有可能的。

刚才，方博士主要从儒、佛的关系以及它们对我们的社会和人生的影响进行了阐述，在这里，我也想围绕这个问题谈一点自己的看法。我们刚才讲了儒和佛是一个不断的对抗、对话、交流、交摄和交融的历史过程，到最后变成一个中国化的东西。在这个过程中，佛教对中国的文化，对中国的经济、政治、社会，以及对中国人的人生都产生了极大的甚至不可估量的影响，这个影响直到今天为止还在延续。所以，从这个意义上讲，第一，我们要认识到一点，直到现在为止，佛教这种宗教虽然在印度消失了，但它还活在中国，所以佛教是一个活的文化、一个活的宗教，这个我们一定要明白。如果说佛教是一个死的文化，我们今天再来谈它以及它和儒的关系的意义也就不大了。我们今天谈论它的价值，就是因为它还是一个活的文化，还能对我们的社会和我们的精神生活产生影响，而且这个影响是积极的、是有价值的。我们常常讲佛教博大精深，说到这个佛教，它的内容极其广泛，涉及人类社会和生活的各个方面，我们说的从原始的佛教或最早期的佛教，我们常常把它称为小乘佛教，发展到大乘佛教。在我们中国，主要流行的是大乘佛教。我们了解中国佛教要有一个分判，我们今天讲的"中国佛教"，不是在一个非常严格和完整的意义上讲的概念，我讲的是对一般的大众来讲的"中国佛教"概念。我们一般的大众对"中国佛教"概念的了解，指的主要是汉传佛教，或汉语的佛教，汉传佛教的精神主要是大乘佛教。如果是完整来讲"中国佛教"，那么我们说中国佛教应该包含三种不同形态的佛教，一种是我们刚才讲的汉传佛教，这是最庞大的一块，也是最主要的一块；其实我们知道，中国佛教还有一个独立的系统，就是所谓的藏传佛教，特别是在蒙藏地区流行。除此之外，它还有一个独立的系统，我们一般把它叫作南传上座部小乘佛教，这一系的佛教主要是保留在云南的西双版纳，流行在傣族地区，而且它的语言主要是巴利语。像现在西双版纳保存下来的很多的贝叶经，这些贝叶经就是以巴利文写的。云南大学有一个贝叶经研究所，主要就是研究以巴利文写的小乘佛教的经籍的。我们要了解的中国佛教有这样三支，其中最主要的就是汉传佛教或汉语佛教。因为汉传佛教中（以汉语）翻译的佛经最多，流传的地区最大、最广，影响也最久、最深。我们今天所讲的佛教，主要是汉传佛教。我们知道，汉传佛教主要是大乘佛教，大乘佛教里面有两个问题要搞清楚，第一，大乘佛教的基本精神是什么？第二，我们要知道，大乘佛教和小乘佛教最根本的区别在哪里？或说有什么不同？

我们先说第一个问题。我们说的大乘佛教的精神，可以用一句话来概括，就是菩萨行。这当然是菩萨所具有的精神。我们中国人特别喜欢菩萨，而且特别喜欢观音菩萨。我这里说一个现象，大家可以观察。至少从唐以后，中国人对观音菩萨就特别的喜爱，这种喜爱甚至超过了对释迦牟尼佛的喜爱，我们知道这个里面有一个变化，我们说观音的画像或塑像传来中国以前是男身，最早在中国也是男身，但是到了以后逐渐演变成了女身，所以我们今天看到的观音画像或塑像，绝大多数都是女身观音像，而且一定都是最慈祥最美丽的那种女性的形象。为什么中国人会有这样一个喜爱呢？这个跟中国人的审美心理，跟中国人对佛学精神的理解是密切地联系在一起的。这就要说到菩萨行的精神。这个菩萨行是一个什么精神呢？简单地说，就是救世的精神，或者说，就是普度众生的精神，也可以说，是利人利我的精神，这就是大乘佛教的基本精神。我们知道，在佛教里面，佛的果位也是等级森严的，就是说，作为佛教的信仰者，即佛教徒，大家都是信仰佛的，最终的目的都是要追求成佛的，但是由于个人修行的果位不同，这样就分成了不同的等级。我们最一般的按佛教的看法说，不修佛的人与修佛的人的一个根本区别在哪里呢？这个问题刚才方博士也谈到了。就是众生是处在六道轮回之中的，要脱离轮回之苦，就要修行佛教。修佛的人，如果能够修成正果，就可以成为辟支佛，也就是阿罗汉。到了这个阿罗汉果位，从小乘佛教的观点说，就算是成佛了。它至少可以达到对生死、对痛苦烦恼的一种了脱。往上走是声闻、缘觉，再往上走，就到了菩萨了。最高当然就是佛了。这个菩萨和佛有一个根本的区别，菩萨相对于佛来讲，果位上没有达到佛，他追求成佛而又不成佛，在某种意义上说，他是永远不成佛的，他永远住世，就是与众生在一起。为什么呢？因为菩萨就是信奉一句话："众生不成佛，我誓不成佛"，也就是说，当众生里面只要有一个人（或有情）没有得度，菩萨就不成佛，我们说他有一种牺牲的悲怀精神，这就完全是一种利人的精神，只有利人利他才能自利利我，所以菩萨永远住世并救世。他之所以是和普罗大众在一起的，就是为了普度众生。所以，我们中国人特别喜欢观音菩萨。我们中国人凡有灾难就去拜菩萨，求菩萨保佑、帮助自己度过灾难。这是一个很普遍的现象。不能发财的求财，不能当官的求官，不能生子的求子，都要去拜菩萨。当然，这个现象表现了我们中国人非常世俗的功利性，信佛从现实的功利心出发，这跟佛教的本怀、跟佛教的精神是有很大的差距的。但是，佛教为什么能够中国化？这与中国人的功利心态是有密切关系的。我们知道，无论是大乘佛教还是小乘佛教，其中有一点是相通的，就是都讲求智慧，或者我们用佛教的话来讲，一定强调戒定慧，由戒定而生智慧，这是从小乘到大乘根本一致的精神。也就是说，如果你信奉佛教，如果你要领略佛教的精神，最根本的一点就是学佛是为了开发智慧，要开发智慧你就要讲戒、就要讲定，没有戒就不能入定，不能入定就不能生慧。在这点上说，佛是与儒完全相通的。儒学要讲戒，也要讲定，这点儒佛是非常一致的。当然，我们说佛学里面修行的法门比儒学更丰富、更完备，在这方面，儒学发展到宋明，包括到现代的时候，对佛教的摄取和借鉴是比较多的。我们说学习佛教最根本的东西是要出智慧。智慧，在佛经或佛教里讲，就是般若，不是我们的小智、分别心、算计心。如果我们把这个问题简单地解释一下的话，我们可以与西方基督教的传统做一点对比，马上就清楚了。从西方的基督教来讲，人在上帝面前是非常渺小的，虽然说众生在上帝面前是平等的，但是众生在上帝面前是非常有限的；而上帝呢，他是至高无上的，这种至高无上，不仅是他的地位至高无上，而且他的智慧、力量也至高无上，无所不能，无与伦比；所以上帝是万能的，而人不可能是万能的。为什么上帝是万能的？因为上帝有无穷无尽的智慧和力量。在这点上，佛教的看法与基督教是不一样的。佛教认为人可以拥有智慧，这种智慧可以类似于西方基督教所讲的上帝的智慧，所以在这点上西方人很多都不能接受佛教的看法，他们觉得这是不可想象、不可思议的。从佛教来讲，或从儒教来讲，儒家或儒学也完全认为是可能的。牟宗三讲过一句非常有名的话，"人虽有限而可无限"，就是说，人虽然是生而有限的，但是他可以凭借无穷的智慧通达无限，所以是有限而又无限的。人通过学习佛学、儒学和道家的智慧，可以从有限通达到无限，就是说，我们可以拥有或获得智慧。所以人为什么要成佛，就表示你要成佛一定要拥有智慧，不能够拥有这种般若智慧就不可能成佛，也就不可能解脱。为什么呢？因为没有这种智慧就不能对抗人生的无明，而脱离苦海。佛教有一个基本的看法，人生的灾难、人生的一切痛苦都来自无明，都是由无明引发的。无明从哪里来呢？无明是从"业"引起的。"业"在佛教上称为"羯磨"，意译为汉语就是"业"。为什么人会有因果轮回和因果报应？原因就在于都是你自己造成的，没有任何人影响你，这都是来自你本身造的业，简单地说，就是造"业"，就是我们讲的身业、口业和意业，就是身口意业。我们嘴上说的话，好的就能传递正能量，成就好的结果，是功德，不好的传递负能量，造成不好的结果，全部是业障，就是消极的负面的业力，这是造的口业；我们的心或意正不正、纯不纯、诚不诚，只要一动就都在造业，这是意业；身也不例外，身受意的支配，只要在活动就是在造业，一切行动或行为都是造业，这是身业。我们每时每刻、刹那之间都在造业，我们的心、口、身都在造业，一般地说，心也就是"意"，心的活动就是意识活动，意识活动就在造业，还有潜意识活动，潜意识活动也在造业，一般认为做梦是潜意识的活动，那么你做梦也在造业，你造的这个"业"可能是善的，也可能是恶的，佛教说"善有善报，恶有恶报"，就是从这里来的。有这个"意"，你一定会通过语言把它表述出来，不管是意识里面的还是潜意识里面的，因为佛教讲得很深，佛教讲"八识"，甚至讲"九识"，我们讲的意识我们一般都知道，但是佛教里面还讲最根本的东西，"阿赖耶识"，就是第八识，这个是最根本的"识"，这个东西我们是看不见的，不可闻、不可见，甚至不可识。我们前面讲的这个"业"，全部都来自于第八识

"阿赖耶识"。我们普通讲灵魂不死，说到灵魂转世，如果不懂佛学是理解不了什么叫"灵魂不死"、什么叫"灵魂"的。严格意义上讲，我们中国人在佛教传入中国前，都没有所谓的"灵魂"观念，这个灵魂在佛教里面讲的是"阿赖耶识"。这个"阿赖耶识"，我们说它一方面有正的能量，另一方面有负的能量，我们说的正的方面是说它本身是清净无垢的、不生不灭的，"阿赖耶识"是不生不灭的，它本身是清净的，但是呢，它就像一颗种子一样是要活动发芽的，它一活动就要进入到众生有情的活动里面，成为众生有情的业力，而且这个业力的作用必然要进入到社会里面，必然要进入到现实世界里面，这样一来，那么问题就出现了，它的负的能量就要发用和表现出来了，佛学上讲这叫"染"或者"染着"、"染污"，我们身上所有的不良的习气，所有的不好的方面，全部都是从这里来的，因为"阿赖耶识"是不生不灭的，它永远在活动，这就是轮回的根源。说到底，我们造业也是因为有"阿赖耶识"，所以我们就有了报应和轮回。轮回是六道轮回，你要么成天，要么成人，要么成阿修罗，要么成畜生，要么成饿鬼，罪大恶极的就要下地狱，这就是佛教因果报应的轮回。如果说你不能够超脱轮回，你是没有办法的，你就永远在六道里面滚，那么你在六道里边滚，我们说最好的成天，次一点的成人。佛教里面有一句话说"人身难得"，因为人身是最适合修行的，它是通向至善之道而成佛的最好的基础。要修得佛果非常难，所以佛教劝告每个人要珍惜自身，因为人身是修来的，是业的果报，而且是福报，你修得这个人身是非常难的，有这个人身是非常大的福报，以人身为基础再向上去，你就已经有了一个良好的开端；但是，如果你有人身不向上升，而是向下坠，一直下落，受无明的驱使，你一直在染着染污里面滚，无法无天，坏事做绝，直到恶贯满盈，罪大恶极，你就要下地狱。这个轮回你是逃脱不了的，你的今生不报应，你的来生也要报应，报应你就要下地狱，如果你的罪业还不够大，那么你可能至少变成饿鬼。佛教讲的这个因果报应就是因为有业，所以有业就会有业报。当我们变成有形的人身的时候，其实当我们还在娘胎里的时候，我们就开始在造业了。所以，当你来到这个世界上，直到死亡，整个一生都是一个造业的过程，轮回就是基于"业力"的牵引作用与果报之间的关联，同样福也是基于"业力"的牵引作用与果报之间的关联，所以福报是跟你造的业有关系的，你造的业越是正的，你的福报就越大；你的业越是消极的、越坏，你的罪业就越大，轮回就越悲惨，佛教以这样的描述方式给我们勾画了这样一幅因果报应图画。总之，它的根源是业或业力，最终可以追溯到"阿赖耶识"。其实，成佛的根源也是在"阿赖耶识"。

那么，大乘和小乘的区别在哪里呢？大乘是要修行，一直向上修，一直要修到佛；而小乘呢，它只管自己修行，就是我自己修我的行，修到辟支佛。我们如果回到"阿赖耶识"来看，那么成佛就是重新回到它的无垢清净的状态，也就是由染返净，这是它们两者的区别。所以我们一般说，"小乘佛教"，我们可以给它一个说法叫"自了汉"的佛教，因为它修到阿罗汉就可以了，阿罗汉就是佛了，或者叫作辟支佛，对辟支佛来说，就功德圆满了，它已经完全解脱了，那么他当然就是"自了汉"。但是大乘佛教不是这样，它不只是自己修行，还要启发与教导众生修行，让众生出离苦海获得解脱，这才自己解脱，众生成佛，自己才成佛。这是跟儒教或儒学完全一致、完全相通的地方，因为大乘佛教要普度众生而成佛，儒家要成人成物成己而成圣人。儒佛都有救世的旨趣与情怀，佛教的救世是让众生脱离世俗世界的苦海，儒教或儒学的救世是治国平天下，让人民生活富裕而有教养。佛教虽然说是出世的，但它又是即入世即出世的，它也有所谓的"入世"的一面。我们从它和政治政府的关系来看，表面上好像是没有多少关系，但是实际上非常有关系，历代的佛教和政治都有千丝万缕的关系，跟整个社会都是有关系的。如果没有人世间的世俗社会，那么佛教还能存在吗?! 事实上，没有了世俗的社会，佛教就彻底失去了立足的根基。所以说佛教的精神，你看它是出世的，实际上它的精神在入世。这在大乘佛教的精神中表现最为明显。

王绍培：

今天是地球一小时，好像是说八点半钟关灯一小时对不对？我不知道我们这里关灯是不是不方便？我们这里能否象征性地关掉一部分灯呢？八点半的时候，我们关一些灯。我记得三年前，我们在中心书城多功能厅有一个活动，刚好碰到地球一小时，所以讲到中途的时候，就把灯关掉了，现场是一片漆黑，有些人就用手机的微弱的灯光在里面讲西南联大的故事，非常有意思，那是很特别的一个晚上，我希望我们今天能再现这样一个晚上。

方博士和王教授都有一个特点，就是特别能讲。尤其是王教授，刚才几乎就把佛经都讲完了。佛经是一个蛮复杂的东西。据说，当年的唐僧师徒到西方去取经的时候，如来佛给他们的经书是白纸，什么都没有，唐僧师徒心想，我们辛辛苦苦跑到西天来，拿到白纸回去没办法交差。于是他们又返回去。结果如来佛就叹了口气说，"最好的东西给你们了，你们不懂，不知道，只好给你们有字的书"，于是就把很多佛经运过来了。在如来佛的心目中，最好的佛经其实就是空白的，就是没有，就是"空"，就是"无"，这是最好的。但是一般的人觉得这个不对，这个是不是在骗我们，怎么可能白纸就是最好的东西呢？我们还是希望有字，我们还是有很多的道理和说法，觉得这样才靠谱，靠谱的东西有一个麻烦，很烦琐，现在的佛经浩如烟海，你要把它全部读完是一个很难的事情。所以佛经或者说佛教在历朝历代的一个进步，就是做减法。比如说，禅宗就是说减法，非常简单，这样比较符合中国人的心性，我们现在看到的很多人身上带着珠子、手上戴着珠子、号称自己不吃肉的，有各式各样的戒律的，这些人不一定是佛教徒。有一个叫宗萨的仁波切说，判断一个人是不是佛教的，很简单，有四个标准，如果你认同这四个标准的话，你就是佛教徒。哪四个标准呢？第一个，一切事物都是变化的、都是空的，随时随地就变了。像我们现在，现在这一秒、前一秒和下一秒都不一样，因为是在流转的过程中，你们同意这一条吗？同意这一条就离佛教徒近了一步。第二个，我们人生的一切都是不圆满的、都是有缺憾的，同意这条吗？肯定同意对不对，起码你会觉得自己的钱是不够的，所以呢，这个人生苦痛的来源就是因为我们有各种各样的缺憾，可能有的人觉得我的钱够了，但是他觉得别的地方不够，他的身体不够好；有的人觉得我什么都够了，但是现在都老了，还是不够，不够年轻；总之有很多很多的遗憾，如果你同意这条，那么你离佛教徒又近了一步，因为人生是有缺憾的。第三条，就是一切事物都没有自性，什么叫没有自性？就是不是你能够控制的，这种变化是莫名其妙的就变化了，谁在变化呢？不知道谁在控制，一切的变化都没有谁来控制的，要是我们知道有一个东西来控制它就好了、就简单了，那么我们就可以把那个控制者找到，我们就可以对我们的很多方面，比如说人生进行控制，我们的变化就可以按照某个方向来变，我们可以按照某种速度变，但是没有，这个变化就没有自性，因为我们都是由各种各样的因缘加到一起才成了我们现在这样一个状态，成了我自己，成了我这样一个环境，成了这个世界，如果你同意这点，那么你离佛教徒又近了一步。最后还有一条，就是你的顿悟、你的证明，不是在现代这样一个时空和我们所知道的概念之内来完成、来发生的，就是你不要指望我们在这个空间、在这个时间、在我们已经有的这些条条框框里面，我们能够觉悟，这个是不可能的。这个其实是关键的，我觉得作为一个佛教徒，前三条都比较好理解，这一条相对比较难理解一点。这一条就跟我刚才说的如来佛给了他们一张白纸、一些白书是相关联的，也就是说，我们的顿悟、我们的证明必须要把我们已经有的世界、我们已经有的时间、我们已经有的意识和精神通通都遗忘掉，把遗忘也遗忘掉，就是我们已经不在这样一个场域里面了。只有在这样一种情况下，我们才能够说你是一个佛教徒。这个标准讲的就是佛教比较根本性的地方，世界上有两种宗教，一种宗教是有一个崇拜者，比如说基督教、伊斯兰教，都是虔诚地、全心全意地崇拜一个至高无上者，我们匍匐在他的面前，我们什么都不是，他才是，他才行，他才能，这样我们就得救了，这是一种宗教。还有一种宗教没有这种东西，就是完全靠自己去证明、自己去觉悟，觉悟了你就获救了。所以"佛"这个字大家观察一下，很有意思，"佛"这个字接近宗教的一些原义。什么叫宗教？宗教有三个特点，第一个特点就是它有一个非常高的取向，目标很高，它不是我们日常的，不是现实的目标，它的目标非常崇高；第二个特点，它的体验非常深刻，它不是简单地吃点肉、喝点酒，穿了一件新衣服，它是我们内在精神的一定觉悟，这种体验是非常深刻的；第三个特点就是它的能量非常强，就是我们做很多事情，哪怕我们谈恋爱，我们谈了一次之后能量慢慢地就没有了，但是宗教的能量是源源不绝的，不断地有一种能量来鼓舞、来激励你往远的地方去、往深的地方去，这是宗教。而佛教跟这个很像，佛是由"人""弗"组成的，有一种说法，当一个人不再是一个人了，他就是佛了。如果我们生下来就是这样一个人，浑浑噩噩没有反省、没有觉悟，我们从小到大、从大到老、从老到死，我们固然是一个人，但是我们不是一个觉悟者，只有我们把自己否定掉，我们成了一个非人，把这个原初状态下的人否定掉，我们就是佛了，就是觉悟的意思。"弗"还有一种说法，它弯弯曲曲的，中间两竖可能是两条腿，弯弯曲曲的可能是道路，象征着道路是曲折的，前途是光明的，你要经过一个非常曲折的道路，你要这样去顿悟，你要否定自己，你就可以成为佛。这个过程中比较难的是不在于你去读了很多很多的经书，而在于你是实实在在地、真真切切地把所有的条条框框都给粉碎掉了。如果佛不讲这个世界是虚幻的，我们不知道这个世界是虚幻的；如果佛不讲这个世界是没有自性的，我们也不知道它是自性的；如果佛不告诉我们这个世界的本质其实是苦的，我们可能也不知道，即便我们受苦了，但是我们不知道它为什么这样苦，我们不知道这个苦是必然的，尤其是我们不知道其实还有一条可以觉悟的道理。我记得读《红楼梦》，《红楼梦》可以说是一本文学的经书，里面讲"天下没有不散的筵席"，一切都会过去的，一切都会凋零的，一切都会消亡的，最后就剩下白茫茫一片大地真干净。不论多么美好，你是林黛玉也好，你是薛宝钗也好，你是贾宝玉也好，无论你是处在一个什么地方，富贵繁华大观园里面，最后全都毁坏了、腐朽了、消亡了、没有了。其实这也是佛经里面的内容，也是佛对这个世界的看法。但是佛对我们中国人就有一个影响，我觉得这是一个偏见，就是历来的偏见，有一点根深蒂固了，我们觉得它是一个非常消极的东西，因为它是出世的，它是很冰凉的，它是一个清凉世界，其实我们忘了这应该不是佛的本意，我想其实佛曾经用痛苦来描述这个世界，但是它也不希望让我们说这个世界就是苦的，而且这个苦是没有办法的，不是这样的。它只是告诉我们，我们尝到这个苦是很正常的，因为本身就是苦的，但是我们不能够陷入这个"苦"中，我们其实有办法来逆转这个苦，那就是顿悟，那就是有一条道路，你能够看见这个世界，其实它有另外一条通道，你把所有的这些东西弄明白后，你能获得一种自由，尽管佛不用自由的概念讲这个道理，但它其实包含了这些东西。其实在"慈悲"这两个字里面，它不仅悲，还有慈。斯里兰卡有一个叫德宝的法师，他有一本书叫《观呼吸》。他练两种功，一种悲功，就是看穿了这个世界，还有一个慈功，慈功是什么呢？想象我像一个太阳一样，我有光芒，我有温度，我有温暖，我照耀我身边的一些人，我爱我身边的人，这就是慈功。它跟我们一般的人对佛教的印象是相反的。据说德宝在候机的时候练功，这个时候有很多小孩就围拢过来，捏他的胡子，揪他的耳朵，摸他的脑袋，最后甚至趴到他身上去了。为什么？因为小孩的感受力是很敏感的，小孩的感受力是很强的，他们感受到了这样一个法师的亲切和温暖，所以他们愿意来亲近他、来接触他，这是佛教很温暖的一面。事实上现在在中国台湾有很多佛教团体已经不是出世的佛教了，比如说"佛光山""慈济功德会"，他们都非常入世，办学校、办医院、参与赈灾等社会活动。当然有些人批评他们是政治和尚，是资本家和尚，也有很多人赞扬他们，因为他们改变了过去佛家、佛教的那种刻板的印象，他们成了一个能够给社会带来积极的、正面的作用的宗教团体。台湾的佛教团体是吸纳了基督教的很多做法，基督教是入世的，是拥抱人生的，是可以带来温暖的，是有情感的，台湾的佛教现在也是这样的，它也是一个有温度、有情感、很感性的佛教。

我简单讲了佛教跟我们生活相关的这些方面。其中还有很重要的一点，比如禅修、打坐，基督徒也打坐，在中国的儒释道三家里面都有可以打坐，都有禅修这一部分，禅修可以跟宗教没有关系。前两年来自美国的一位仁波切，来中国就讲，他教大家来打坐，他说他在美国有非常多的人跟他学习，他有一个很大的担心，就是担心将来中国人、东方人要跟美国人学习打坐，他说这将会是一个非常悲哀的事情。台湾有一个叫陈履安的政治人物，后来他接触了佛教的禅修的部分，有一次他打坐的时候顿悟了，然后觉得这个感觉非常好，于是从此把传播中国传统文化，尤其是教人禅修作为他终生的使命，他也认为这部分对我们的人生、对我们的生活是非常有价值的。他还有一个说法，说中国文化真正具有全球性、全世界性的竞争内的部分就是禅修这一块，这个其实跟佛教有很大的关系，有关这部分先简单说到这里。

现在我们转到另外一个话题，我们知道，在西方的世纪，在过去的世纪，全世界都有一个很大的问题，就是在不同的文明中，爆发很多激烈的冲突。首先是在基督教文明和伊斯兰教文明中有很大的冲突，比如在去年年底，法国的《查理周刊》，他们的一些编辑被一些极端的伊斯兰教教徒枪杀了。对这个惨剧的解释是多种多样的，可以从很多方面来解释，但有一种解释认为它是文明的冲突，很多哲学家、思想家也认为，过去的世纪，尤其是新的世纪，文明冲突可能会是一个长期的、还会不断地爆发很多事件的根源。但是像佛教跟儒家属性不尽相同的两种文化、两种文明或两种宗教，它们之间发生过什么样的一些故事？我们现在请两位讲讲。

方映灵：佛教是西汉末、东汉初从印度传入中国的，经过不断地本土化，至隋唐时期达到鼎盛。历史上曾有三次"灭佛"事件。第一次是北魏时期，佛教遭受道教的排挤，导致佛徒被杀、佛像被毁。第二次是北朝时期，因统治者尊儒，佛教与道教一起被毁经书、灭佛像，佛徒道士还俗。第三次是唐朝中叶，因佛寺经济过分膨胀与国家赋税发生重大冲突，唐武宗下令沙汰佛徒。尽管这样，佛教还是以它对社会人生苦痛的独特慰藉作用赢得了众多信众，并以它玄妙的理论思辨性，逐步影响着儒家，自身也最终形成禅宗，完成佛教本土化过程，禅宗就是中国化的佛教。儒家对佛家的回应，先是南朝时期范缜与佛学者的形神之辩，后是唐朝韩愈、李翱的反佛排佛，但儒家始终还是以学习借鉴的方式对待佛学，并最终形成了吸收了佛学和道学精华的宋明理学。所以，儒家、道家、佛家历来是既相互排斥又相互吸收，最终成为中国传统文化三大主干和中国人精神生活的三大支柱。

王兴国：如果要理解文明的冲突与对话，要让文明的冲突回到文明的对话，那么就有必要回到儒佛的关系上来，看看儒佛怎么化冲突为对话。佛教是怎么来看这个问题的呢？我认为最基本的关键还是要回到佛教自身的精神才能回答。这是一方面。另一方面，还要从儒、佛的关系为前提来总结它们其中成功的经验和它们留下的教训。从这两个方面，我们说可能对解决当今世界文明对话中的冲突是有启发和帮助的。如何来化解文明冲突，回到文明对话，在这个地方，我要补充几点。我刚才讲的佛教精神，而且主要是大乘佛教的精神，刚才两位都谈到了佛教对现实世界有一个基本的看法，就是说，它们不认为现实世界是真实的，就是所谓的"假有"，它只是一种虚幻的有，或幻象的有，这个观点导源于佛教的一种因缘观。什么叫"因缘"观？因为佛教有两个方面，一方面佛教看整个的现实世界，我们可以套用今天哲学上的一句话，把它叫作"现象"世界，它看到的整个的现象世界，包括我们的社会、人生、宇宙，所有的这些，从佛教的观点来看，这些东西的存在和由来都是由于因缘。什么叫因缘？就是有条件的生成、有关系的存在，它是有一种因果关系在里面的，是由于有一定的条件的作用才产生的，都是因缘和合的产物。我们的现象世界里的任何事情的存在绝对都是有条件的、都是有原因的，这是佛教看现实世界的因果观。另一方面，正是因为这样，所以佛教提出了一个非常重要的观点，叫作"物无自性"（世间的万事万物都处在刹那瞬变的流转过程中，这种流转的过程是因为它自身是因缘和合的产物，也就是说，万物的存在都是缘起的结果，当因缘消散的时候，万事万物的存在就没有了），所以这就是空，"空"不是表示说空无所有，而只是世间万事万物在时空里以各种不同的形象和过程的形式出现，这个过程迟早都是要结束的。在佛教里面讲"物无自性"，一切都是依缘而生、依缘而有的，一切都处于常流常变之中的，一切都是暂时的，但是任何事情都有一个"成、住、坏、空"的过程，这是一个很重要的方面，所以它讲"物无自性"，这点大家可看《六祖坛经》里面，慧能和神秀的偈语（神秀说："时时勤拂拭，勿使惹尘埃"），其中六祖提出"本来无一物，何处惹尘埃"，讲的就是"物无自性"。正是因为物无自性，或者我们讲空，万物皆空，就是它在本质上是空无所有的，没有可以执着的不变的实体。既然它的本质是空无所有，是处在流变的过程中，是处在条件的状况之下，所以你要能够把它看透，把它理解透，不要执着，这就是佛教讲的一切都要放得下的精神。因为有很多东西都是存在于生命过程中的，今天"有"，明天就"没有"了，所以我们讲"无常"，不仅人生是无常的，宇宙也是无常的，一切世间法都是无常的。当然，这点和道家也是相同或者一致的。因为道家也讲"无常"，强调以"无常"为常的观点，和佛教一样。释迦牟尼佛在传衣或法衣给大迦叶（命他持衣待弥勒）的时候说过："法本法无法，无法法亦法，今付无法时，法法何曾法"，讲的就是这个问题，也就是说，法就是法相，或法的相状，法相就是我们刚才讲的整个宇宙、世界，包括人生和社会，全部我们感受到的现象世界，都是佛教里面讲的法相，这个"法本法无法"的"无法"就是自性空的，"无法"之法所法的"法"同样是法相，也是无自性或自性空的，一切的法或法相无不是这样的，一切法法其实都法无所法，所以说"法法何曾法"，这就是法的本性。透彻地了解法的本性，就应该无住于法，就是不执着于法。再强调一下，法无自性或自性空恰恰是法的本性，这是非常重要的一个观点。

当然，我们说从儒、佛的关系来看，我们知道儒家有一个传统就是"辟佛"，儒家辟佛的传统至少可以追溯到唐代的韩愈。什么叫"辟佛"？简单地说，就是反对佛教、批判佛教，古代称为"辟佛"。辟佛，一般公认是从韩愈开始的。韩愈写《原道》，为了维护儒家的正统地位，他主张排斥佛教，所以当皇帝要亲自出来迎接释迦牟尼佛骨的时候，他就上了一篇奏折（谏言），要求皇帝不要做这个事情，不要崇信佛教。他为这件事情丢了在朝廷的官职，被贬到了广东的潮州。儒家为什么要辟佛？其中，除了儒家要争正统、要和佛教和道教争主导权、支配权的"霸权"的地位以外，一个很重要的方面就是儒教或儒学认为佛教否定了现实世界。你把现实世界看成空有、看成假有、看成虚幻不实的，从这个意义上讲，人伦、纲常、道德、社会的秩序、社会的政治制度、社会的文化都不过是过眼云烟，都是要否定的，所以儒教在这一点上是反佛的，是批判佛教的。这个方面的问题，我们要把它搞清楚，这是构成儒、佛非常重大的一个差别。我们知道儒家是非常重视伦理道德、非常重视孝的，肯定人类现实社会的世俗生活，肯定人类社会的秩序和人类的文明进步，所以它不能容忍与接受佛教对世间法、对现实世界的否定。但是它们两者在一点上又非常一致。儒家讲"仁爱"，而佛家讲"慈悲"，这个"慈悲"和儒家的"仁爱"，从超越意义的前提下来看，是完全一致的。这是构成儒佛交流和融合的一个基础。如果没有这点，是不可想象的。再一点，我们知道儒家的最高目的是追求成圣，做圣人，佛家最高的目的是追求成佛。佛教讲"一切众生悉有佛性"，讲的是人，只要是人，他都有成佛的可能性，这点跟儒家是完全一致的，儒家讲人皆可以为尧舜，就是人人可以成圣，所以这点上它们两个是非常高度一致的。佛家讲我们要成佛，我们要修炼，我们要修行；儒家讲我们要做圣人，我们要讲修身，我们要成己成人成物，怎么样成圣、怎么样成佛，在这点上，两家路径虽然有异，但是从最后的一点上看，都是一致的。什么是佛？佛就是圣人，就是觉悟者，或大觉悟者，彻底的觉悟者。儒、佛都要追求成为这样觉悟境界的人。这是它们非常一致的地方。

另一方面，我们从佛教的精神来讲，在佛教里面，刚才主持人也谈到，佛教和基督教有一个非常大的不同，我们管基督教叫作他力教，在众生之上有一个绝对的主宰，就是上帝，可是佛教不这样看，佛教彻底否定造物主，我们把佛教叫作自力教，就是说（站在佛教的立场上来看），人生完全是可以自主的，成佛完全是靠自己，不需要崇拜任何偶像。从这点上来讲，佛家是彻底的反对偶像的，可以说是彻底的反偶像主义。为什么会有这样的观点？就是起源于造业，业是自己造的，成佛还是成魔完全看你造的业，是由你的业力牵引的，你的业是正的、是善的，就朝佛发展，你的业是消极的、是恶的，就把你引向恶魔，所以这完全是你自己主宰的，这一点跟儒学也是完全相通的，因为儒家讲人人可以为圣人，人人可以成尧舜，完全也是自己做的，它不需要靠天或上帝，也不需要靠他人、靠皇帝，完全是靠自己的修养实践，完全靠自己在社会里面从事的活动所取得的功德，最后达到超越，上升为圣人之境，儒家确实就是这样的。所以儒和佛在这点上是殊途同归，儒学的精神和佛学的精神都是一种自力的精神，它们都强调人可以主宰自己人生的命运，德在自己养，福靠自己修。所以儒家重视道德实践，佛家讲求修行实践。不过，佛家更注重"业报"的因果与自觉，儒家则看重"自律"与"自强"，并以天地之德或天地精神自勉，因此儒家倡导与追求"天行健，君子自强不息"的精神，这就是我们《易传》讲的"生生之德"，这个精神和佛教的精神本质上完全是相同的，只是两家说法不同而已。在这点上，它们不是迷信，也不存在迷信，所以这点我们要知道。正因为如此，所以我们看到，在唐宋以来的禅宗里面有毁佛骂祖的事情发生，不仅佛像可以烧掉，还可以骂佛祖、骂祖师，这表示佛教没有偶像崇拜。为什么？因为成佛完全是取决于自己的觉悟。在禅宗里有一个传统，我们讲开悟，大家知道"开悟"最基本的意思就是觉悟。什么叫觉悟？就是你通过修行，到了一定的高度，你一下子对世出世间的道理明白了，你对佛教的精神悟通了，这就叫开悟。当然我们从禅宗本身来讲，你作为一个禅宗和尚，你真正到开悟的时候，经过师傅的验证，你就可以传禅法了，你就可以带徒弟了，你就可以另立宗门了。这是"开悟"的一种意义，还有一种意义是从成佛的意义上来讲的，叫作彻底的觉悟，或称"大觉"。在这种觉悟下，就到了最高的开悟境界。开悟也是我们讲的佛教的精神，这个里面就涉及我刚才讲的佛教的大乘精神，就是菩萨行的精神。菩萨行的精神如何来体现呢？用一句话来概括，叫"六度万行"。修行六度是大乘佛教实践的要求，修行六度可以使人功德圆满，驱除成佛之路上的一切障碍，没有什么事情是做不到的，所以六时吉祥，事事圆满。可以说，修行六度的实践智慧，就包含了佛教的万行之行。在这个意义上说，佛教的实践万行就在六度的修行智慧之中。菩萨行的精神要得到体现，就必须修行六度（六种波罗蜜）。我们学习大乘佛教，就必须懂得修行六度的重要意义，就是说，你如果是信奉佛教，你一定要修习六度的智慧。六度智慧首要的是要持戒，你要遵循佛教所定的戒律，最基本的戒律是不杀生，因为佛教主张"不杀生，不偷盗，不邪淫，不打诳语（不妄语）"，这是做人道德规范最基本的要求，这也可以说是我们今天讲的人类的普世价值。佛教讲的不杀生之义是很广泛的，一切有情众生当然都是生命，杀生有罪，包括踩死一个虫子是杀生，甚至毁坏一草一木也是杀生，这当然是推开来扩大范围讲的，但是"不杀生"是佛教最基本的戒律。因为佛教在有情众生中把人的生命看得最宝贵，所以杀人，在佛教看来，是最重的罪业。正因为佛教主张的"不杀生，不偷盗，不邪淫，不妄语"是人类最基本的道德价值，所以是我们应该遵循并去做的。其次，佛教还讲要布施。布施有各种各样的形式，我们通俗地讲，就是做善事，有钱出钱，有力出力，就是布施，或者说，如果你知识丰富，你有道德，你也可以奉献出来，成为一种善举。你道德高尚，你把你的道德影响你周围的人；你有知识，你把你的知识传授给你周边的人，从而贡献社会，这叫"法布施"。这就是所谓的传递正能量。但是，布施不能以追求地位、福报、功名为目的，否则，就不是布施了。这是很重要的一点。在强调布施的同时，佛教教导我们要能忍辱。人生在世，很难事事如意。有的时候，受辱是无法避免的。但不能受辱就想不开，就寻短见。忍辱能使人度过逆境。在佛教看来，忍受一切寒热饥渴和七情六欲的折磨也是忍辱的内容。这与儒家的讲法也有相同之处。孟子说："天降大任于斯人也，必先苦其心志，劳其筋骨，饿其体肤，空乏其身，行拂乱其所为，所以动心忍性，增益其所不能。"这与佛教的忍辱之义大略相当。从儒家来说，只有能忍辱的人，才能堪当天降之大任。当然，在佛教里还提倡人在做事情的时候，当然是做正义的事情的时候，一定要勇猛无畏，这个跟儒家所讲的"勇"也是一样的。对儒家来讲，大不了就是杀身成仁嘛。佛教也一样，提倡舍己为人，甚至佛教徒可以舍身饲虎，也表示一种高度的牺牲精神。那么，我们完全可以说，在这点上，儒、佛也是一致的。对佛教来说，勇猛无畏就是精进。但佛教讲要精进，不只是勇猛，还有勤奋、认真、踏实、细致。就是说，你做事情不能懒惰、懈怠、放逸，而要勤勉、踏实、认真、求精、求好，不要停止，而要一往直前，这就是佛家的"精进"。儒家同样也是这样的，讲到了这些内容。我们通常讲要有恒心、要持之以恒等，也是精进的表现。这个精神儒、佛是一致的。当然，佛家还讲到要有禅定，就是要修禅（修止观）。我们说，修禅的这一部分内容，今天可以从佛教中分离出来成为独立的一部分，可以成为人们养生、保健、调心的一种很好的方法，这对我们来说也是有意义的。这个问题刚才主持人也已经讲到了。最后，佛家讲要有智慧。为什么要修禅？关键就是为了获得智慧。从佛教讲为什么我们今天要修身养性呢？除了身体健康外，最根本的是要追求佛性清静，断除烦恼，这就要求我们必须证得究竟真实的智慧。如果人生在世活得没有智慧，那么人生是没有意义的。因为我们前面讲的所有这些内容，如果没有智慧来支撑，都是不能实现的，都是空的。譬如说，一个人有能力可以干好事，也可以干坏事，干好事就相当于布施，干坏事就是作恶；同样有财富也是一样的，财富的使用也有善有恶。佛教讲的这个"布施"也不是一件简单的事情，布施也要讲智慧，这在现实中的例子很多。因为现实的人的处境都是复杂的，社会也是复杂的，所以布施要讲智慧。你把钱捐出去，但钱捐出去一定是做好事吗？你对这事要有个判断力才能做出正确的判断。我们知道，捐钱也可能是干坏事，好心也可能办坏事。所以，佛教要讲智慧，儒家也同样要讲明智。讲智慧是非常重要的！佛教讲要成佛一定要有智慧，没有智慧做基础是不行的，那就成不了佛。什么叫智慧？我们知道佛教中讲的"般若"就是智慧。这个"般若"的本义就是渡到彼岸，就是乘着智慧的船渡过苦海到达彼岸，去尽苦恼，获享极乐。所以，智慧是最重要的东西。对佛教来讲是这样，对儒家来讲也是这样。佛家由戒入定，由定生慧；儒家由静而定，由定而虑，追求最高的静虑，这就是智慧，但是儒家没有"般若"这样的术语。所以，在这点上儒家和佛家也是高度容合的。儒家，特别是孔子讲"仁且智"，仁智双彰，强调仁与智的统一。如果光有仁爱之心，而仁爱之心没有智慧的支撑的话，是实现不了的，是空的，是不能真正解决问题的。如果它要能落实，要真正解决问题，就一定要有智慧，所以儒家讲"仁智双彰"和统一。你的爱心的实现一定要建立在智慧的基础上，儒家的这个思想跟佛教也是高度一致的。所以，做圣人也好，做佛也好，一定是要有智慧的。我们今天谈到佛、谈到圣人，好像是遥不可及的、高不可攀的，但是我们要了解他们的精神。简单地说，我们不抱希望一定要把自己做人的目标定为圣人，但是我们可以做一个热爱智慧、追求智慧的人，或者是有智慧的人，这对我们每个人的人生来讲都是非常重要的。为什么呢？智慧没有种族之分、没有性别之分、没有地位之别、没有党派之异，更没有古今、东西的不同。智慧对于一切时代的一切人都是十分重要的，所以我们今天讲智慧是非常有必要的。

再回到儒、佛的关系来看，我们刚才提到，只要一谈到儒、佛的关系，有一个话题就绕不开，就是辟佛。我们讲儒家的辟佛，这是一个方面；还有一个非常重要的方面，就是刚才方博士讲的，儒学大量学习了佛学的思想智慧。我刚才谈到韩愈辟佛，他因为这个事丢官、被贬，来到了潮州。但是我们要知道，韩愈在对待儒、佛关系的历史里面，可以说是一个典型的例子。一方面他辟佛，但另一方面，他私下和僧人有非常密切的交往，特别是他来到潮州后，潮州有一个非常有名的和尚叫"大颠"（即太颠。"大"，古音念"太"，潮州音也念"太"），他和大颠和尚有书信交往，我们可以看到保存在传世文献的韩愈文集中有关于他和大颠的书信交往，我们从韩愈和大颠的通信中可以看出，他跟大颠之间有来往，他对大颠非常同情，跟他讨论佛学的问题，特别有意思的是，后来在大颠坐化以后，韩愈在大颠寺庙的墙壁上题了一首诗，这首诗留存在宋代周敦颐的文集中，非常值得回味。它写道："退之自谓如天子，原道深排佛老非。不识大颠何似者，数书珍重更留衣。"这首诗的上半部分是写自己的，他以前建议皇帝不要迎佛骨，排斥佛教，包括排斥道家老子，但他对大颠表示，他认为自己当时的做法好像是做错了，现在似乎对佛教有了新的认识，能像天子一样怀有对佛教的尊敬之心；诗的后半部分写了他和大颠之间的关系，大颠和尚这个人像一个令人猜不透的谜，难以读懂，怎么形容都不能准确把握，特别让他怀念和感动的是他和大颠的通信，虽然斯人已去，但是大颠留衣传钵或传法，有了法嗣的继承，可以灯火相传了。虽然这首诗可以认为是韩愈来到大颠曾经栖禅的寺庙，表示对老友大颠的怀念之情，但是不可否认，从这首诗可以看出，在韩愈身上儒和佛的微妙关系。后来，明代的大儒王阳明为韩愈辩护，认为韩愈与大颠的交往乃人之常情。在他看来，韩愈为大颠造庐，大颠留衣为别，都没有超出人之常情的范围。总而言之，韩愈的所作所为，并不是崇信佛法，为了追求福田利益，而仅仅是尽朋友之谊罢了。我想，王阳明很可能没有读到过韩愈为大颠题的这首诗，否则，他将会有另一种看法。还应该注意到，韩愈当时题写这首诗的时候，并不是出于一时的冲动，不能理解为感情用事的产物。在某种意义上说，很多儒家表面上看一定是辟佛的，因为他们要维护儒家的正统地位。为什么要维护儒学的正统？因为儒学是代表国家的，它也是整个中国的文化命脉所在。但是另一方面，儒与佛私下又有密切的交往和联系。对于儒、佛之间的关系，我们最后归结到一点，就是在思想体系上，特别是到了宋明，儒学又超越了佛教，就是说，儒学的思想体系一方面是吸收和融合了佛教，但另一方面它们又追求对佛教的批判和超越，在这方面，王阳明是一个绝佳的典范。从这点来看，如果跟基督教、伊斯兰教相比较，虽然儒、佛之间也有冲突，但是儒、佛没有以刀枪相见，没有正面地打过仗，大不了就是有一些理论上的争执，始终能和平相处，甚至友善交往与对话，但是基督教和伊斯兰教是拔刀相见，你死我活，不惜流血死亡，互相残杀。从这个观点来看，我们有一个启发，我们说冲突会有，难以避免，但是这种冲突和冲突的解决最好不要拔刀相见，不要流血，可以坐下来谈，可以在思想上、理论上争论，但还是要以和为贵，这是儒和佛处理宗教冲突成功的一个典范。佛教提倡

"称理而谈"，儒家强调"和而不同"，我想这是儒、佛之间能和平共处与并行发展的非常重要的基础。中国在儒和佛的关系上的典范，可以提供给全世界的文明对话作为一个参照。我就简单讲到这里。谢谢！

王绍培：

刚才王教授讲禅修，我就想起，过去佛经里面讲说一钵水里面有八万四千只虫，天上的星星就像恒河里面的沙子一样。过去大家可能觉得这是文学的比喻的说法，后来发现它讲的是事实，因为一钵水里面有很多细菌，天上的星星确实多得不得了，真的是比恒河里面的沙子还要多。为什么那么早的时候，他们会有这样一种发现，有一种说法就是因为他们通过禅定，他们开发了潜能，他们不是用想象、用推论得出了这样的结论，而是他们的眼睛就真真切切地看见水里面就有这么多的虫，因为视力非常强大，他也可以看见天上有这么多的星星，这就是通过禅定之后他的大脑跟普通人的大脑不一样了，他的感官跟我们的五官不一样了，能看到我们看不到的，能听到我们听不到的，能闻到我们闻不到的，这就是通过这样一个修行带来的结果，所以经书里面写的很多话可能也要从这个方面来理解，或者按照恩格斯的话说，人类的最高的智慧代表是佛教徒。现在很多人都从最新的、最先进的知识里面来跟佛经进行一个印照，比如说色即是空、空即是色，大家以为空是没有，色就是有，但其实有些科学家就把量子力学跟它来进行联系，比如说什么叫空，存在仅仅是能量的时候，纯粹的能量就是空，当能量稍微转化为一种物质的时候，它就是色，量子力学里面讲的"波粒二象性"大概就是这个意思，那么当它是能量的时候，它就像波一样，当它是一个具体的物质的时候，它就像一个粒子一样，就是一个东西了，所以能量不是一个东西，但是它不是没有，它绝对也是有的，所以就说"空即是色、色即是空"，可能讲的也就是"波粒二象性"。

深圳学人·南书房夜话第九期：
儒学与民间社会

景海峰　问永宁　王绍培（兼主持）

（2015 年 4 月 11 日　19：00—21：00）

王绍培：

　　各位现场的朋友大家晚上好，今天是南书房夜话第九期。今天两位嘉宾都是重量级的，一位是景海峰教授，他是深圳大学人文学院的院长，景院长是我们南书房夜话的常客，来过很多次；还有一个是稀客，第一次来，他就是问永宁博士，他是深圳大学文学院的副院长。他们两个人，一个是院长，一个是副院长，但是问博士比较像来自民间的道长，因为他的形象比较像是来自民间的，事实上他是住在梧桐山上，而梧桐山有点像是深圳儒学在民间的一个部落，很多办儒学、国学班的人都聚集在梧桐山上，因为问院长来自梧桐山，所以我们就请问院长先讲讲儒学、国学在梧桐山上的状况及在民间的状况，有请。

　　问永宁：我确实是住在梧桐山，梧桐山不完全是儒学的道场。梧桐山以前有过各种宗教，清末民初的时候，这里有一个先天道的道场，他们有一个书，就叫《梧桐山人集》，后来这个道场的传承主要在香港，所以香港很多道教的人追祖到梧桐山，现在也有佛教的弘法寺。目前由于有很多学堂在这里，一般人觉得这些读经班、私塾讲儒学，就以为梧桐山是儒学的道场。其实梧桐山现在也是三教九流，比如台湾佛教界的海云继梦法师就有一个道场在梧桐山，基督教在这里有教堂，道教也有一些道场，还有一些民间宗教的活动场所。当然儒学的影响大一些，在文化方面，影响最大的是推广学堂教育的这一批人。有些人可能爬过梧桐山，梧桐山山门口对面，就有一个梧桐书院，梧桐书院就是主张读经的，刚才王老师讲到的蔡孟曹老师，就是梧桐书院的负责人，他就信仰新儒学。另外，像张中和老师、虞继勤老师也是以儒学为主导做小孩教育的，这是影响较大的一批人。另外，山上还有一些读经的，他们没有做学堂，他们的职业我还不清楚，但是他们读书挺用功，自己也有心得和体验。有一些读《易经》的人找我聊过，跟我们学术界的路数不是太一致，但也不是民间算卦的，他们还是在做义理的研究，也有深度。还有一些做其他工作的人，一些写字的、教书法的，例如一个叫"霍者"的人，我最近在地铁广告上经常看到他。对，就是在那个出现在关于教育的公益广告里，脖子上挂着红围巾，很帅的那个人，他也在山上，他对儒学的体认就挺好的，所以山上确实是有很多人在做和儒学相关的事情。儒学在梧桐山的影响，超过了其他学派。

王绍培：

景院长好像是在象牙塔里面，但是不知道对民间社会的儒学情况有一个什么样的了解和看法呢？

景海峰：问老师先从脚下讲起，从家门口的梧桐山讲起，这跟今天的话题可能最容易联系起来。我们之所以讲儒学与民间社会，因为这是一个系列活动，涉及儒学的方方面面，前面的七八次夜话都是讲学理方面的，基本上有一个比较系统的理论，或者有悠久的历史线索、有体制性的保障，像是书院或科举这样一些依托的背景，所以其整个的系统性可能跟民间的意思就稍微远一些。所以后来我们就想到，儒学实际上是多方面的，除了官方的背景，或者学术的背景之外，它与我们老百姓的日常生活也有非常密切的关系，所以就想到了以民间社会作为一个话题来谈。

说到民间社会，实际是一个很复杂的概念，究竟什么是民间社会？实际上也没有什么定义，可能学术界的研究，比如说政治学、法学、社会学、人类学或哲学一般在讲这个问题的时候，看法可能都不太一样，所以它并没有一个固定的模型。什么叫民间？按一般老百姓的理解，大概就是与官方对应的，就是一个体制外的，从今天的社会结构来讲，它不是属于一个单位，而是私人性的，或者属家庭这样的场合，它不是官方背景的，不是单位体制的，这大概就是最通俗的理解。

说到民间社会，实际上又是广大无边的。因为在儒家学派创立的时候，它所依赖的资源是周代的礼乐文化或三代文明的遗产，那基本上是从贵族文化来的，即带有"官"的背景。西汉末年的大学问家刘向、刘歆父子提出，《汉书·艺文志》所延续的一个说法，就是"诸子出于王官"。所谓"王官学"，就是所有的先秦思想和各家各派，原本的身份都属于官学，就是有贵族教育的背景。我们也经常说孔子开了私人讲学的先河，也就是说，在孔子之前，当时的文化教育都是官方背景的，孔子是以一个"布衣"的身份开始了"私学"的新历程。所以从源头上来讲，"官"和"民"实际在儒学一开始就包含这两个方面的问题。所以在"五四"的时候，胡适就写了一篇特别有名的文章，讲"诸子不出于王官说"，对刘歆的说法提出了批评。他强调诸子学术应该有它的草根性，不能完全跟所谓贵族的文化联系在一起。这在"五四"的时候，因为要提倡平民文学，所以围绕"官"和"民"的问题有很多讨论。

分辨儒学的"官"与"民"的身份，其意义和价值何在？我是这么理解的，如果从儒学的庙堂身份和气息来讲，它肯定跟历代的统治阶级、主流文化形态，跟我们过去讲的儒学的基本价值是联系在一起的，这个身份内容对整个中国文化的延续、对中华文明的发展是非常重要的，相当于是一个主干性的东西。因为它是一个国家的或一个主流的形态，所以便和政治统治、和文化权利这些内容联系在一起，这个身份是非常重要的，也是非常自然的，因为儒学能有那么大的影响力，它肯定是有这个背景的。当然除了"官"的身份之外，我们说儒学也不光是高居于庙堂之上，它也是深入于民间的，跟我们中国人的日常生活有着非常密切的关系，这种关系就不能完全按照体制的或庙堂的视角来理解，它是深入民间的、是走入生活状态的、是和社会更广泛的层面结合起来的，所以我们今天讲儒学和民间社会的关系，大概就是从这个意思来说的。

王绍培：

我们今天讲儒学在民间，这个话题我觉得比较有意思，因为跟我们前面八期比较偏重学理不太一样，我们可以比较多的、现象性的描述，像刚才问院长讲到了蔡孟曹。蔡孟曹招了好多学生，很小的有六七岁的，也有年龄比较大的。关键是有一些学生不是说假期的时候来学一下，他们是准备跟着他学很多年的，可能是从7岁到18岁，有一个这么长的规划，你在他那里读经，在他那里上了个像儒学学堂的，那读到了18岁的时候怎么办？就是说它跟我们的体制没有一个衔接，我不知道还能不能进到我们高考的系统里面来，他可能都没有小学文凭，没有中学、高中文凭。但是有些家长很大胆，就把自己的小孩扔给他了，然后就给他去教。他那个读书的状态也是蛮有意思的，背很多的经典，跟传统的教育是一样的；另外，他也学英语，因为他也觉得我们要面向世界，不光是把传统文化学好，也要学一点洋文，将来的应用范围会更广，然后有很多时间带着小孩去爬山，因为后面就是梧桐山，所以家长觉得这样也挺好，背诵一点东西，这些东西可能将来也是有用的；然后经常爬山，身体会很好；学了英语和外语，将来也会很实用，关键是这些小孩放在他那边去了之后，吃住学全部在学校里面，家长可以不用管了，因为现在有些家长很忙，很多学生扔在那里就不像我们现在的学校，当然我们现在的学校也有住宿的，他那边扔过去之后就很长时间可以不用管，是这样的一个状态。这样一个跟我们现在的教育体制没有关联性的教育，居然在深圳出现了，很多家长把自己的孩子送到这个学校里面去，学费还挺高的，这是一种什么情怀？

我们可以思考一下，我觉得这种追求和情怀应该放在什么样的背景下来看呢？从五四运动以来，我们把传统的孔家店基本上打倒了，将过去的教育体制废弃了，原来可能这种教学可以在民间进行，但是它有一个上升的通道，就是从官到民的转化其实是衔接得非常好的，你读书读得好了，你参加考试，你考得好就可以做官，这个通道很重要，等到把这样一套体系给打破之后，你再学这个东西没有用了，如果不能做官，我学这套东西干什么。这是我们在今天比如说国学热、儒学热的背景下，你学的这些东西可能没有这方面的用处的，我们去考试不会考到这一部分，我们在一个公司里面，比如我们去谋一个职位，也不一定会考你这方面的东西，因为它不是一个很实用的知识，但是竟然有那么多人去学它，其中一个很重要的原因就是，我们发现，当我们把传统文化废弃了、推翻了之后，我们用一些意识形态或文化形态替代了这些传统文化，但有很大的问题，比如我们现在很多人到台湾去旅游，回来之后都会有一个感慨，就是台湾人的接人待物让人觉得很亲切、很舒服，他们那么温文尔雅、那么彬彬有礼，显得那么有涵养、有教养，有一种文化的蕴涵，原因在哪里？原因就是台湾可能还是因为传统文化的这部分保持得比较好，这又是很有实用价值的一面。我们五四运动以后搞的与修身养性、与接人待物有关系的这一套文化体系、这一套规范体系，我们发现它有一点问题，它好像是很生硬贴在我们身上去的，它让人觉得好像不是很有生命力的一个东西，且我们自己在学的时候，就不是学得很用心，学的时候就不觉得它很亲切，在用的时候，也觉得是用得很生涩的东西，所以我们到了台湾那里去的时候，跟他们的人民、跟他们的老百姓去打交道的时候，就会显得我们有点粗鄙，这也是一个背景，于是有些人就说我们是不是应该学一些传统的东西，那些东西其实拿出来用起来还是会让人觉得很舒服的。我想两位能否在这种背景下分析一下民间的国学热、儒学热的原因，我算是抛砖引玉。

问永宁： 补充一点刚才王老师讲的问题。我对学堂教育的整体教学操作架构，不是非常了解，但我觉得您对它好像还是有一些误解。蔡孟曹他们不是完全拿英语当工具，不是目的性很强的，只是想提高英语水平，他们关注的还是文化、精神。他们比较多地在背英语的柏拉图、莎士比亚，背经典，他们读的外国的东西还是"经"。

一些学堂跟体制内的学校还是有联系的，好多学生在正式学校挂靠有学籍，家长们不是都不考虑以后的出路，多数家长还是考虑过的。他们如果想进体制，还是会想办法进去。学堂读经的人，我感觉还是很理性平和的，像蔡孟曹、虞继勤他们，我感觉都是很平实的人，不是狂热分子。学堂的那些家长，整体来说收入比较高，他们考虑的不是学生将来的职业问题，我跟一些家长聊过，我说你们的小孩将来怎么办？他说"你觉得职业和学校教育有关系吗"？我说"应该有吧"，他说"你如果要进华为、中兴这种企业，有知识技能训练当然是挺好的，但是我们周边，你看看这些家长的工作，有多少和学校教育有关系"？我想想，好像确实是没多大关系。这些家长多不看重小孩的考试水平，他们觉得对小孩子应该重视的是正常阅读能力、正常处理人际关系的能力、正常操作和自学的能力，他们说这个更重要。聊了之后，我觉得这些家长是蛮理性的，不是因为冲动着要恢复传统，不是这样子。

另外，我接着景老师的话题谈一下，第一，我觉得儒学一开始就不完全是官学，如果我们拿孔子做儒学成立的标志，那它一开始就有民间性，它的民间性在哪里？西汉的刘向、刘歆父子编了一个《七略》，后来班固把《七略》抄过来，差不多就成了《汉书·艺文志》，他们讲"诸子出于王官"，讲到儒学的时候，说出于"司徒之官"，司徒是管教化的，而教化的对象就包括普通人，不是只教育个别人。当然早期儒学讲得多的是"士"，《论语》里面讲"士志于道，而耻恶衣恶食者，未足与议也"，这是讲"士"的；《孟子》讲"无恒者而有恒心者，惟士为能"，也是讲"士"的，但是"士"从生活来讲是比较民间的，我们看看《论语》，弟子问孔子怎么种庄稼、怎么种树，实际已经是很民间化的关怀，所以"士"的教育本身就是很接地气的。"士"虽不是社会底层，但是是很民间的。另外，儒学的价值指向是普适性的，《孟子》说"人皆可以为尧舜"，《大学》讲"自天子以至于庶人，壹是皆以修身为本"，都是适用于所有人的，所以从儒学的价值内容上讲，它蕴含有民间性。如果相信胡适他们所说，儒家是从底层发展起来的，那就更具有民间性了，所以从起源和思想上讲，儒学具有民间化的基因。

从儒学的发展史上看，官方的儒学和民间文化之间一直有互动。儒学的民间化有这么两个方面的内容，因为儒学讲普适的内容，它要教化民众，就必须关注民间，孟子、荀子等大儒，包括汉代的那些学人，他们到了各地，都喜欢做一些改变风俗或传播思想的事情，后代有儒家背景的官员，到了各地，经常要做"罢淫祀""兴礼乐"等活动，不惜改变当地的宗教生态，做这些事，就必须和民间打交道。另一方面，儒学思想在民间，很多人把它作了实体化，变为宗教，比如近代的一贯道、太谷学派，都是儒学民间宗教化的表现。这些思想，从学界来讲，一般都是当作和儒家有关的学术思想来看待的，《太谷遗书》，已经有很多人写过论文，甚至有相关研究的专著出版。而且一贯道和太谷学派，直到现在，在民间都有传承，也有活动。历史上还有很多儒家的思想家，像段坚、周蕙、王艮这些人，有的是当兵的，有的是盐丁，就是工人这样一个阶层的人，都是很民间的，但是在儒学史上，我们把他们看成是重量级的人物。所以在历史上看，儒学实际是有过民间化的事实的。

当然还有一个问题，一般人说儒学在历史上有很大影响，其实也有人不同意。前些年，谭其骧先生有一篇很有名的文章，好像叫《中国文化的时代差异和地区差异》，他从《汉书·地理志》分析，他分析的结果，说谁能看见儒学在哪个地方，在哪个时间对中国文化有根本性影响呢？每个时期，每个地方都有大量不按儒家价值生活的人。我觉得这个思路是有问题的，如果照这样讲下去，我们看《十日谈》《坎特伯雷故事集》这些书，你会觉得当时就没有什么合格的基督徒，那么中世纪的基督教对欧洲也就是没有影响的，但是真的可以这样讲吗？我觉得儒学一直在民间都有很大的影响，现在依然如此。

讲到梧桐山，我突然想到一件事：就在蔡孟曹的学堂附近，有一个李姓祠堂，新修的。祠堂里面供着什么呢？一般祠堂里面供的是祖先吧，没错，祖先在最当中，但是这个祠堂一边供着观世音，一边供着孔夫子，孔子和观世音供在一起。我估计是把孔子当作文昌这样一个角色了。对于儒学或者孔子，民间有自己的理解。

近代以来，科举制度结束了，我们着重讲德先生、赛先生，儒学和德先生、赛先生好像拉扯不上关系，或者如有些人认为是对立的。后来余英时讲儒学是"游魂"，游魂就是没身体了。王老师刚才讲的官也没得做了，科举也没得考了，儒学的身体没了，那不成了没有生命了？但是传统上，儒学的生命，不是寄托在科举上。冯友兰在《三松堂自序》里面讲，他们祖先有家训，说愿代代出个秀才。其实很多家族都讲这个，就是希望代代出秀才，不要代代中进士。读书中秀才，是为了有文化，能知书明理做君子、做文化人。现在梧桐山上很多学堂教育的目标也是这样，他们讲要培养圣贤。至于圣贤能否培养出来是另一回事，但是他们的理想是这样，不是把教育当作工具性的东西。

如果儒学是一个"游魂"的话，它既然能脱离原先的身体，它就可能找到新身体，我刚才跟王老师聊天，说现在儒学似乎又在身体化了。我们如果仔细观察，这个迹象确实是存在的，一个身体化的表现，就是我们刚才讲的学堂教育，学堂里面不管是读柏拉图还是读圣经，最重视的还是儒学的内容。另外还有一些其他民间学人，比如我刚才在门口看明天的讲座预告，是"凤凰书院"陈枝、罗勇、蒋立坤他们讲。这些人不是拿儒学做专业、写文章，他们就是纯粹对儒学有兴趣，完全是民间的。这三个人，我认识，一个以前做五金生意，一个在比亚迪工作，他们经常在一起读《论语》。我并不完全同意他们的一套讲法，但是他们确实是非常诚恳用心地读书，很专注，是真正发自内心的。另外还有一些有企业背景的儒学群体，如孔圣堂，甚至一些民间宗教里面的人，也讲儒学。这都算儒学身体化一个标志吧。以前我碰见一些人，他们自称剑仙派，我问过一些道士，还有一些研究道教的学者，都说道教里面现在没有这个派，可能就是一个民间小教派。很奇怪的是，他们书房里面放的是什么书，你想不到的，是《牟宗三全集》，新儒学里面扛鼎的东西。从这些情况来看，儒学以后在民间很可能会有新发展。

从儒学史上看，儒学是不断变化的，汉唐以来，包括魏晋玄学，讲儒学，标志的人物是周孔，就是周公和孔子，等到宋明以后就是孔孟，标志的人变了，思想上侧重的东西也变了，以后儒学会变成什么样，我们现在也想不来，但我觉得它会重新进入生活世界，会身体化。

另外有一些情况，也应该算儒学在民间吧。学界的人，比如徐梵澄老先生，他是做印度研究的，回国后，做儒学研究，这个也是民间儒学吧，因为他已经走出体制了。还有些体制内的人，向民间推广儒学，像我的老师郭齐勇教授，像颜炳罡老师，他们也在做书院或生活儒学的推广，人还是蛮多的，这个景老师更熟悉一些。

总之，从历史上讲，儒学跟民间有关系，而且很深。从学理上讲，它是可以贯穿到民间生活中的；从现实讲，很多人有对儒学有需求，比如华德福教育，尽管是德国起源，却非常强调中国化，他们的教师、家长，对儒学都很有兴趣，这种兴趣，可能就是儒学以后身体化的生长点。

景海峰：民间社会是一个非常复杂的场域。刚才我也讲了，如果按照一般对民间的理解，大概就是除了官方形态以外的、在体制之外的东西。但儒学发展和成长的形式，特别是它的知识形态和思想的创造性往往又都是和体制的安排联系在一起。譬如隋唐科举考试兴起后，它相当于是指挥棒，成为按体制的意志来调节的特别方式，只有按照体制化儒学理解的路子走，你才能获得相应的地位。所以整个科举时代，一直到清朝末年，绝大部分读书人都是受这个东西的引导。当然宋代理学兴起以后，尤其是书院这种方式，也体现出了很浓厚的民间色彩。但书院的成分是比较复杂的，有些跟科举制度和官方的背景比较密切，有些可能是游离于主流系统之外的，这个层次和边界的划分比较复杂。宋明以后，整个书院的发展历史实际上就是在不断地中和科举体制的要求和民间的一些理解，通过调节的方式把"官"和"民"的意愿融合起来。明代心学兴起之后，尤其是阳明后学的形态，其民间性的色彩非常浓厚，尤其是像刚才讲到的一些人物，这就很难说它跟当时的儒学主流是一条阵线，它可能包含了一种歧出的、自发的意识和力量，想重新给儒学增添活力。所以在整个中国历史上，儒学发展的过程是非常复杂的，我们很难按照一个模式来讲儒学。但从总的形态来讲，儒学的学理或士大夫的背景是非常强的，尤其是从经典系统，不管是立五经博士还是科举考试的保障，使整个对儒学的理解或儒学的传递是在一种秩序化的、威权化的结构里面运行。而到了现代社会，没有这么一个东西了，儒学在学堂、在官府没有了，实际上在民间也没有了，这就是刚才所讲的"游魂"的问题。因为儒学跟整个现代的体制都脱钩了，原来在传统社会里面，儒学的每一个层面都有相应的社会附着方式，但鸦片战争之后，随着西学的大规模进入，尤其是新文化运动之后，儒学的所有层面都处在与社会现实脱钩的状态。

我们过去有一个说法，就是所谓的"儒学在民间"，尤其是20世纪八九十年代，那个时候知识界对儒学已经相当隔膜，大都是反传统的想法，有些老先生就说：在都市里面、在高校里面、在知识界已经看不到儒学了，也就是一般公家身份的职业人身上已经找不到儒学了，但在广大的农村还能看到儒学的印迹，也就是儒学在乡下还有它深刻的影响，儒学在民间还有潜在的力量。这种存在状态，按照美国汉学家列文森的说法，就是一种"心灵的积习"或者是"珍藏在心中的影子"，它还在潜移默化地对老百姓的生活有所影响，尤其是在广大的乡村社会，在一些老农的意识里面，在他们的日常生活中，还能看到传统儒学的一些印迹，包括为人处世，日常生活中那些做人的道理，他们都还在亲身实践着。但我想在今天这个问题可能又有变化了，因为这二三十年中国社会急速发展，农村的境况实际上可能跟费孝通先生那个时候写"乡土中国"的观察已经有了天壤之别。几十年前的中国还处在一个刚开始向现代化迈进的过程，有一些沿海的区域和都市可能受西方文化的影响比较多些，而稍微封闭一点的广大乡村地区可能还保留着传统的印迹，在一般农民的身上还有浓厚的儒家色彩，在他们的道德意识和日常生活理念里面还有不少儒家的印迹。但我们从这二三十年来看，随着中国社会的巨大变迁，都市化的急速发展，乡村已经有了翻天覆地的变化，它的整个结构都改变了。当时的一些乐观的说法可能今天需要重新去思考，就是对所谓"儒学在民间"的理解。现在再讲儒学和民间的关系恐怕就不是当时的那个意思了，我们已不可能把儒学复兴的希望只寄托在固守乡土的老农身上，因为今天中国社会所面临的问题如果仅靠那一点点资源，这对于未来的发展所具的力量和意义都是有限的。所以如果说我们今天要重新给民间或民间社会做一个定准的话，应该在观念上做一些思考、有一些创新的理解。

当然我也非常赞赏，比如说现在有很多学者深入到乡村去做儒家文化的普及工作，从事乡村儒学的建设，这是很有意义的。因为现在的广大农村地区，也同样缺乏传统的教育，这方面也处在一个传统缺失的状态，说农村比都市的儒学土壤要丰厚，或色彩要浓些，现在已不是这个情况了。乡村里的道德问题，跟传统日渐远离的状况已经非常厉害，再加上现在很多人都搬到城里居住，整个状况跟过去的情形已很不一样。所以，现在除了做乡村儒学建设、在农村大力恢复忘却了的儒学记忆之外，更重要的是"民间"的眼界应该转向今天的都市生活，这个社会状态已经渐渐地成为主流。至少对深圳这样的区域来讲，民间就不是一个乡村儒学的意思，你在深圳讲乡村儒学就没有太大的意义和价值了，我们现在要讲新都市儒学。就是说在现代都市的生态环境下，我们怎么样去发挥民间的活力，它不是政府组织的，也不是一种体制化的，而是在我们的日常生活中，在我们居住的环境里，怎样来体现和发扬儒学的精神，这对于今天都市化的社会结构来讲，才是最急迫的问题。所以民间社会可能有过去的图景、有过去的理解，但在今天，"民间"的意味和内涵应该是随着时代的发展在变化的。刚才我们探讨的中国历史上所谓"官"与"民"或"官"与"私"的格局，在当下的这个"民间"，可能就是所谓体制内和体制外的差别，它不是由体制的方式来组织和动员的复兴儒学的活动，而是广大的市民、一般的老百姓从他们的日常生活中所产生的一种需求和想法，是从内心所激发出来的一种对儒学的情感，需要儒学的滋养，或者在日常的生活中怎样去践行儒家的道德理想。这些活动的开展，就是当下的民间社会和儒学发生联系的意义所在。

王绍培：

其实在传统社会里面讲民间，它不像今天，我觉得比今天要难讲，今天好讲一些。传统社会的民间，什么是民间，什么是官方，有的时候是有一个灰色地带，就是民间向官方这个系统转换的通道是制度性的、体制性的，到了我们现在，反而还真有一个说法在民间。我们在说到儒家文化的时候，因为没有一个可以上升的、可以转化的通道，所以今天的民间更像是一个民间。而说到今天的民间的儒学，我觉得有一个人的书以及他的很多的演讲对我们民间的儒学起到一个很大的推动作用，我说的就是南怀瑾，南怀瑾不是在大学里面讲的，他也不是在官方的一个场合来讲的，他倒是很像一个传统社会的私塾先生，反正就是有人来听我就来搞一个道场，我就开始讲，他讲的不光是儒学，还有儒解道、三教九流，什么都讲，讲儒家的时候他讲的一个比较重头的部分是《论语别裁》，他可能在他所有讲的书里面，《论语别裁》是讲得比较生动的，也是影响很大的。有的时候这种传统文化不是说有很多很多人推动它，它才蔚为大观，很多时候它只是跟某一个人或某一些人的推动有关系。南怀瑾的影响，我不知道你们两位在学院里面的人怎么评价他们，过去我跟郭齐勇是谈过的，我问他怎么评价南怀瑾。我觉得就其影响力来讲，南怀瑾比很多大学教授、博导加起来还要大，有很多很多老百姓，很多来自民间工商界的、政界的人都把南怀瑾当作偶像，然后南怀瑾的很多书他们也都会看。当年据说在台湾，南怀瑾搞了一个东西方文化交流协会或机构的时候，开始讲传统文化，他的第一讲是蒋介石垂帘在背后听，听他讲什么，然后蒋介石成立了一个机构，当然蒋介石是用一个官方的渠道、官方的资源来推进传统文化的复兴，但是真正做得比较扎实的工作的，我觉得南怀瑾做得非常多，那么多传统的经典通过他在今天的重新解读，他的解读方式与传统不一样，像《论语别裁》在1990年的时候，复旦大学最先出大陆的版本，出完之后，就有人把这本书送给了张中行先生看，张中行看完了之后，就在读书杂志上写了一个书评，一开始就说有人给我推荐了一个老先生，我看了他的《论语别裁》，我翻了二三十页之后就扔掉了，讲的什么乱七八糟的东西，完全是瞎讲。现在有很多学院背景的人，他们都认为南怀瑾是胡说八道，但是没有学院背景的影响，比如说一般的老百姓、普通的企业家和公务员，他们看了南怀瑾的书就觉得蛮接地气的，讲得很明白，因此也对传统文化有一种很亲切的感觉。我觉得我对传统文化的一些了解，我所上的大学，我们也学了一些东西，学了中国哲学、儒学等，但是那时候学的没有感觉，但是看了南怀瑾的书之后就有了感觉，就是因为南怀瑾的很多演讲和讲座跟我们现实生活贴得很紧，有一个紧密的相关性，所以我很想听两位嘉宾对这样一个推动过传统文化的人和对他的书是一个什么样的感受？

景海峰：南怀瑾的东西我也看过一些，像《论语别裁》《孟子旁通》之类。他有他的特点，但是肯定跟学院的学理化要求有相当的距离，所以在大学里面一般不会把它列为正规的参考资料。只能说私人阅读，比如说有些同学或老师喜欢这种风格，想多了解一些社会上讲传统文化的方式，看看也未尝不可，也不是什么大不了的事情。说到这个问题，实际上又牵扯到民间的问题，从南怀瑾的例子，我们看民间的方式，实际上是有它的活力，甚至是有它的魅力。在儒学的传播和发展过程中，民间方式扮演了相当重要的角色，如果运用得当，它可能对儒学的普及是非常有用的一种方式。因为所谓民间的儒学，或民间社会的接受形态，与正统的学理派、与义理层面的精英传递方式是有很大差别的，它的特点是所谓接地气，或者跟日常生活有着非常密切的关系，是一种应用型的，讲"活学活用"，有非常强的切己感和现实关怀。也就是说，民间的传递方式有着很强的草根性，它可能不太讲特别理论化或系统化的东西，而是就日常生活中的问题，以一种实用的眼光来谈思想或义理，往往有很强的生命体验或生活体会的意味在里边，跟日常的经验有一个紧密的联系，这是它的一个特点。这个特点恰恰与体制化之后的儒学研究或者学理性的儒学大不相同，对于经典化之后的儒学来说，这可能是一个缺憾。尽管历代的儒学大师也有面向生活实践的一面，但总的来讲，像经学研究的方式，基本上还是在一个比较小的圈子里面。而在今天，像大学的教授或者博士们研究儒学，按照他们的理路来讲，这跟老百姓的日常生活还是有非常大的距离的。

我所体会的民间儒学的另外一个特点是它实际上没有一个严格地按照学理来理解的儒学的分际，它有时候是一个比较混杂的状态，可能是儒、释、道不分的。像民间儒学的很多实践活动，或者民间的儒学讲法，往往就有这个特征，到底是佛教的，还是道教的，还是儒家的，有时候分不太清楚。而这恰恰也可能是体现了中国文化的一个非常优秀的特点，就是它没有很强的排他性，不是说我是讲儒家，就绝对不能沾佛教和道教，有时候是把这些资源都拿来活学活用，把它们混在一起，只要跟我的生命实践活动可以结合起来，不管是佛家还是道家还是儒家，反正都可以拿来为我所用，这个恰恰可能体现了中国文化没有排他性的特点，它有很强的统合力或者包容性，可以容纳其他的一些不同思想系统的东西，这可以说是儒、释、道各家所共有的很重要的特征。因为跟西方文明传统相比、跟基督教传统相比，中国文化恰恰在这点上有它很强的优势，排他性较小。这个特点在民间社会尤其显著，民间儒学的身上就表现得特别突出。所以如果说这对中国文化的普及起了很大的作用，一方面它是民间儒学传播的结果，另一方面实际上也体现了中国文化的一个特点。

问永宁：我开始上《论语》的时候，有社会上的人去旁听，他们问我"你觉得南怀瑾怎么样"？南先生的书我基本都看过，他的背景我大概也知道一点，他跟过袁焕仙，袁焕仙的思想有很重的混合色彩。另外，他跟肖天石有很深的交往，肖天石是研究道教的著名学者，所以南先生的思想确实是合混三教的。当时我看见张中行先生那一篇批评的文章，觉得张先生讲的是对的，所以当时我说南怀瑾那是胡扯的。从学术上讲，我觉得南公的解释，偏离学理的成分确实很重。但是现在我不这样讲，如果你以后要做学术研究，你就要从文字资料的研读开始，一步一步往下走。要准确严谨，要脉络清晰，那就不能看南先生的《论语别裁》。但如果你是社会上的普通听众，我反而会建议你去看南先生的书，为什么呢？因为看专业研究的著作，比如说杨伯峻的《论语译注》，你看完了之后，会觉得没有收获，"学而时习之，不亦说乎"？有人翻译说"学习并经常温习，不是很快乐的事吗"？可是小孩做作业，写两遍都要哭了，怎么就不乐。孔子讲的是什么意思，看不明白。你看南怀瑾的东西，确实就有让人满心喜悦的地方，所以如果不是为了做研究、不是为了准确，只是为了自己有收获，南怀瑾的东西，是很可以读读的。

儒学史上，一直有一些人，通过改字解经，通过扭曲，来讲思想性的东西。我觉得也不是完全没有合理性，它有它的价值。但是这里有一个分际，我们做研究的人这样做，如果是研究生，那恐怕毕不了业。对于社会人士来讲，只想在看完之后，有生命充实，你去读于丹、去读南公都挺好的。

关于梧桐山的读经，刚才王老师讲了有台湾的背景，很多学堂确实有台湾背景，因为推广《弟子规》影响最大的是净空法师，净空法师讲过"《弟子规》读好了决定能成佛，《弟子规》读不好决定成不了佛"，他不是说一定能成佛，是说决定，这样对普及儒学，也算是起作用了。另外一个可能是南怀瑾的系统，南先生有好多学堂，在太湖附近也有一个很大的学堂；另外还有一个是新儒学的背景，认同牟宗三先生，跟着王财贵先生推广读经的。这三个系统之间有关系，有来往。我们写文章的时候经常说"到底"是什么，其实民间学问的系统，是儒释道不分，"到底"就是搅在一起的。

吴晗有一本书叫《皇权与绅权》，绅就是搭在民间和官府之间的一个由退休官员、地方学者等形成的阶层，传统中国，是费孝通讲的乡村社会，这个社会有绅这样一个阶层，现在这个阶层没有了，乡村社会显然已经没有支撑性的文化力量，是碎片化的，城市里的社区好像也没有成形的文化支持。但是有很多人确实在行动，比如一些学堂的家长之间、学堂之间，都有一些社群性的东西在形成。另外还有其他方式，比如说基督教中很多人也在研究，甚至在推广儒学。前几年有一个叫石衡潭的人，就写过研究论语的著作，那就是一个基督教徒讲论语。他还找陈明写序，陈明说他完全不同意石衡潭，但他们两个关系应该还不错，有互动。金陵协和神学院有一个叫田童心的人，也讲论语。国家图书馆有一个人编了《天道古说》，实际上就是把先秦以来儒学经典中宗教性比较明显的东西都收集在一起，做宗教性解释。这些算不算民间儒学的新动向，以后会不会走出一个新的路径，我觉得是值得关注的。因为儒学一直在变，儒学里面，一个很重要的特点是重视礼，就是行为规范等东西，但是讲礼的时候，讲"礼从时"，对于衣食住行，它不是严格要求一定要怎么样，每个时期都有新制度、新解释。将来的事我们现在没有办法说一定会怎么样，但是儒学历史上经过那么多转变，基本上都是成功的，它的生命力是很强的，至少它有可能会转型成功，会出现一个适应将来社会生活的"身体"。总之我感觉儒学会有新样式出现，它的影响会比现在大，儒学现在还是在生长着，不是在萎缩。

王绍培：

确实是在生长，背后是官方的也在推动，但是官方的推动是一个比较变通的方式。民间很多人士，我们想升华我们生命的时候，或者想规划我们的生命形态的时候，很多人就情不自禁想到了儒家的一些东西，是否可以作为我们的一个指引或者方向，比如说有一些人要办一个道场，就会想到要办书院，其实书院是一种很传统的方式，儒家气息很浓的一种方式。有些人在意穿着打扮，比如问院长的衣服一看似乎很传统，一个儒生、一个有儒家文化的感觉的人就应该这么穿；比如说蒋庆，原来是深圳党校的一个老师，他跑到贵阳去了，他的穿着打扮有一个很明显的风格，这个风格就是传统。刚才景院长已经讲到了大概，是因为儒家、儒学有魅力，我现在是想进一步地思考它的魅力在什么地方？为什么它有这样一种魅力？如果仅仅是一个行为规范的话，很多人一说到行为规范是很讨厌的，一说到行为规范的东西是自觉不自觉地要排斥的，但像儒家很多的接人待物的方式，穿着打扮及日常的一种生活的状态，它会对很多人产生一种吸引力，我们情不自禁就想到是不是可以按照它那种方式来设计我们、来塑造我们？那么它为什么会有这种魅力呢？它这种魅力是什么东西呢？不知道两位嘉宾对这个问题有一个什么样的思考？

问永宁：我的衣服与儒家没有任何关系。一方面，儒学本来就不太关注衣服，孔子在各地穿的是不同的衣服；另一方面，我这个中式服装，说到底，也是外来的东西。其实是胡服，裤子加窄袖，本身就不是什么儒服。儒学不注重这个，衣食住行的东西都是可以变的，这些东西如果都不变通，儒学的身体化，就比较麻烦了。它对这一块不看重，所以到各个时代都能够适应。

儒学的内容非常丰富，孔子去世以后，韩非子在《显学》里面讲，说儒分为八，即儒家有八派，实际上后世的派更多，有人说儒家一定是怎么样的，比如说儒学注重规范，其实不完全如此。荀子一派大概可能比较注重礼，就是行为的规范性；但像孟子这派，就不注重这个，反而强调的是内心，强调儒学的宗教性，强调天命，或者上帝。讲到上帝，很多人会想到基督教，其实上帝是儒学的词，不是基督教的词，上帝这个词在汉语里很早就在讲了，五经里面出现过好几十次，"上帝临汝""明明上帝"，都是远在基督出生之前就讲过的。孟子一派很强调人有天生的灵魂或者良知、良心，强调这种东西，这和荀子一派差异很大。他们之间，解释的空间非常的大。如果强调内在的良知，像后来王阳明讲"个个人心有仲尼"，每个人心里有一个孔子，这个完全就是宗教性的解释，和其他宗教是完全可以沟通的。伊斯兰教的故事中，有一个叫"黑孜尔"的圣人，他喝了长生泉水，是长生不老的，长生泉在哪里，就在心里头。孟子一派儒学，正好就是这样讲的，基督也有类似的说法。强调内心生命种子这一路，和强调制度的一路之间，这当中的可解释性太强了。我觉得这可能是理解儒学生命力强大的很重要的一个东西，你可以在两者中找到各种各样你需要的思想资源。儒学内部的张力大，可解释性的资源多，这个也可能是儒学的活力和魅力所在吧。

景海峰：我们今天讲重构儒学，实际上是在重新培植一种土壤，因为传统的民间社会、农业社会或乡土中国，已经不是我们想象的图景了，它已经是一个遥远的历史回响和记忆。随着中国纳入所谓世界体系，在现代化的急速奔跑当中，整个的社会结构都变化了，我们今天的生活环境已经彻底改变，跟历史上的或古典形态的儒学赖以生长的社会土壤已经很不一样了，我们一定要有这个清醒的认识。所以不管是提倡儒学也好、弘扬儒学也好，都不是要回到过去的那种乡土中国的儒学状态中去，那不是我们未来儒学复兴的目标。我们今天需要的实际上是重新培植儒学的土壤，这个土壤就是我们每个人的心田和心灵里面的种子，也就是找回我们已经失落了的、作为中国人之所以为中国人的那些根本价值。这个话说起来好像很抽象、很玄虚，但实际上我们每个人，我们的生命体悟，我们对这个世界上的感受，我们与他人的交流，我们为人处世的基本方式，我们做人的态度，这实际上是每个中国人都在不断思考的问题。过去的一些价值或对我们的一些指引，可能跟儒学的很多价值是有相当距离的，甚至是冲突性的，比如说斗争哲学。经过一段历程和一种反思之后，我们今天来重新思考这些问题，试图从儒学里面寻找生命的价值源泉，这实际上就是在重新培植心灵的土壤。原来我们的心田可能是已经处在比较荒芜的状态，我们现在要使它丰厚化，使它能够把这种精神的力量怎样培育和发挥出来，所谓复兴儒学就是这个意思。

就民间社会而言，在现代化的过程中，传统的一些东西都已经逐渐瓦解，甚至是一去不复返了。随着工业化的步履和现代化的加快，我们原有的对儒学的一些记忆，包括建构在农业文化形态上的好多东西，现在实际上跟我们的生活已经相去甚远。在现代中国或当下的中国，除了"现代化"对儒学的解构之外，还有一种过去对儒学长久的政治批判，这给几代中国人的心灵造成的非常严重的创伤，使我们对传统往往是陌生化的，甚至是带有了某种敌意，将其视为一个包袱，视为前进道路上的一种障碍，这种心理或观念在我们几代人的思想意识中是非常强的。所以我们现在讲民间社会，就面临着怎样从那种对儒学错误的、或者陌生的、或者不理解的状态之下走出来，重新找回我们的价值根源，重新找到我们的精神家园，实际上是这样一个问题。

在现代化的过程中，可能会对儒家传统或古典文明形态造成一种瓦解或某种毁坏，比如在日本、朝鲜半岛、越南，这些在历史上受儒家思想影响的地区，随着现代化的实现，可能都面临着传统和现代的纠结。中国也面临着这方面的问题，过去说走向现代就要抛弃传统，就是在按照这个告别意识和二分逻辑来对待儒家资源的。但经过这几十年后，我们认识到了这种简单的片面的对待传统价值是一种幼稚的方式，因为一个文明的历史长河不可能把它切断，它总是在一种非常多样化的情景之下慢慢地流淌，所以不管你意识到了还是没有意识到，它实际上对这个文明的一代一代的人都有一种潜移默化的作用。现在我们中国人聪明了，都意识到我们的文明不是包袱，而是我们丰厚的资源、是我们的滋养、是我们生命的源泉。我们目前的这些想法，跟几十年前对儒家、对传统的理解已经有了非常大的变化。但除了现代化对传统的冲击和解构之外，我们今天所面临的另外一个问题就是需要填补过去留下的一些空白，因为几代人对儒学的东西实际上已经很疏远了。特别是在1949年以后，大陆对儒家思想、儒家文化的继承弘扬实际上已经中断了，儒学的土壤在一轮又一轮的大批判中都把它铲除掉了，所以我们几代人是处在荒芜的状态，跟儒家的价值，包括它的基本经典都非常的陌生。这也就是为什么今天那么多人提倡读经，包括国学热的兴起，都跟这个特定的情景状态有极大的关系。所以今天所谓的民间社会，还是处在一个逐渐培植的过程中，它一方面有自发性，另一方面也反映今天的时代潮流，大家都在向这个方向努力，要把传统的活力挖掘出来，使儒学生长的土壤丰厚起来，这跟过去对待传统的态度、对儒家错误理解和告别的情绪很不一样。对儒学价值的重新认识和挖掘，就是在培植一种民间性，激起一种新的时代风气和产生新的意义。也就是说，并没有一个固体性的"民间"，好像几所老房子或几棵老树立在那里，"民间"实际上是一个活的图景、是一个活动的形态，也是一个逐渐呈现的东西，即在社会思潮的不同作用下，可能开始出现的这么一种景象。

王绍培：

　　我对儒家文化、儒学和传统文化为什么有魅力，大概是从以下三个方面来理解的。首先就是，它跟我们的身份认同很有关系，所以我们现在需要一个身份认同的问题，我们是谁？我们要定义我们的身份的时候，我过去举了一个例子，一个叫休斯顿·史密斯的人讲中国人，他说中国人是头上戴着儒家的帽子，身上穿的是道家的袍子，脚上穿的是佛家的鞋子，这是中国人，这是中国人的身份标志。对儒家的强烈的浓厚的兴趣首先跟我们的身份认同的需求有关系，我们想知道自己是谁？我们放到国际社会上去，我们为什么不是韩国人、不是日本人、不是越南人，当然更不是西方人，这不仅仅是一个国籍的问题，它首先还是一个文化的问题、根本上的问题，那这个文化的问题是什么文化？我们说可能是儒家文化或传统文化，它比较能够界定我们这样一个身份，因为它毕竟是源远流长的，而且它毕竟是我们这片土壤上所特有的一种文化，跟其他的地方是有区别的，这是从身份的标志上讲的。这样一个身份标志不仅仅是有这样一套价值观、有这样一种为人处世的风格，它有时候还表现在你的外在的形式上。我刚才为什么要说穿着打扮，蒋庆过去也讲这个东西，他为什么要穿那样一套衣服，那套衣服是什么也许不是很容易界定，但它不是什么是很容易界定的，它不是西服，它不是西装，它是中装，有可能就像问教授说的，它可能是和服，但是它不是西服，这点作为他一个身份的标识的可识别性还是蛮清楚的，这是第一点。第二点，现在很多人，尤其是经济繁荣了30多年后的现在，很多人都有这样一个困惑，就是我们人生的意义和价值在什么地方？我们过去受的很多教育也要回答这个问题，比如我们学的哲学，所谓"三观"来回答这个问题，但这样回答让我们觉得不亲切，觉得它好像是在回答，但是还没有回答出来，而传统文化因为它毕竟有那么长时间的积累，它有很强的针对性，当我们对人生的意义有困惑的时候，尤其是一些宗教的终极方面的困惑的时候，我们就需要去寻找一些宗教的资源。寻找宗教资源的过程中，比如说我们有很多人去找到西方的宗教，比如基督教，还有一些人找到了西方的哲学，像我们上大学的时候，很多人找到了存在主义哲学，找到萨特那里去了。现在很多人就从传统文化里找他对人生意义的理解，对人生意义的一些回答，对于我们宗教这一个需求的一种满足，儒家思想、儒家文化的资源对于我们这样一部分渴望和苛求是很有针对性的，这是它面临的第二个原因。第三个原因我觉得是一种乡愁，是一种文化的乡愁，这种文化的乡愁就像我们来到深圳，我们会对我们老家有怀念，我们会回去看一看，尽管我们回去了之后还会出来，很难再回到原来的状态，然后就守在土地上去生活，但是我们会怀念那个地方，因为那是我们的出发点，是我们的一个根，是我们曾经似曾相识的一个地方，这种乡愁在文化上的表现就是我们对传统文化的某种依恋。其实传统文化很奇怪，尽管经过了五四运动，又经过"文革"猛烈的摧残，但是在民间，它的记忆应该分两个方面说，一方面是碎片化的，都零碎了，变成了只言片语；但另一方面，正是因为它是只言片语，它反而显得很强韧，一直在我们的记忆深处。比如说我们小时候，像我妈经常有一句骂人的话，说人要有脸，树要有皮，要知道有廉耻，要有廉耻感，其实这个廉耻感就跟儒家文化有非常深厚的一种联系，可能连我母亲自己都不知道，这个思想来自儒家，因为这是老百姓的一种语言，当你想起来这种思想，就是你用这种只言片语向我们灌输了一种观念，这种观念就是要有廉耻感，这种观念其实就是文化的一个很有标志性的东西，这就构成了我们的文化乡愁。像我们从我们的传统家庭里面出来，尽管我们没有受到过系统的儒家的教育、国学的教育，但是这种点点滴滴的东西，就像盐一样在我们的生活里面，我们喝到这个生活的水的时候，我们就知道这个滋味是我们小的时候熟悉的滋味。我觉得人的味觉有一个很奇特的现象，就是我们现在觉得好吃的东西都是我们小时候喜欢的东西，小时候习惯的东西长大了觉得它好吃，而且还会怀念它。比如有些地方，像贵州那边吃鱼腥草和折耳根，他们都很喜欢。像我们湖北人，不喜欢那个味道，但他们很喜欢，他们会找那样的东西来吃，这是他们在食物上的一种乡愁。我觉得儒家文化能告慰我们文化上的乡愁，这是我对传统文化之所以有魅力的理解，但是这种东西就是它对应了我们很重要的三个部分，比如我们的身份认同，我们宗教情感的一个慰藉，还有我们的文化乡愁的一个安顿，但它是不是真的可以解决我们这样一些问题，我们可不可以找到一些其他的替代性的文化资源满足这种需求？

景海峰：王老师自己设定了问题自己作答，讲得非常好，特别是"三个魅力"。什么叫魅力？我想这也就是我们经常说的那个传统。传统有时候好像只是一个历史的概念，实际上它是一个记忆的绵延，可能是几代人之间，从祖辈有这个生活的感受，几代人有意识地承接下来的东西，可能就构成了一个传统。儒家之所以有那么大的影响，在中国历史上传延不绝，几千年走下来，到今天我们还在讲儒家的思想，它就构成了一个强大的传统，只要你生活在这片土地上，都会实实在在地感受到它的力量。儒学对生活的浸润体现在每一个细微的环节上，你的每个观念或行为可能都有一些潜移默化的印记，有时候可能是学理上的比较清晰的灌输，有时候则是一种生活态度和细节，这大概就是儒家在整个中华文明里的一个主要的价值和意义所在。它对于传统来讲是一个强大的支撑，就是一说中国文化、一说中国人，肯定马上就会想到儒家。

传统是非常奇妙的文化现象，又是很复杂的历史观念。美国有一个人类学家在50年代写过一本书，提出两个概念，即所谓"大传统"和"小传统"，后来这套理论对整个文化研究都有很深的影响。像80年代海峡两岸学术界在研究中国传统文化以及传统和现代的关系时，经常会引述到所谓大小传统的说法。像是主流的"官学"或学理化体制化的那种系统，学者们在一种比较规范的研究方式下所形成的内容，可能就构成了一个所谓的大传统，它是一个社会不断地正面弘扬和传递的东西。譬如一般讲到儒家，肯定是孔子、孟子、荀子构成先秦的这个阶段，然后到两汉的经学，一直到隋唐，宋明时代即是理学，到今天一说儒学，肯定就是新儒学，即熊十力、牟宗三这些人，这大概就是所谓的大传统。它在文化记忆里面始终是典范意义的形态，这个就是大传统。那么小传统是什么东西呢？就是广大的民间社会，可能没有很强的学理性，甚至是杂乱无章的，可能一会跟儒学有关系，一会又跟儒学没有关系了，但它始终是一种涌动的、有活力的东西，有时候只是在心中或者在行动上，不一定有系统的语言表达，更谈不上文字书写，可能就是一些观念的记忆或暗中在支配你对生活的态度的那些东西，这大概就是所谓的小传统。这个小传统与书写的大传统有很大的区别，它不是靠典籍的传递，而往往靠生活的记忆，靠日常行为的一些潜移默化影响的力量，所以这个跟所谓的士大夫文化或所谓的精神文化在形态上有很大的区别。

这两个传统在儒家里面都有，儒家有它很强的主流系统的陈述和历史，每个阶段都有典范人物，有不断传承的经典叙述，它构成了很强的文明架构。但儒家除了这个之外，之所以在中华文明的发展史上扮演了那么重要的角色，2000多年后我们还在这里讲儒家，就是因为它有很丰厚的民间社会土壤，在小传统方面也发挥了它巨大的功能和力量，以至于它深深地扎根到我们每个人的心里。可能在不同的时代，人们对它的有意识的亲近和接纳的程度不一样，比如在隋唐时期佛教兴盛的时候，一般的老百姓可能比较多的接触到佛教。到了"五四"以后，随着"批儒反孔"风潮的兴盛，一般人可能也跟它有了一个比较大的距离。但是我们说，通过一些特殊的观念传递方式或潜移默化的影响，在百姓的日常行为中，儒学还是有强大力量的。包括像"文革"时"批儒反孔"那么厉害的风潮，很多人的处事方法及做人道理的把握，实际上还是按照儒家的那一套在做。包括今天市场经济的大潮下，有商业文化的猛烈冲击，可能不少人对儒家有陌生感或有很大的距离感，但在很多人的心目中，依然还有儒家观念的记忆，在做事情的时候，或在处理一些问题的时候，好像这些东西一下就跳了出来。我们每个人应该都有这种体会，这大概就是小传统在起作用，它有时候是看不见摸不着的，像气息一样，不经意间就在传递、就在蔓延，在我们的日常生活中发挥着功能和作用，这大概就是小传统。后来有学者说，这个东西应该才是大传统，因为一个文明、一个文化形态能够保持长久，能够发挥巨大的能量，如果没有了这个东西，那典籍写得再精妙都没有意义，所以这个东西才是最重要的，它才是大传统。而士大夫的那种精神性文化形态才是一个小传统，因为那是比较狭窄的，是象牙塔的东西。在80年代文化讨论里面，对这两个概念有很有意思的辩论。由此我们说，"民间"的意味在未来儒学发展或复兴的过程中就显得特别重要，如果我们现在只是把经典的东西恢复一些记忆，让学生读一些经典，或推广读经运动，只是做一些书本上的活动，这大概对大传统记忆的恢复会起到一些作用，让大家对经典文化有一些亲近感。但我们怎样把这些东西落实到每个人的日常生活中，和每个人的日常生活、学习、工作状态有所结合，成为一种活生生的东西，这大概才是最重要的，也就是刚才讲的小传统的问题，这个东西是现在最缺乏的，是今天我们讨论所谓"民间"的最重要的意义。

问永宁：齐鲁大学第一任校长卜道成说"中国人都是儒教徒"，当然还有其他人讲过这个问题。如果按大传统来讲，说中国人都是儒教徒，显然有问题。民国前，中国人的识字率不是很高，多数人怕是连经典也读不了的。卜道成是在哪种意义上讲这个话呢？另外强调儒学的乡土性，也是靠不住的，我的小孩现在就不讲他是陕西人了，他讲"我是深圳人，你是陕西人"，他已经没有乡愁了，儒学如果要发展，乡土性、乡愁反而是需要剥离的东西。我觉得儒学生命力最强的是心性的部分或者是宗教性的内容。伊利亚德，就是写《宗教思想史》的这个人，他把儒学当成一个宗教在讲。另外还有一个，就是孔汉思，他以前是罗马教皇的神学顾问，他写了一个宗教的书，说实际上每一种文化的底子都是宗教，他用了一个比喻，我感觉这个比喻，对于我们理解小传统其实是有用的。孔汉思说世界上的宗教，大体有三个宗教流域，一个是亚伯拉罕宗教，包括犹太教、基督教、伊斯兰教；一个是印度宗教的流域；另外一个是中国的流域，中国流域中，最主要的、影响最大的就是儒学。为什么是儒学？因为儒学的范围很大，它的流域的宽度是最大的，从心性到制度，儒学的张力，比其他宗教，比如中国化的佛教和道教都大，如果我们找身份认同的话，首先就是儒学，刚才王老师讲的，其实就是对"道冠儒履释袈裟，三教从来是一家"的一个翻译，这是全真道的说法。全真意思就是全都是真的，这说明儒学在道教的系统里面，也是很有力量的，它的力量比其他思想的要大。

王绍培：

现在比如说儒学热、国学热，这个里面会不会有一些问题？可能有的人也会说虚假的繁荣，看起来很热，但热的不是实质性的东西，或者里面有一些不是很真实的东西，或者可能热的时候，可能也有它的问题。就像我们过去在"五四"的时候，乃至于说批儒的时候，可能真是提出了一些问题，也不完全就说反对传统文化全都是错的。那我们现在看到另外一个方面来了，我们觉得传统非常好，很多东西需要重新找回来，我们要接纳它、拥抱它，因为现在是热的时候，我们有没有可能对它那个现象进行一个反省，或哪些部分需要注意的？

景海峰：这大概就是我们刚才讲的民间社会或者民间的自发热情的复杂性。民间的想法和行动可能是从各种资源里出来的，它的出发点和目标可能都不一样，这里面难免会有一种盲目的色彩，凭着一腔热情，有时候发展方向或对儒学本质的把握会出现偏离，这在中国历史上向来如此。所以刚才说到一些儒学大师要"辟佛"，对民间混杂的现象要有一种理性批判的精神，要去做鉴别工作。实际上儒学在发展过程中，就不断地面临着怎样恰当地对待民间性的问题。一方面民间对儒学的发展和繁荣非常重要，但另一方面又不能完全随顺着民间的想法和意愿去走，今天依然还是面临这个问题。一方面民间很有活力，对传统的复兴有兴趣，对国学普及有热忱，对儒家思想的实践有一些渴望；但另一方面往往又处在一个自发的状态，缺乏很好的引导或系统的训练，这里面难免就会产生一些泥沙俱下的情况。有些不好的苗头，甚至跟儒学没有什么关联，八竿子打不着，甚至可能是反儒学的那种观念或倾向，也打着儒学的旗号招摇过市，这对儒学就不是一种弘扬，而成为一种伤害。所以从这个层面，我想对学者而言，他们对儒学的知识掌握得比较系统，很重要的社会责任就是要有一种清醒的、理性的眼光，不能完全对民间的东西没有鉴别性，完全随顺着走。他们应该扮演批判者的角色，要发挥这种功能，因为历史上的儒者就是这样的，对民间的东西不是一味地凑热闹，而是有自己的一些基本价值尺度、有一些标杆。如果说民间现象跟儒学的东西正好是悖谬的或者是相反的，就应该出来指正其不足，甚至对它有一种批判，这也是我们今天所面临的一个问题。很多学者对民间儒学有清醒的认识，我觉得是有道理的，我们应该秉持一个比较客观的、有所分际的态度，而不是说只要是打儒学旗号就都是好的，那就失去了儒学所追求的"正道"。

问永宁：景老师讲的这个情况，已经出现了。讲一个我自己看见的事情：我去年暑假去太原开会，顺便去了一趟平遥。平遥的孔庙里面挂了很多红绸子，挂红干什么呢？都是还愿的。香火很旺，很多人在那里投钱，感谢保佑小孩高考考得好，或者考上一个好高中。会议结束我回老家，路过蒲城县，就是出了王鼎、杨虎城的那个县，那里的文庙，里面有一面不知是哪个民间宗教的人挂的，写着"上帝至诚先师，一字大道传世界"的旗子。旁边还有一些可能是藏传佛教的东西。当然这个现象不是现在才开始有的，唐代的《封氏闻见录》就讲过，"流俗妇人多于孔庙祈子，殊为亵慢，有露形登夫子之榻者"。那时候，孔子就被当成了送子观音了。所以热的时候，一定要考虑到热过头，会有发烧的可能，不是说热的都是好的。但是我觉得热比不热好，能热，说明它现在还是有生命的。学界要努力让这个潮流往大传统靠拢，这个是需要的。同时对民间的发热甚至发烧，也不用反应过激。现在也还没有感觉特别热。

王绍培：

　　这个过程中，我觉得有一个特别重要的问题，尤其是做这方面的研究的人需要注意的是，就是怎么样做一个创造性的转换，就是杜维明经常讲的，海外的很多学者、儒学家他们也会讲，传统文化的创造性的转换。在新加坡的李光耀曾经是用儒家的文化作为一种身份来跟西方做一个区别，他也引起了很大的争议，也是有很多种说法，其实争议的过程中包含了，我们在一个现代社会怎么来评估这种传统资源的价值及地位，怎么样给它一个恰如其分的定位，我觉得这个问题是蛮大的，也不是三言两语可以说清楚的，我就把这个问题放在这里。现在还有 15 分钟。我们过去留给听众互动的时间比较少，所以我们现在把时间稍微留长一点，下面进入互动环节，大家跟台上的嘉宾有一些什么问题交流的现在可以提出来。

　　听众：各位老师讲得非常好，上了一堂很好的课。我给景老师提一个问题，儒学是从孔子开始的，孟子开始加入了一些新的内容，到汉武帝的时候，就是把它作为中国文化的主流给确定下来了，再往后又有一些发展，到了理学又有一些新的内容，明清的时候，有一些做了解释，这是中国儒学发展的一条线，我个人是这么想的，到了今天之后，咱们老师讲的是象牙塔，老师是正统的学院派，那么到了今天之后，你们老师现在研究儒学会研究什么样的内容？研究这些内容有什么现实意义？

景海峰：你对儒学发展线索的描述大致是正确的，儒学作为一个2000多年源远流长的文化，肯定每个时期、每个时代所面对的问题都是有变化的。先秦时期是诸子百家争鸣的状态，经过孔子、孟子到战国尾期，儒家脱颖而出，其他的诸子百家慢慢都归于消寂，只有儒家到了汉代之后成为一个主流的文化形态。当然这个主流本身也是在变化的，比如说汉唐的儒学跟宋明时代的差别就很大，宋明时代一般是讲新儒学，所谓新就是它消化了佛教和道教、道家之后，又有一个更大的融合，从系统的建构更多走向一种本体论，或者是用更开放的精神来处理各种复杂问题，包括人的生命心灵。这些东西在汉唐儒学里面讲得不太多，佛教传入中国后，在这方面提供了大量的资源，宋明理学家有很多消化和接收，由此构筑了一些新的系统。到了清代，考据学兴盛，有点回到文本或者钻象牙塔的味道，所以晚清的时候，有很多对考据的批评，认为儒学最后是走到一个胡同里面去了，变得没有活力了。儒学之所以在今天还是一个活的思想文化，我们今天还在讲儒家的价值，就是因为现代有很多人致力于儒家思想的转化工作，这就是我们今天讲的新儒家。新儒家如果从第一代、从五四时期的熊十力这些人算起，到今天差不多是第三代、第四代了，已将近有百年的历史，这个过程中最大的一个问题就是怎样把传统的儒学变成现代的形态，因为我们今天的世界、今天的中国是一个现代文化形态，跟古典的、传统的中国是不一样的。儒学如果还是过去的样子，跟今天的生活就难有什么关联性，所以怎么样把那些传统资源转化成今天时代的话题或者新的理解，这就是新儒家主要在做的工作。

当然从现代文化形态来看，儒家实际上已没有它生存的土壤，很多社会结构的变化使得儒家没有了跟现实生活密切关联的条件，或者没有了制度上的保障，所以才有"游魂"之说。在这样的情况下，一般学者讲儒家都是从学理上来讲的，是从学理上来解释儒家的现代价值和意义，做一些现代思想的解释，可能这些工作做得比较多。当然在这一过程中，也有一些学者试图把儒学的价值在民间推广，或者尝试用一些社会运作的方式来落实儒家的主张。比如说30年代的时候，梁漱溟先生在山东邹平搞乡村建设运动。但在现在这样一个变化特别急速的环境下，好多东西都是昙花一现，他做了 10 年，抗战爆发以后，这个工作就不可能再持续了。1949 年以后，在大陆这个环境下，他更不可能用儒家思想再去做乡村改造的活动。所以这些实际的工作，也有很多学者在努力，但因为这样一个时代背景，很多东西没有太显著的效果，这十多年来学术界也有很多新的思考，对现代儒学到底还有什么作用、跟我们的生活到底还有什么关系等问题，有很多反思。现在大家更意识到儒家是一种道理，除了是一种教育人的学说之外，怎么样落实到我们的现实生活中去，所以有很多学者在做这方面的努力，包括民间讲学活动，办一些私人书院之类的，所考虑的一些重点问题，也是跟我们日常的生活如何去结合的工作。儒学因为在过去的一段时间处在被冷落甚至遗忘的状态，现在基本上是一个逐渐复苏的阶段，要在现实层面看到直接效果，可能还要待以时日。现在还很难说它跟我们的日常生活有密切的关系，这首先需要让更多的人来关心儒学、关注儒学、了解儒学，现在主要的工作还是这方面的内容居多。

听众：请问三位老师，儒家学说在中国社会诞生的社会环境，这个社会环境的基础一个是封闭的，就是说这个社会以前，我们国家这一个范围之内是文明，外面的是蛮夷；另外一个基础也是建立在一个等级社会的基础上。面对刚才景老师说的，现在儒学所针对的民间社会实际指的是都市的民间，都市民间，我们用另外一个说法就是市民社会，市民社会的特征是自由、平等、开放的，这样一个环境，一个市民社会组成的人员是不稳定的、流动的，今天有这些人，明天是另外一部分人，我们传统的儒家学说对今天的市民社会有什么有益的成分，或对市民社会的发展会构成某种危害，我想听听三位老师的看法。

问永宁：我刚才也提到了这个问题，传统社会一直是发展变化着的，儒学面对的社会生活方式一直在不断变化。从先秦、两汉，到唐宋，到元明清，这个变化是非常大的。比如汉唐社会有贵族，宋代以后，贵族社会就解散了。儒家学者的问题意识和行为模式也在变。先秦人关注的问题、汉唐人关注的问题，和宋明人关注的问题，都不相同，儒学之河的流向一直都在变。儒学不是很看重具体的行为方式，前面说

"礼从时"，规范是跟着时代走的，儒学不是太强调只有什么样具体的规则才是儒学。如果拿河流做比喻，儒学是一条流淌的活水。儒学是比较能够适应社会变化的。另外，儒学讲的内容是普适的，人皆可以为尧舜，每个人都可以成圣人，包括古人和将来的所有人，从逻辑上讲，它是面对着所有人的。在人格意义上讲，人是平等的，每个人都可以成圣人，没有谁成不了，没有给人分类。讲到自由，儒家里面这种资源很多，像孟子，强调人要做"天民"，不是做人民，不是做谁的民。每个人重要的不是社会地位和社会角色，他说人重要的是"天爵"，就是天给你的角色；天爵良贵，不是通过努力得到的，不是社会赋予的角色，所以儒学本身就有超越性很强的内容。现代人有现代人的生活样式，将来人有将来人的生活样式，每个社会，儒学都会发展出来一个相适应的存在形态。从根本上讲，从最抽象的层面来讲，儒学是讲天人之学，就是人和上帝的关系，我觉得这是儒学最基本的问题，其他的问题都是衍生的。天人之学本身就蕴含着人格平等、良知自由。社会平等、人身自由，可以从天人之学得到学理支撑，平等、自由的观念，从学理上看，我觉得儒学是可以接受的。

景海峰：补充几句，你刚才这个问题非常好，把儒学从一个传统的语境中拉到我们今天现实的情景中来思考。所谓市民社会，跟今天讲的民间社会在语用上是很相近的概念，在翻译的时候，可能法学、政治学或研究黑格尔，用市民社会比较多。后来法兰克福学派，像哈贝马斯这些人讲公共领域、公共空间问题，今天比较多的就是用公民社会这个说法，但传统上或我们老百姓俗用的是民间社会。实际上这几个概念在内涵上是有交叉的，我们今天讲的有一点点中西合璧的味道，不光是回到传统的所谓乡土中国的民间性上，也要在现代的中国文化的状态里面，怎么样来构筑这种新的空间，即公共空间、公民社会。这个公共空间不是一个现成的，它实际上是在一种文化运动中相磨相荡、一点一点呈现的过程，逐渐在形成和扩大它的影响，儒家思想今天面临的实际是这样一个话题。都市化的情景，这不是中国历史上特定的东西，它是在现代化的过程中出现的，是在农业生态逐渐向工业化文明形态过渡之后，人口大量迁徙，脱离了原来宗族的居住环境之后，变成了一个陌生人的社会和一种新的结构形式，这种都市化要不要儒学，或者说还有没有儒学可以生存的空间，这是我们今天要去思考的问题。所以今天讲儒学，就是要在所谓的新的公共领域或公共空间的意义之下，来找它的生长点或结合部。这个东西不是一个现成的，不是说老祖宗已经把这个东西都交代清楚了，而是要靠我们新时代的中国人在新的环境下怎么样去做一种新的创造。儒学的魅力就是因为它在不断地发展，苟日新，日日新，又日新，因为环境在不断地变化，在新的环境下，每一代中国人可能都面临着如何转化它的问题。

王绍培：

　　我也补充一下你的问题，刚才的问题可以进一步尖锐化，因为你提到了儒家文化和思想很强调等级，市民社会特别强调平等。从西方的角度讲是平等的，首先人权、政治权利上的平等，是把每个人抽象化，然后都是一样的，都等于1，都是一个，一个一个等值的，西方很强调这个东西，强调把这个东西普遍化，变成一个放之四海而皆准的东西。而东方呢，比较强调差异性、强调特殊性，比如说我们强调普遍性，从普遍性方面也是很好理解的，每个人都是人嘛，既然都是人，所以很多东西都是一样的，不能说你多一些我少一些，这是不对的。从东方的角度来讲也对，强调人与人的不同，比如说尤其是互联网时代，有很多公司发现人与人的差异，有时候一个人的作用和价值可能比20个人还要大，你用到这个人的时候，他起到的效果比你用了20个人的效果还好，这就是不平等，这就是差异。西方的选举是一人一票，李光耀说一人一票有问题，他说40岁的人跟40岁以下的人的票不应该都是1票，他主张40岁以上的人2票，即我投1票相当于2票，40岁以下的人1票就是1票。我昨天见到一个台湾的姓"徐"的艺术家，他说这个民族有很大的问题，因为老百姓里面笨蛋比较多，笨蛋的理解能力是很差的，如果每个人1票的话，他们就选一个笨蛋出来，如果一个笨蛋要来领导国家，这个国家是搞不好的。所以他反对，他说如果一定要投票的话，怎么投呢？就是说所有的选民去考试，考试得了100分，你就去投票，那你的票值就是100分，如果考试考了50分，他去投票，他的票值就是

50 分，可能还有人只得了 5 分，来了 100 个人，一个人 5 分，也就是 500 分。另外考了满分的这 5 个人，5 个人相当于 100 个人，他主张这样一种差异，就是说我们的理解能力、我们的认知能力、我们的思考能力都是有差异的。在巴西就是这样，巴西很多文盲，你跟巴西文盲讲复杂的东西他们根本就理解不了。有一些政客为了拿到比较多的票，净讲一些很傻的话，有些政客真的就很傻，老百姓一听觉得讲得好，就把票都投给他了，结果一个笨蛋就当了总统，这是一个很大的问题。所以东方比较讲究差异化，具体问题具体分析。孔子讲教育也是"因材施教"，这个人是个天才，我就按天才的方法教他，那个人是个笨蛋，我就按照笨蛋的方式教育他，各得其所，都能够得到一个很好的发挥。但是讲到政治权利的时候，你就不会说这是一个天才，我们要给他一个天才的权利，这是一个笨蛋，我们就要剥夺他的很多很多的权利，柏拉图他们是有这样一种想法，有这样一种差异化的处理，但在不同的时期有不同的侧重点，可能在法国大革命的时候，他们认为人的权利应该都是一样的。尤其在亚洲很多国家，在欧洲之外的很多国家，他们实现了民主的时候，他发现一人一票有很多的问题，有很多笨蛋，有很多坏蛋，他们也有一票的时候很麻烦，他们选出一个人可能是很差的一个人，我觉得这是一个开放性的问题，如果一定要怎么样很难说，只能是根据不同的历史去选举，根据不同的时间窗口，有的时间窗口要强调平等，有的时间窗口要强调差异化，如果你有这样一种灵活性的话，就会觉得很好。儒家思想有儒家思想的价值，西方思想有西方思想的价值，看你在什么场合、在什么地方进行选择，选择的一部分可能都是对的，也有可能都是不对的，这里面就是不好一概而论。当然从中国现实的角度来讲，我觉得我们应该强调一个普遍性的东西，因为中国人太喜欢搞特殊化了，你是我的朋友，你是我的亲戚，好办，哪怕是违章了、违法了我们都给你抹掉，没有问题。你如果是陌生人，不行，我们要照章办事，我们要严格执法，中国人有这样一个毛病，在这个时候我们要强调普适，强调普遍性，强调一视同仁，等到这个强调到一定程度的时候，我们可能就需要知道人和人之间的差异还是蛮大的，我觉得这是一个很难做出简单结论的问题。第九期南书房夜话到此结束，谢谢大家的参与，欢迎下一期继续来。

深圳学人·南书房夜话第十期：
儒学在海外的发展

黄　勇　王兴国　王绍培（兼主持）

（2015 年 4 月 25 日　19：00—21：00）

王绍培：

　　各位现场的朋友晚上好！今天是南书房夜话第十期，也是我们跟儒学文化有关的系列最后一期，我们第一期是 2014 年 11 月 8 日在这个地方开始的，今天是最隆重的一期，铺了红地毯，还有鲜花，来的嘉宾分量也很重，一个是来自海外的学者黄勇，黄勇教授是 1988 年到美国哈佛大学念神学博士，前两年才到香港中文大学任教，在美国生活和工作 20 多年，所以他对于美国的情况应该是了如指掌。我们先请黄勇教授讲讲在美国大学里面教授中国文化或中国传统哲学的基本情况。

　　黄勇： 非常高兴今天到这里和大家来分享。我主要是在美国生活和工作，到香港才两年不到的时间。今天的一个主题是儒学在海外的发展，我想主要讲一下儒学在美国的状况。我在哈佛大学读书的时候，大家都知道杜维明在哈佛大学，杜维明应该算是当代儒学的一个重要的人物，对于推动儒家在美国的发展起了相当大的作用。在美国儒学还是一种外来的东西，好像佛教或基督教对我们来说是外来的东西一样，尽管佛教现在已经中国化了。不过在目前看来，儒学在美国主要的还是在思想研究方面比较有发展，还没有成为一种或多或少影响大众生活的公共文化。我想现在中国大陆经济发展的步伐加快，可能一般老百姓对中国文化也逐渐感兴趣，儒学也就有可能至少进入部分人的生活。这种情况可能正在发生。记得 1988 年我刚到美国去的时候，在美国大学的东亚系有日文、中文和韩文，而学日文的最多，后来没过几年是学中文的人最多了，最近学中文的人是越来越多了。当然学中文的人大多数不是要学中国文化，而是为了以后做生意，但是如果里面有 1% 的人是真正对中国文化感兴趣，就已经是非常重要的了。

这里主要以我的切身体会，从美国的一些现状或发展，谈谈儒学如何跟当地的文化，特别跟他们的哲学如何联系在一起。我在哈佛那边读书的时候，在波士顿大学里面有一个哲学家，也是一个基督教神学家，叫南乐山，他开玩笑地说，我们波士顿有波士顿的儒学。在韩国有韩国的儒学，日本有日本的儒学，美国应当有美国的儒学。而美国很大，各个地方可以有各个地方的儒学。在波士顿就有波士顿儒学。波士顿儒学还有两派，波士顿很大的一条河叫查理士河，河南、河北有两所大学，一所是哈佛大学，还有一所是波士顿大学，哈佛大学当然主要是杜维明在那里，波士顿大学就是南乐山（Robert Neville）和白诗朗（John Berthrong）。很有意思的是，他说他们这两派是不一样的，波士顿大学非常喜欢荀子。因为他们两个都是基督教神学家，他们自己也认同儒家，说他们是儒家的基督徒，而在儒家那里，他们发现荀子的观点和他们的基督教观点比较容易联系在一起，因为荀子讲人性恶，与基督教讲的"原罪"的概念比较接近，所以比较容易联系在一起。所以波士顿儒学中的这一派是荀子派。河对面的主要是杜维明，杜维明大家都知道，他是比较欣赏孟子这块，所以我们说波士顿儒学有两块。那个时候说这个波士顿儒学好像并不是非常严肃，但后来没过几年，南乐山出了一本书，书名就叫《波士顿儒学》，后来在美国还引起了很大的讨论，主要就是说，儒学是不是适合西方，对西方能够发生什么作用。在我目前负责的美国宗教学会的儒学传统组我们还专门组织了一个讨论会，专门讨论美国的儒学，就是像刚才讲的"南乐山"和"白诗朗"，不是像杜维明这样的，他们本来是中国人那就没问题，主要是西方人。还有一个人，英文名字叫 Mary Evelyn Tucker。她是很有名的哥伦比亚的狄百瑞的一个学生，她也非常推崇儒家，特别是从儒家的角度做生态方面的研究、环境方面的研究。

我们主要是看是否能够把儒家的传统融合到西方的文化中，不光是融合到西方文化中，而且是对西方文化能够起到一些补充的或者修正的作用。这方面我想到一个人，这个人主要是哲学家，叫 Michael Slote。

他是著名的西方伦理学家，但是他怎么对儒学感兴趣的呢？可能主要是由于他的一个中国学生作了一个博士论文，把孔子跟他（Slote）的伦理学思想相联系。这样他就开始对儒家感兴趣了，当时他已经是非常有名的西方伦理学家，所以像他这样的人去推动儒家的话相比我们这些人去推动儒家的作用大得多，因为我们这些人微言轻，而像他们是代表西方主流社会、主流哲学界的。他最近还专门写了一篇文章，发表在今年我编的一本英文杂志（*Dao: A Journal of Comparative Philosophy*）的第一期上，这篇文章的中文题目很难说，英文名字叫作 Reset Philosophical Button。Reset 的中文意思有点像要重新洗牌的意思，它就是觉得西方文化总体来说，特别是西方哲学具体来说，有一种非常大的片面性，需要中国哲学来加以修正。例如，他最近特别对中国哲学中的阴阳概念感兴趣。他对阴阳概念的兴趣与西方的一些大众对阴阳概念的兴趣不同。他并不是把它看作神秘的东西，也并不把它与风水和算命相联系。相反，他完全是从哲学角度来看的。他认为西方哲学或西方文化太强调"阳"这一方面，比如说强调个体性、自主性、理性，但是不太强调接受性，或者是和谐性，或者是跟他人的关系或者情感，而这些在他看来属于"阴"。他认为，西方哲学甚至整个西方文化在这方面都走错路了，所以他说要用中国哲学来 reset，就是我们让哲学重新出发。

所以这里大家看到，他讲的中国哲学，实际上主要也是儒家的方面。举个例子，现在西方一些伦理学和心理学中讨论得比较多的一个概念，叫作 empathy。这个字很难翻译。现在与此相关的 sympathy 一般翻译为同情，因此现在有人将 empathy 翻译成同感。这种情感主要是一种什么样的情况？它跟同情不同。假如一个人深受痛苦，我们对他表示同情，但我们自己并不因别人的痛苦而感到痛苦。但是刚才讲的同感与同情有点不一样，它强调的是有同感的人，在看到别人受苦的时候，自己也感到痛苦，就是说能够感到别人感到的东西。因为你自己感到很痛苦的话，你就自然地设法去解除痛苦，但由于你作为一个具有同感的人所感到的痛苦是看到了人家的痛苦而造成的，所以你一定要解除人家的痛苦，才能解除你自己的痛苦。这个同感概念最近西方心理学、伦理学讨论很多。Slote 本人是在这方面比较重要的一个思想家。他说在西方，同感这个概念，最早也可能是从十七八世纪开始的，但他从中国哲学里面，最早是看到王阳明讲"万物一体"的概念，"万物一体"是什么意思？实际上就是一个同感概念。"万物一体"，就是说我和人家是一体的。我自己的叫与我一体。所以我脚伤了，比如说别人踩了我一脚，我马上感到痛。如果我跟其他人一体的话，其他人如果有痛苦的话，我也会感到，这个就是一种同感的概念。所以即使以王阳明为例，中国哲学中的同感概念比在西方哲学中要早好多。后来 Slote 知道实际上万物一体的概念来自更早的宋代哲学家程颢。更后来，Slote 甚至认为孟子讲的"万物皆备于我"已经是个同感概念了。这样这个概念在中国比在西方早了整整两千多年。而且这个概念在中国哲学中不仅仅是比西方出现得早，它的内容也比西方的同感概念更丰富。比如说，西方的同感概念，一般是指，在看到人家身体上有痛苦后，我也感到痛苦，比如听到别人生了病，我也感到很难过，别人没有饭吃，我也感到很痛苦。但儒家看到有更重要的方面。儒家的同感概念不仅仅是指在看到人家外在身体上有什么痛苦的时候，我会感到痛苦，而且也指在看到别人道德败坏即失去了人性，我们也要感到痛苦。王阳明里面就讲得非常多，假如说一个人没有仁义礼智了，就好像我们说这个人生病了，这个人根本上有缺陷了，我也应该要跟他感到一种同感，帮助他克服这个缺陷。所以儒家里面有很多这样的东西，可以用来发展西方文化中、哲学中的一些概念。

王绍培：

　　下面请王兴国教授讲讲儒学在海外的发展。我刚才突然想到，儒学在海外的发展，跟儒学在世界上的发展其实是不同的说法、是有差异的。我们讲的"海外"是立足于我们大陆，把儒学这种文化作为一个文化的整体来看待，如果我们是讲儒学在世界上的发展，这两个概念真的有一点不一样，我的理解是这样，我不知道王兴国教授如何看待这个问题。

　　王兴国：我觉得这个问题，就是"儒学在海外的发展"这个题目怎么理解？一方面我们可以说它是与"儒学在世界的发展"同义，另一方面也可以说它们不同义。关键看你怎么界定。一般来说，中国行政区管辖以外的地方，都可以叫海外。从这个意义上来讲，这个海外不包括中国，但我们说"海外""海内"都是相对的，我们知道，流行的一句话说"四海之内皆兄弟"，这个"四海之内"就是指中国。在这个意义上说，中国自身就是"世界"。与此同时，这个"四海"也可以泛指全世界。全世界当然包括中国。但说"海外"，就既可以指中国行政区的境外，也可以指"中国以外"的国家或地区。所以我认为这个"儒学在海外的发展"与"儒学在世界的发展"可能相同，也可以不同，就是说，可以从"儒学与世界"的关系看"儒学在海外的发展"，也可以从中国境外的一些地区以及国家来看"儒学在海外的发展"，就看你如何界定了。显然，我们今天要谈的题目"儒学在海外的发展"是一个非常大的题目，它的内涵，在我个人理解，就是它不应该只限定在世界上的某个区域或地方，而应该是说：凡是儒学从中国流出去或传播出去以及它所到之处，儒学对这些地方或这些地区的社会，对这些地区的人民发生过一定的影响，凡是儒学在这些地区或社会有了发展，甚至有所建树，就都应该归属到这个题目之下。所以，从这个意义来看，我的理解就是"儒学在海外的发展"既包含儒学在东方的发展，也包含儒学在西方的发展。刚才黄勇教授主要是对儒学在美国的当代的情况做了一些介绍，现在我想返回去谈一点儒学在海外的历史，回顾一下儒学在海外传播的情况。

我们知道，儒学，它最早的传播路线，首先是从中国走出去，但没有离开东方的亚洲，儒学"走出去"，所到的地区，我们传统讲，主要是亚洲地区。儒学在亚洲地区，主要是三个地区，我们传统讲的是：一个朝鲜，一个日本，再一个安南。安南是我们传统的当时的说法，现在来说，就是我们讲的越南。儒学在亚洲的发展，主要是这三个地区的发展。然后，大约到了11—13世纪的时期，儒学开始传播到欧洲。慢慢地到17世纪以后，儒学就迅速地在整个欧洲传播开来，尤其是在18世纪，儒学对欧洲产生了重大的历史影响。但是到了18世纪末至20世纪，可以说是儒学在欧洲的衰落时期。在这个衰落期，它的影响不大。儒学在欧洲影响最大的时期是在18世纪，当然，这是我们今天所知道的情况。返回来看，关于儒学在亚洲的情况，我也先简单介绍一下。

我们说到儒学最早是传播到了朝鲜，当然，那个时候的朝鲜不是我们今天讲的"朝鲜"这个概念。那个时候，从朝鲜的历史来讲，是叫"三国时代"。我们知道，儒学，如果说从它最早什么时候开始传播到海外的历史追寻起来，那么大概我们现在据可考的历史史实来看，应该追溯到汉武帝时代。汉武帝时代，中国在朝鲜设置了"汉四郡"，差不多在这个时期到"三国时代"，大概不到1000年的历史，但可能超过500年的历史，在这个时间范围之内，儒学就开始传播到了当时的高丽、百济，然后传播到新罗。但是，从韩国自身的情况来看，他们一般认为大概是"三国时代"儒学才开始比较大规模地传入到这三个地方，并且在"三国时代"的中期与韩国本土的固有思想开始紧密地结合。从今天保留下来的文献看，这个时期传入的儒学主要是"五经"、《论语》《千字文》以及《孝经》，大概是这些内容。中国的儒学在朝鲜或韩国发生影响的主要是"五常"："仁、义、礼、智、信"，后来"孝"的思想也有很大的影响。朝鲜或韩国人从这些内容开始接受了中国的儒学。到了高丽时代，在整个国家里面占中心地位的、被奉为国教的是佛教，这个时期，表面上可以说，儒学跟佛教是处于一种并列的地位，但实际上，儒学是处于劣势地位的。为什么呢？高丽王朝虽然奉佛教为国教，但国家在政治的体制设置上面、人文教化方面、人伦日用方面还是离不开儒学的，包括奉行中国的科举取士的文官制，靠儒生来治国，以及在人伦日用方面等，维持社会的秩序，还是要依靠儒学，就不得不提倡儒学，所以这个时候出现了儒、佛并存的局面，但儒学的地位始终还是没有佛教的地位高，佛教保持了主导的地位，这是高丽时代的情况。到了高丽时代末期，情况发生了很大的变化，这个时期，我们说，韩国人或者朝鲜人把中国的儒学称为所谓的"性理学"。我们知道，这个"性理学"主要是指中国北宋和南宋时期的儒学，而这个时期，我们说韩国人或朝鲜人只要一谈到所谓的性理学，它一定是和朱子学联系在一起的，他们基本上是把朱子学看作是性理学的代表，但实际上，我们说性理学的范围绝不仅仅限于朱子学，而是包含了两宋到明的儒学，甚至元的儒学，就是从宋到明这样一个历史时期的所有的儒学在内。仔细看，其实就这一时期儒学在朝鲜的历史情况说，主要是以两宋的儒学为主，然后是明代的儒学。从高丽时代末期兴起朱子学，就是以所谓的朱子学为代表的性理学，到了李氏朝鲜朝建立以后，可以说是迎来了"性理学"的光辉时代，整个性理学就是在朝鲜朝拉开了序幕的。我们从朝鲜的儒学可以看到，儒学最繁荣最昌盛的时期就是李氏朝鲜朝，在这个时期，出现了众多的儒学家、思想家，韩国人也把他们叫作哲学家，这些人当中，对我们中国人来说，也有比较熟悉的，我这里要提到两个人：一个是退溪李滉，我们中国人比较熟悉；另外一个呢，就是栗谷李珥，我们中国人也比较熟悉，当然还有其他人。像这些人物都是朝鲜儒学的代表性人物，他们都是在那个时期产生的。可以说，在这个时期是朱子学一统天下的时代。这个时期（李氏朝鲜朝时代），跟高丽王朝时代完全相反，性理学，就是儒学，占了统治地位，这个时候佛学受到批判而被压了下去，所以这个时候儒学或者说以性理学为代表的儒学被奉为国教，这个时期的情况就完全变了。从李朝朝鲜时代一直到现在，可以说韩国的儒学都是以性理学为主，一直到现在都是这个样子，这是一个基本的情况。另一方面的情况，我们需要注意的是，在整个韩国和朝鲜，从李氏朝鲜朝兴起的儒学，大致可以分为三种流派或三种思潮，第一种就是朱子学；与朱子学相反的，甚至被视为异端的是另一种思潮，韩国人讲这种思潮像夜间的萤火虫若明若暗、若隐若现、若有若无，这种思潮就是所谓的朝鲜的阳明学。这种阳明学思潮也是经过了一个漫长的历史发展过程才出现的，但这个阳明学，因为它进入朝鲜比较晚，比朱子学要晚，它的进入当然是在明代。据朝鲜学者的考证，大概是在王阳明50岁的时候，阳明学才开始传入到朝鲜。这里面有一个情况，就是在阳明学进入朝鲜以前，有一种批判阳明学的思想开始抢先一步进入了韩国或者说朝鲜，对他们有很大的影响。再者，阳明学本身与朱子学是一种不同的儒学形态，所以在韩国两派形成了很大的对立。由于朱子学在朝鲜是正统，阳明学流入后是被视为异端的，所以讲阳明学的学者不敢公开讲，甚至不敢公开暴露自己的身份，不敢公开说"我是阳明学者"，他们只能暗地里面讲，甚至"偷偷摸摸"地讲。我们知道，后来朝鲜阳明学的集大成者郑齐斗，又称霞谷先生，他开创了朝鲜儒学史上的江华学派，这个儒学学派就是地道的阳明学派。这个阳明学派对朝鲜后来的光复以及民族的崛起、自强自立起了很大的作用，使朝鲜人在接受西学的方面不受正统的束缚，实际上，是为他们接受西学铺开了一条道路。因为这里面涉及一个跟宗教有关的问题，就是说，它跟西方基督教的传入，或严格一点讲，是天主教的传入有关系。我们知道，朝鲜的西学最初与儒学一样是由中国传入的，而且是伴随着天主教传入的。天主教是在明代由耶稣会士传入中国的，并在明末与清代大规模进入到中国的，当然如果要追溯传入源头的话，可以追溯到汉代的景教，景教是一种基督教，但是那个景教与我们这里讲的东西没关系。我们说天主教在明代进入中国，后来又通过中国传入到韩国或朝鲜，大致是这样的情况。西学随天主教进入朝鲜后，跟中国的情况很相似，天主教与儒学之间有一番争论和斗争，当然儒学，以朱子学为代表的性理学，是占主导地位的，并且是胜利者。

此外，还有一种思潮，就是实学的思潮，除了朱子学和阳明学之外的第三种思潮。实学的思潮，在今天来看，主要是主张一种追逐"性理"思想以外的以事功为目标的这样一种事业的"务实"活动，以求强国富民，比如今天我们讲的实业、商业等，可以说以发展工商业来达到社会物质资料和物质财富的发达与增长，就是实学追求的一种目标。主张实学思潮的学者多受阳明学的影响，形成比较开放的胸襟和态度，提出强国要向外国（先是中国，后来是西方国家）学习，强调经世致用，注重社会实效。在这样的情况下，在韩国或朝鲜也有了对事功的积极要求和事功的业绩，但是这种事功的精神与儒学是分不开的。因为儒学里面有经世致用的思想，刚好可以跟他们要追求事功的目标相契合，所以朝鲜的儒学也形成了一种非常重要的实学思潮，但是这种实学思潮常常介于朱子学和阳明学之间。这是一种非常重要的思潮。儒学在朝鲜的发展主要就是这三股儒学思潮的发展以及它们的激荡。我们说这三股儒学思潮以及它们的激荡一直存在，由于后来日本占领了朝鲜并统治朝鲜达85年之久，在这段日本统治朝鲜的历史时期，儒学虽然存在，但是它已经不再像过去那样辉煌了。在日本统治的时代，当然是我们说，也是韩国人说，他们进入了所谓的朝鲜的"开放时期"和"被殖民时期"同时并存的时代。在这样的一个时代，一方面是西学早期通过中国进入到了朝鲜；另一方面，在日本占领时期，西学既通过日本，也通过传教士和西方的知识分子开始进入了朝鲜。当然，再往前推，推到日本占领朝鲜以前，西学已经通过中国进入到了朝鲜，朝鲜的先进儒家知识分子开始自觉地学习西学，但朝鲜和中国有一点不同的是，他们已经有计划地派遣留学生到西方留学，有的留学生学成后已经返回到了朝鲜，这样就把最先进的西学内容带回去了。（要知道，中国最早到西方的留学生是由耶稣会士带去的，不是由政府派遣的。）这里面，我想值得注意的有两点：

第一点，就是当西学和朝鲜传统的儒学交遇的时候，开始二者是非常抵触的，朱子学和西学是对立的，由于西学是伴随着天主教进入朝鲜的，朝鲜对待西学的态度跟中国非常相似，一方面，他们禁教，就是反对宗教；另一方面，就是吸收其中的科学思想和学术思想，包括艺术等方面的内容。可是，总的来讲，朱子学与西学是处在一种对立的状态之下的，由于这种对立导致国家最后把西学禁止了一段时间。

相反，第二点，受阳明学影响的学者反而保持一种比较开放的心态，一方面，他们能够比较大胆地、开放地迎接西学；另一方面，他们对天主教有某种保留，但也有批判，总的来讲，相比于朱子学的学者更具有一种容忍的态度。说到他们对西学能保持开放的态度，包括我刚才谈到的，郑齐斗的孙子和重孙子以及他的学生对西学都有潜心的研究，比如说这个时候他们开始研究西方的算术或数学，此外，逻辑学、物理学、生物学，都已经开始研究了。这其中很有意思的一点，就是阳明学影响的这些学者对西学有更多的强烈的好奇与愿望。

这些大致上是儒学在韩国或朝鲜的历史情况。

到了 20 世纪，韩国的儒学一直还在受中国的影响，但是这个时期，由于 1949 年国际形势的变化，到了 1950 年以后，韩国那个时候派遣学者到中国留学更多的是到台湾的留学生，所以在 1990 年以前他们受台湾的影响更大。20 世纪以来，尤其是到了 21 世纪，韩国所受中国儒学的影响主要是受当代新儒学或称"现代新儒学"的影响，尤其是受牟宗三哲学的影响非常大，大概除了朱子学以外，可以说，到目前为止，对韩国影响最大的儒学是牟宗三的儒学，基本情况是这样的。

至于韩国在现代化的道路上如何处理现代化与儒学的关系问题，我也可以说一点看法。因为从 20 世纪 80 年代以来，讲到"亚洲四小龙"的起飞与儒学的关系，一定会谈到韩国。实际上，对这个问题，我是这样看的，韩国进入现代化的道路，相对中国和日本来说是比较晚的，是在1945年之后。只有在1945年以后，它才有这个机会，因为当时朝鲜刚刚脱离了日本的统治。韩国在现代化道路上的崛起与腾飞，与它的民族主义和儒学都是分不开的。而韩国的民族主义与它的儒学精神是融合在一起的。无疑，对整个朝鲜来说，第二次世界大战所导致的国家分离，南北的对立，意识形态的冲突，也是直接逼使韩国走向开放和独立自强的重要原因。再者，韩美关系，尤其是美国对韩国的扶持也是非常重要的因素。显然，这与当时的整个国际国内的环境有密切的关系。总之，韩国人没有像我们中国人一样把儒学与现代化绝对地对立起来，以为只有彻底摧毁儒学才能实现现代化。韩国在实现现代化的道路上不仅很好地学习与输入了先进的西学，而且非常好地完整地保留、继承与发扬了儒学。成均馆至今一直完好地存在，就是一个最好的证明。这对中国人来讲，简直就是一个奇迹！正因为有这诸多的因素，尤其没有把儒学与现代化对立起来，所以韩国在现代化之路上的起飞是非常快的。

关于儒学在日本的情况，由于时间不够，我简单讲两三分钟吧。儒学传入日本有两条道路，一条是从韩国，严格意义上说，是从高丽时代传入日本；另外一条线是从中国直接传过去，这大概是在唐宋时期，这个情况也很特别，开始的时候，最早接受中国儒学的日本人是它的最高统治者，就是天皇以及皇太子，然后真正把儒学带回到日本的是日本的一批僧人，他们从中国带回了大量儒家的经典，并开讲儒家的经典，比如说其中有一个和尚（俊芿），他带回日本2500多卷儒家的经典，回到日本之后一生就讲"四书"，儒学就在社会上流行开来了。这是儒学在日本初期传播的情况。后来，儒学在日本落籍了、生根了，并且形成了日本自己的儒学。同样地，我们说日本的儒学也像韩国的儒学一样形成了三大流派：一派是朱子学，一派是阳明学，还有一派叫作"复古派"或"守古派"。日本的儒学有这样三派。我们说朱子学和阳明学对日本的影响都非常大，所谓的复古派或守古派影响也非常大，它强调武士道精神。这三派儒学三分了日本的儒学天下。儒学在日本的发展情况，基本就是这样的。当然，我们说，儒学传入日本后，在日本的发展形成了日本的儒学传统，这个传统也一直保留到现在，这个我们后面会讨论到。在日本，儒学与现代化的关系问题又是如何的呢？日本从明治维新到走上现代化道路，确实也面临儒学与现代化的关系问题。就儒学与现代化的关系来说，日本应该是处理得最好的一个国家，在这方面可谓是非常出色的一个典范。

以上所讲的这些内容，就是儒学在亚洲的中国之外的一些大概情况。我先说到这里。

王绍培：

我对"儒学在海外的发展"这个题目的理解与王教授的理解有点稍微不太一样，我觉得它更多的好像是作为中国文化的传人，作为中国儒家文化的传人，他们离开大陆本土后到了海外去发展，他们是对文化、对学术研究的一个发展的状况。如果是世界上的其他国家，他们研究儒家文化，他们受到儒学文化的影响，虽然我没有研究，但按我们习惯的用法，都不把它叫作海外的发展。海外的发展就是说把中国文化作为一个想象的共同体来看待，而且是把它作为一个主体来看待。

我们为什么要谈这样一个话题呢？这是因为儒家文化或中国传统文化在五四运动后受到了很大的冲突，不再是一个意识形态和主流文化，尤其是到了1949年之后，1949年之前虽然也是受冲击的，但比如说在我们学校里面，像梁漱溟这些人还会在学校里面讲，还会为儒学文化进行辩护，这个时候儒学文化其实还是在发展的。但是到了1949年之后，就变成了我们要用马克思主义来研究传统文化，来分析儒家和儒学了。马克思主义要来分析儒学，我们过去的教材里面首先讲它是代表哪个阶级的，它是代表地主阶级、代表官僚阶级、代表统治阶级的，这就给了一个规定性，还有一个就是我们要用马克思主义哲学，首先就是它是唯物主义还是唯心主义，从这个角度讲，1949年后儒学在大陆的发展受到了很大的限制，尤其是在"文革"期间"评法批儒""批林批孔批周公"，传统文化在中国大陆的遭遇在海外的很多学者尤其是在华人学者中，激起了他们的一种使命感，就觉得这种文化必须由我们流落在海外的华人来延续它的慧命。杜维明过去讲的儒学的第三期发展，他讲到的很多人都是在海外的，很多成果都是在海外出来和产生的，这是我们在今天讨论这样一个话题的一个历史的背景。我想请教一下黄教授海外的儒家学者还有哪些代表人物是我们不知道的，他们都有一些什么思想或学说、有哪些观点值得我们关注？

黄勇： 所谓的海外的新儒家，我想他们总体上要说明的一个问题就是，儒家在当代社会中，特别是面临强势的西方文化的挑战，能够做出什么样的回应。虽然不同的新儒家的观点和立场也不尽相同，但是我想他们的一个总体的倾向跟现在国内有一些也想弘扬儒家的人是不一样的。现在有些人试图以儒家来抵制西方的观点，特别是自由和民主等价值。我觉得海外新儒家发展的一个总体倾向并不是要抵制西方。他们也承认儒家表面上看起来跟西方文化很不一样，但是他们试图说明，是不是也可以在儒家传统中找到近代西方的一些价值，特别是民主的这个概念，或者是科学，因为近代西方的文化可能最主要的是"民主"和"科学"这两个方面。在儒家传统里面是不是可以找到这样的资源，海外新儒家总体的答案是肯定的。这看起来是用西方文化来改造儒家，但他们同时也认为，儒家里面本来也就包含了近代西方的一些价值，只是这些价值在儒家传统里面没有得到彰显。因此用一些当代新儒家的看法，实际上他们所做的不是让西方文化来改造儒家，而是让儒家自我转化。这是一方面。但另一方面，特别是像杜维明、刘述先、成中英这样的海外新儒家，他们本来是在西方生活和工作，他们甚至还想用儒家的传统来对西方文化中一些概念提出挑战。所以这是相互的，一方面是儒家怎么样来回应西方文化的挑战，另一方面是儒家思想对西方文化能够提出一些挑战。所谓的海外的新儒家，最早的时候主要是指港台的一部分，后来我们说英美的话包括杜维明等，他们是后一代的。前一代的在港台的新儒家包括刚才王兴国教授已经讲到的牟宗三，可能是海外新儒家里最重要的，还有唐君毅也非常重要。我现在所在的中文大学，还有一个新亚书院，它就是由海外新儒家创立的，像牟宗三、唐君毅，特别是钱穆等。当然对于海外新儒家来说非常重要的是由唐君毅、牟宗三、徐复观、张君劢等在 50 年代末发表的新儒家宣言。这个宣言，一方面就是儒家怎样回应西方的挑战，同时，儒家对西方是否也要提出一个挑战。

关于后一点，我就想举一个例子。儒家里面一个非常重要的概念，从某种意义上讲是最重要的概念，至少说是最能够体现儒家特色的概念，就是"孝"这个概念。"孝"这个概念，特别是在西方，一开始是很难被大家接受的。比如我们在美国的大学里面教儒家伦理，很多学生对"孝"这个概念是比较难以理解的，因为他们觉得每一个人都应该是平等的。但是我们假如说，我们对自己家庭的人的爱比对外面的人的爱更强烈一些，这个概念西方人也都可以接受，但是假如说为什么应该对自己亲近的人、家里的人爱得更多一点，这个西方人不能给出一个很好的理由，他们觉得事实上大家是这样做的，但是是否应该这样做，好像不能给出很好的解释。那么儒家在这方面可以提出一些论证。因为"爱"实际是一种情感，而作为情感，爱必定是对自己的亲近的人更强烈一些，对陌生人就不怎么强烈。也许我们会说，这样好像不太对，因为我们应该是对大家都一样。那如果对大家都一样的话，我们就必须将"爱"的情感剔除掉。可以想象一下，假如有两个世界，有一个世界是每个人都是按理性来行事，因而对每个人都一视同仁，但是这个世界上的人都没有任何情感，特别是没有"爱"这种情感，因为情感本身就是盲目的，它一定对亲近的人有比较强烈的情感；还有一个世界是有"爱"这种情感，但"爱"作为情感，对亲近的人与对陌生的人是有差别的。现在我们需要在这两个世界中选择一个比较好的世界。我想大家可能还是会觉得有"爱"的情感的这个世界更值得生活。当然，这个"爱"并不是说我们只爱自己，只是说对自己亲近的人更加强烈一些。比如说在非洲或者印度，有很多人没饭吃，但是我在家里，我孩子不仅都有饭吃，而且每个星期还领他上钢琴课，每一个星期上一次钢琴课在美国是 50 美元，如果你将这 50 美元送到非洲去，可能有很多小孩就可以有饭吃，这样说来是不是我不该让我的孩子上钢琴课呢？我们觉得这个还是对的，只要在这样做的时候，我们还是可以捐一些钱。为什么不多捐一点，把让孩子上钢琴课的钱也一并捐去？因为对自己家里的人的情感可以强烈一点。但是我们看到，儒家并不只是讲事实上我们是这样做，而且是讲我们应该这样做。像诸如此类的这些方面，我觉得儒家可以针对西方文化中的一些价值观提出某种挑战。

王绍培：

王教授有什么补充？

王兴国： 我刚才的讲法与绍培先生的说法是不冲突的，刚才谈到的其实是两个概念：一个得从儒学的整个传播发展来看，儒学有一个所谓的"儒家共同体"，如果要从"共同体"的意义上看，像我刚才介绍的韩国儒学、日本儒学和中国儒学确实是一个共同圈的"共同体"，亨廷顿讲到这是一个儒教圈的文化，但这只是一方面。另一方面，其实从我理解的绍培先生讲的"如何进入当代新儒学"这一方面的情况来看，这个儒家共同体的问题其实是当代的中国儒学在海外的一个传承和发展的问题，是与我们讲的"儒教圈"的儒学或文化既有联系又有区别的一个方面。还有一个方面，就是儒学在西方的情况。儒学在西方的情况也是源远流长的，有它的历史、有它的现实。这里面有一个现象值得引起关注，我们今天谈儒学在西方，跟历史上的儒学在西方这个情况有点不一样，像我们今天一谈到从新文化、五四运动以来就一直讲的"民主"问题，以及"平等"和"自由"的问题，甚至"人权"的问题，就觉得了不起、不得了，其实这些问题在西方的来源我们并没有好好地去了解，好像我们中国人现在对这些观念的理解都是从西方传入进来的，这些观念都是西方近代以来的观念，可是我们回到西方人谈这些观念的源头上，就会发现，在这些观念的源头上，其中有一个重要的源头，就刚好是中国的儒学，这个事实以及它的儒学源头，到今天基本上已被遗忘了，既被中国人遗忘了，也被西方人遗忘了！但我觉得这是很重要的一个方面。我们知道，前面提到过，中国的儒学至少在18世纪对欧洲就曾经产生了非常重大的影响，在这个影响下，我们说当时以法国为中心的启蒙运动扩展与延续到了整个欧洲。当时以法国为中心的还有一个哲学运动，就是百科全书派的哲学运动。法国启蒙运动的精神领袖与百科全书派的精神领袖是联系在一起的，所以这个启蒙运动与所谓的百科全书派的哲学二者是互有联系又交织在一起的，像我们知道的，我们中国人非常熟悉的人物有伏尔泰、狄德罗、达朗贝尔、孟德斯鸠、霍尔巴赫等，这些人全部都受过儒学的影响，甚至可以说，他们受到了儒学的"洗礼"。还有，我们知道的非常有名的经济学家和思想家魁奈，甚至包括我们熟悉的经济学上的重要人物亚当·斯密，这些人全部都在不同程度上受到过儒学的重要影响。当时儒学经过传教士——耶稣会士的翻译和介绍大量传播到了欧洲，甚至也得到了法国王公贵族乃至法国国王的欣赏与接受。我讲一个最典型的例子，当时法国国王路易十五，他受儒学以及中国重农主义思想的影响，因为传教士在这些方面对法国介绍的非常多。特别要提到的是，大学者魁奈向他介绍得比较多的是当时的中国皇帝雍正对农业的重视，魁奈指出中国皇帝雍正不仅非常爱民、非常亲民，而且非常重视农业的发展，他自己像农夫一样亲自下田耕作。其实我们知道这只是做做样子，表示一个示范而已，但是法国人对这件事情看得很认真，对雍正皇帝的这一举动大加赞赏，视为足以效法的典范，所以逼得法国国王也不得不仿效中国的皇帝搞了一个重农的仪式，叫"田仪"，法国国王也亲自下田躬耕劳作这一仪式的隆重举行，是要表示国王和国家对农业的尊敬与重视，当时法国的王公大臣全部出席了这个仪式，大家看到国王亲自带头下田劳作，百官自然就纷纷效仿，也要表示自己对农业的崇敬、热爱和重视。我们知道，中国儒学本来就是从农业社会中诞生的，自然是与对农业的重视联系在一起的。没有人想到，儒学到了法国竟产生如此这般的热烈影响。由此可见，当时儒家的思想对整个法国从贵族阶级到平民阶级都产生了很大的影响，所以后来中国儒学的精神被启蒙运动吸收了，甚至也影响到了法国大革命，其中最重要的是儒学的理性精神。什么是儒学的理性精神？我举一个例子，法国启蒙运动与百科全书派的学者认为，我们判断事情的是非善恶的标准就是理性。那么，这个理性从哪里来？这个理性就来自于儒学的基本精神、儒学的价值观，这个就是理性的最高标准。这个标准所体现的儒学内涵和精神被他们吸收了。他们特别重视《大学》里面所讲的"修身、齐家、治国、平天下"的观点，他们还特别重视孟子讲的"人性善"，他们认为这个观点是人类平等的重要前提和理论基础，如果没有人性善的哲学理论做基础，就不可能讲人类的平等。这是非常重要的一个观点。还有一个观点，就是孟子讲的"民本"的观点，我们讲的"民本主义"，就是"民贵，君轻，社稷次之"，这个观念对法国也产生了非常重大和深远的影响，特别是对法国的思想家，对法国的启蒙运动和法国的大革命都产生了非常重大的影响，被视为"民主"和"人权"观念的来源。他们当时提倡的"民权"就是我们今天讲的"人权"。讲社会的"民主"，当然就一定要讲"民权"。如果没有"民权"，就不可能有"民主"。这个"民主"和"民权"就是从孟子那里来的。所以，西方人特别重视的、今天仍要发展的所谓的"人权"观念与"民主"观念，这其中的一个重要源头就是来自孟子思想的影响。当然，我们说这股启蒙思潮所受儒学的影响绝不限于《孟子》和《大学》的思想，还有儒家的很多道德观念，像孔子讲的"己所不欲，勿施于人"，以及"以直报怨，以德报德"的观念非常受他们的重视和赞赏。那个时候，他们把中国看成是一个高度富裕又高度文明的礼仪之邦，完全是把中国想象成一个人间独一无二的理想国，所以他们认为中国儒学的很多观念是非常先进的，他们认为中国的文明在哲学、在道德方面一点都不比西方差，甚至可以说是世界上最先进的思想文化。中国落后的是科学，科学当时没有西方发达。当时西方近代科学已经产生了，工业革命已经开始了，这方面他们也看到了中国的落后，但是就中国的道德伦理、中国的文官制度来说，他们都很赞赏，所以魁奈当时写过一本《中华帝国专制论》的书，他在书里面提出两种"专制"：他认为一种是开明的启蒙的专制，一种是君主的专制，这种开明的启蒙的专制跟我们今天讲的"君主立宪"的君主依法行政的观念比较相像，这种开明和启蒙的专制是君主在法律的框架之内进行他的统治以及他的其他一切活动，那不是说"我是国王""我是总统""我是皇帝"，"我"就可以为所欲为，"我"同样受到法律的限制，同样受到朝廷仪轨或者礼制的限制，并不是说，最高权力在握，就可以想干什么就干什么。魁奈认为这是一种比较开明的专制。还有一种是君主专制，这是绝对的权力绝对地集于一身的专制，天下的一切活动都得按最高的绝对的权力掌控者的意志来进行，这样一种不受法律与任何礼制和仪轨的约束或限制，同时也不受宗教力量与任何外在的社会力量监督与制约的君主极权统治，在魁奈看来，无疑就是君主专制。基于这一区分，魁奈有一个判断，但是这个判断未必正确，他把中国的君主专制理解为一种理想的君主专制，就是一种开明的或启蒙的君主专制，他认为法国在这方面应该向中国学习，世界都应该向中国学习。魁奈的这一思想在法国思想界内部引起了很大的争议，有很多人赞同他的看法，但是也有很多人不赞同他的看法。不管怎么说，这个思想对法国有很大的影响。还有一点，我们需要注意，在经济学上，魁奈有一部非常重要的著作名为《经济表》，这本书里面提出社会财富的积累与分配的经济学，包含了劳动价值论的思想，这些经济学以及劳动价值论的观点，按他的学生的看法，完全就是对孔子学说的一种继承和发挥，它们全是在孔子思想基础上提出的。在魁奈的学说中，不仅把人的劳动看成是价值的源泉，而且同时把它看作是价值的最终决定者。事实上，这一观念的提出其实是跟儒学有密切关系的。从这些情况看，当时法国非常欣赏中国的儒学，受中国儒学的影响巨大，这是占了绝对的主导地位的潮流，难免也有一些批判和抵制，甚至激烈的否定与反对，这是有的，但这不是主流，主流是欢迎、讴歌、欣赏、吸收和效法，这构成了当时儒学在法国的主流。

后来，这一主流思潮的儒学也影响到了德国。在儒学对德国的影响过程中，有两个人对儒学非常诚心地推崇和赞扬，这两个人物我们中国人也不陌生，一个是大数学家和哲学家莱布尼茨（Gottfried Wilhelm Leibniz，1646—1716），一个是大哲学家和博物学家沃尔弗（Freiherr von Christian Wolff，1679—1754）。莱布尼茨是非常赞赏儒学的，大家知道他对中国的《易经》，尤其是对"64卦方圆图"是非常熟悉的，他通过传教士传递给他的一些材料做了深入的研究，他从里面发现了我们今天所讲的二进制，当然还有他的《单子论》，其中跟儒学也有密切的关系，很多看法与儒学学说有相像之处。另外一个极力推崇儒学的人物就是莱布尼茨的学生沃尔弗，他也是在当时德国哲学界影响非常大的一位重要人物，沃尔弗在18世纪影响非常大，有一句话说"18世纪的前期是沃尔弗的时代"，沃尔弗哲学在18世纪曾经一度非常流行，因为国王下了一道命令，全国各个大学都必须讲授沃尔弗的哲学。沃尔弗曾经达到了18世纪哲学辉煌的顶点并占领了一个属于他的时代，所以他的影响非常之大。沃尔弗对于来自中国的儒学不遗余力地高度赞扬和极力地鼓吹，他把儒学看得非常美、非常高尚，他也是充分地肯定儒学的理性精神，认为这种精神应该为德国哲学所吸收。沃尔弗对于以孔子为代表的儒家哲学的实践精神非常肯定，非常赞赏与向往。总之，沃尔弗对儒学的态度，基本上可以说是步伏尔泰的后尘。因为伏尔泰被称为

"全盘华化论者"，就是认为一切都是中国的好，要向中国学习，要全部照搬中国的，把中国的一切全盘移植于法国，这跟我们今天讲的"全盘西化论者"的意思虽然相反，但是完全相像的。沃尔弗也像伏尔泰一样是全心赞赏儒学的，所以在他的哲学里面，吸收了很多儒学的精神和内容，尤其是对孔子的实践哲学推崇备至。我只讲一个事例，大家马上就清楚了。沃尔弗是哈尔大学（University of Halle，今译哈雷大学或哈勒大学）的教授，他在这所大学教数学、物理学和哲学，当时他宣传孔子的学说，他发表过一个非常重要的讲演就是有关孔子的哲学，他就是因为这场讲演被国王下令驱逐出境，如果在 48 小时之内不离境就判处绞刑。他为什么会造成这样一个结局？因为他当时宣扬儒学，因为儒学在德国被看成是理性主义时代的一个非常重要的精神来源，这个精神导致它跟德国既有的宗教（天主教）发生了冲突，他们认为儒学是天主教的对立面，是无神论者，所以他这个讲演直接得罪了当时他们大学的副校长，结果副校长告状告到了国王那里，国王就下令逼他出境，结果他离境后被毛岛大学（Philipps-Universitat Marburg，今译马尔堡大学）聘为教授。过了不到几年，国王换了费德列五世上台，觉得以前对他的处理非常错误，对他进行了平反，又重新把他请回来了，并下令全国要讲他的哲学。所以我们知道儒学在欧洲曾经红极一时，对欧洲的整个社会产生过深刻的影响，我们今天讲的"民主""人权""自由""平等"这些观点在当时西方观念的一个重要的源头就是来自儒学，当然还有一个重要的源头就是希腊，这些精神共同构成了所谓的我们今天所讲的成为人类所崇尚的一种精神。在这种精神里面，我们说，有儒学的思想渗透在里面，所以这一点我们一定要认识到。

第二个方面，我想简单回到刚才两位先生谈到的话题上，这个就是我们今天要讲的另外一个议题，那就是中国哲学在海外的传承和发扬。从这个意义上讲，这些传承的人物：第一，他们是中国人并以中国人（华夏子孙）自居；第二，他们是以中国儒学的传道者自居的，尤其是他们把自己看作是中国儒学的传道者，或者用牟宗三的话来讲，是儒学慧命的传人，这个大概就是我们所讲的"儒学的第三期发展"，这个观念是牟宗三在 1947 年提出的非常重要的一个观点。再回到我们中国本土的儒学看，我们知道儒学在整个中国的发展，大概经历过的公认的有

3 次高潮，第一次是先秦到两汉，也叫作第一期儒学；第二期是宋明儒学，有人称之为新儒学；第三期是从 20 世纪到现在，我们说的儒学有一个高峰或叫作第三个高峰，又叫"第三期儒学的开展"，这个就是我们讲的"当代新儒学"，也叫作"现代新儒学"。现代新儒学，我们都知道，它的起源是跟近代的儒学和近代的新文化运动联系在一起的。我们知道近代儒学的复兴可以追溯到戊戌变法，我们今天理解戊戌变法的时代，这个时代跟儒学是有关系的。我们知道戊戌变法的领导者和重要参与者康有为、谭嗣同、梁启超，这些人物是在那个时候的儒学倡导者，他们一方面批判儒学，另一方面又以"托古改制"的方式提出一个新的孔教，他们这个时候已经看到中国明显远远落后于西方，他们试图把西方的很多观念，像我刚才谈到的"民主""人权""自由""平等"的观念这些内容重新从西方输入，想把它注进到新孔教的框架里面，所以想通过复兴新的孔教，并且把这种复兴跟当时的社会变革、跟戊戌变法联系在一起，紧密结合在一起，通过复兴儒学来完成一场重要的社会政治变革。但是，我们知道，这场变革失败了。这场变革失败的一个结果，就是导致对儒学的否定。所以，后来的新文化运动起来，就要彻底捣毁儒学。为什么要批判儒学？他们批判儒学的一个重要的关键理由就在于，他们认为儒学至少 1000 多年以来，就是从秦始皇以来一直是一个专制的儒学，那么儒学是跟专制政治结合在一起的。所以，为什么新文化运动要批判儒学，要反儒学，这是一个很重要的原因。历史发展到了戊戌变法，它的领导者又倡导儒学，且运动又失败了，所以经过辛亥革命打倒了帝制，到了新文化运动，矛头就纷纷指向了儒学。在批判儒学的过程中，激起了相当有力的反弹，有一些人物起来为儒学辩护，说儒学不能完全反对，儒学有很多个层面，儒学当然有跟专制结合的一面，也有为政治服务的一面，但它还有思想性、学术性、民主性、宗教性，而且也有限制君权的一面，也有对政治产生积极作用的一面，所以不能说儒学一无是处，儒学里面还有值得肯定的东西，是我们的自家宝藏，不能这样就轻易地抛却了。在这种情况下，就兴起了一股与批儒反儒的思潮相对抗的力量，这股力量酝酿成了一场儒学运动，这场运动内部对待儒学的态度也是有所不同的，其中我们说最有积极意义的，就是我们刚才谈到的现代新儒学运动，或者叫作当代新儒学运动。我们一般把梁漱溟先生看作是这一运动的先驱人物，在梁漱溟之后出现的一个最重要的关键性人物，是熊十力先生，因为熊十力先生在理论上建立了一套新的儒学，但这套新的儒学是以新佛学的面貌出现的。他在北京大学写了一本名为《新唯识论》的著作，宣告了新儒学的诞生。后来跟他同时代的人，像张君劢、马一浮、冯友兰这些人物都是这个运动的参与者和主要代表人物。后来，我们知道的，冯友兰在熊十力之后提出了一个新理学的体系，他试图把西方哲学的精神与儒学的精神相融合。实际上，我们讲，从梁漱溟、熊十力到冯友兰，他们其实是走出了一条中西融合的哲学道路，想把中国的以儒学为代表的哲学与西方哲学的精义进行结合，创造出一种能够代表现代中国哲学的新哲学，这个哲学探索的方向延续到了熊十力以后。在熊十力之后，刚才黄勇教授谈到了，他的三大弟子：唐君毅、牟宗三、徐复观三人，由于1949年中国共产党在大陆成了新中国的主人，这些人物就流亡到了港台，这个时候他们认为中国儒学到了一个不是存续就是灭亡的紧要关头。他们这些人物一方面要继承老师的路向，另一方面又要继承从孔孟到宋明的儒学精神，他们认为儒学就是中国人的魂——精神之魂，这个魂不能丢，丢了我们就不再是中国人了，我们也没有中国了，他们是这样来看的，所以他们有一种担当的精神，他们想在海外重新复兴儒学。另外，从近代以来，西学重新进入中国，几乎各种思潮都出现了，到了1949年以后，我们知道，刚才王绍培先生也说了，这个时候是马列主义成了中国的指导思想，这个时候儒学在中国大陆成为一个负面的甚至反面的对象，一个被批判的对象，在这种情况下，不可能在中国大陆来提倡儒学和发展儒学，那么提倡儒学和发展儒学的机会就流亡到了海外。当代新儒学在海外就发展起来了，就是以港台为基地发展起来的。我们知道，刚才黄勇教授谈了钱穆、唐君毅、张丕介，他们在香港创办了新亚书院，成为当代新儒学的一个重要的大本营，再加上台湾的一些学者，后来又联合了日本、美国、加拿大、澳洲等国家或地区的一些有共同志向的学者，把整个新儒学的思潮发展成为一场国际思潮。刚才黄勇教授谈到其中有一个标志性事件，就是1958年，他们四个人（唐君毅、牟宗三、张君劢、徐复观）联名发表了一个《为中国文化敬告世界人士宣言》（或称《中国文化与世界宣言》），我们也称之为《58宣言》，他们在这个《宣言》里面提出一个重要的观点，就是说，中国的哲学、中国的文化要回应西方的哲学或文化挑战，要扭转西方人对中国文化的错误态度与看法，要对中西方文化之间的关系表明自己的态度与观点。具体地说，这里面有两部分重要的内容，第一，西方人看中国文化，把中国文化看成是古董、看成是文物、看成是已经死掉的文化，他们认为这是不对的。他们认为中国文化，以儒学为代表的中国文化，直到现在还是一个活的文化，我们这些人身上都流着儒学的血脉，怎么可以说是死的东西呢？是你没有好好了解嘛！所以他们希望西方人能够从活的观点来看待儒学、来重新研究儒学，这是很重要的观点。第二，他们提倡中西方文化应该平等互视，互相学习对方的优长，共同推展世界的文化，这是他们提出的另外一个非常重要的观点。但是，在这个《宣言》里面，以及在他们这些人的思想和论著里面，我们也可以看到，这一个时期的新儒家学者，在他们身上还是有一种中国文化的优越感，特别是儒学的优越感，他们比较东西方的哲学和文化还是有一个基本的态度，他们认为儒学在智慧上还是要高于西方哲学，当然这个是带有对西方强势文化冲击的一种抗击和回应心理，像我们谈到的其中的四个非常重要的人物唐君毅、牟宗三、张君劢、徐复观，他们在哲学思想上都有自己的创见，并且都有对西方哲学或文化的一种回应。另一方面，他们也强调了中国要向西方学习，就中国当务之急来讲，他们特别强调怎么样从西方学习来改造中国，就是我们要引入西方的"民主"的观念、"法制"的观念，"人权""自由""平等"的观念，要引入西方先进的科学和技术，从这个意义上讲，他们又真正继承了新文化运动和五四运动的精神，他们又是真正的新文化运动和五四运动精神的继承者。另外，他们对五四运动和新文化运动也有不少的批判与超越，这两个方面结合起来，就构成了新儒家非常重要的特色和内容。这个运动在他们四人之后，一直在向前发展和推展。到了当代新儒家的第三代，刚才黄勇教授谈到的像杜维明、刘述先，包括像有争议的余英时、成中英，像这些人，他们所采取的对待西方哲学或文化的态度、方式和策略跟老一辈有什么不同呢？他们认为我们今天主要是处在一个跟西方文明对话的时代，我们不能抱着我们中国文化一定就非常优越、一定就比西方文化高明的这样一种心态来与西方对话，这样的对话是起不到很好的效果的，西方人会很反感，所以现在不谈中国文化的优越与高明，不要通过这种方式来与西方哲学或文化对话。我们就讲儒学的基本精神有哪些、特征有哪些、智慧有哪些，让西方人能认识与理解这些内容就好了，我们只要保持中国文化在世界文化中的一席地位也就够了，根本用不着去计较中西哲学或文化的优劣长短。刚才黄勇教授谈得非常好，他谈到了"通感"这个概念能体现中国哲学的"万物一体"这样的精神，在西方哲学或西方文化里面没有这个东西。还有"孝"这个观念，这个观念在当代也是争议很大的，但是我发现这个观念在十七八世纪的时候，西方人反而比较赞成。当代新儒学这一思想运动通过港台一直延伸到美国，延伸到澳洲、加拿大，基本上形成一股世界性的力量。特别是在美国，刚才黄勇教授谈到的，兴起了所谓的波士顿儒学。关于波士顿儒学，我再补充一点，因为黄勇教授刚才谈到的是它们的分歧，我现在讲一点它们的共同点。波士顿儒学的精神渊源和精神支柱，比较公认的有三位领袖，这三位领袖就是我们刚才提到的熊十力、牟宗三、杜维明，波士顿儒学学派的学者把这三个人看作是他们共同的精神渊源，所以这个学派还在发展中。其中非常重要的一点，就是他们的儒学观跟我们今天大陆体现出的形形色色的儒学观不完全相同：首先是他们不会把儒学和西学对立起来；其次是他们不会把儒学和所谓的民主、法制对立起来，也不会认为儒学一定是所谓的"封建社会"的"封建主义"糟粕。当然，他们不是这样来看儒学的，也不可能这样来看儒学。他们把儒学理解为鲜活的发展的，儒学现在已经变成了世界的儒学，而已经不再仅仅是中国的儒学。儒学的精神一方面是在继承和延续，另一方面是在扩充、发展和创新，所以它是一个生生不息的精神。

王绍培：

其实儒学既应答全球化的一些挑战，也提出了自己的挑战，这其中包括两个方面，一个方面是从学术层面展开的，还有一个层面是从实践的层面讲到的。比如新加坡，李光耀就非常强调东亚价值。我想请黄勇教授从这个方面讲讲儒家的文化和儒学伦理与现代化之间的关系。

黄勇：刚才你提到的东亚价值，这个概念当然现在也是有争议的。但是我想有一点没有问题，儒家在现代化过程中，应该也有它一个重要方面，讲到新加坡的经济发展，儒学这个成分是不是起到了一些作用。因为你也可以说，当然新加坡是非常强调儒家的，但是它的经济发展可能与儒家没有太大的关系。但是儒家有些方面在东亚现代化的过程中是起到了重要作用的。这里我要讲的不完全是我自己的看法，而是杜维明也特别强调的方面。其中有一点与孔子的一个有名的说法有关。我觉得孔子讲的话原来的意思也并不完全是这个意思，但是可能在应用过程中大家可以这样说，可能我们现在也是这样说的。我这里指的是"己欲立而立人，己欲达而达人"，在我看来，孔子讲这个话的意思是非常深刻的，但是现在很多人用这句话来说明一个比较表面的意思。也许孔子也包含了这个表面的意思。比如说，在现代化过程中、经济发展过程中，大家做生意，在西方社会中，大家就是讲竞争，竞争是促进社会发展的一个主要方面。杜维明先生强调在新加坡、在日本的经济发展中，儒家的这句"己欲立而立人，己欲达而达人"实际上起了很大的作用，就是说一个做生意的人当然自己要赚钱，但是我也要帮助人家赚钱，而且只有帮助人家赚钱了之后，我才能够赚钱，如果人家没有钱，我当然也没有钱好赚。所以我自己要发展的话，也要帮助别人发展，人家发展了，也反过来促进我自己发展。这个儒家的思想跟现代化过程中并没有抵触。还有一个方面，也是杜维明先生非常强调的，就是儒家非常强调诚信，意思是说你讲的话要算数，不要欺骗人家。这点实际在做生意过程中，也是非常重要的。因为你可能从短视的角度骗人，可以一下子骗很多钱，但是这个人就没有诚信了，以后可能别人都不会找你做生意了，儒家的目的当然并不是说以诚信作为一种手段去赚钱，但儒家对诚信的强调实际跟现代社会的经济发展是一致的，是会起作用的。并不是说我做一个有道德的人，我就不能做生意。做一个有道德的人还是可以做生意的，这两者是一致的。

王绍培：
剩下的时间进入到问答的环节。

听众：我想问一下王兴国老师，今天您对儒学在海外发展的历史讲得比较详细，我感觉挺有收获的。我想请教一个问题，首先是关于梁启超对于儒学的观点，梁启超是一个改良主义的人物，他后来到欧洲去调查研究，他游历了一遍欧洲、游历了一遍美洲，最后他得出一个观点：在政治文化方面，我们中国是优于西方的，西方在科学技术的方面可能是比较强的，不知道您对梁启超的这个认识有什么看法？第二，汤因比曾经跟池田大作有一个对话访谈录，关于人类未来的发展道路，他好像是比较赞成中国的发展模式，不知道您对这个有什么看法？第三，斯宾格勒曾经写过一本书叫《西方的没落》，他对西方的整套政治文化充满了危机感，那么我们中国儒学对于西方的文化价值是否能有所补救？请老师联系这三个方面谈一下您的看法。

王兴国：我要说的是，斯宾格勒处在 19 世纪，他看到的西方社会是 19 世纪的西方社会，不是今天的整个世界，而汤因比与池田大作对谈的那个时代在 20 世纪中期，那个时代一个非常重要的时期就是冷战时期，汤因比研究世界历史的各大文明，且把各大文明进行比较，他崇尚中国的文明，他比较肯定中国的文明，但他主要不是肯定中国文明的过去，他对中国未来的文明抱有信心，就是说，他对中国文化的发展有一种推测，甚至可以说臆想，他认为按照中国社会的文明形态及其特征，它有可能会走上一条跟西方不同的文明道路。对于这种观点，你可以把它与梁漱溟讲的西方、中国和印度"文化三路向"的观点对照起来看比较有意思，他像梁漱溟一样是很有慧眼的，他能够看到中国这个国家根据它的文明的类型就可以判断它会走上一条不同于其他世界文明的道路，我觉得就这点看，他的观点对人是非常有启发的。

至于说到梁启超的观点，你要了解一点，梁启超这个人跟后来的胡适、陈独秀他们对传统儒学的看法和中国传统文化的看法有一个很大的差异，梁启超在早期对中国文化特别是对儒学有过非常尖刻的批判，但他总的基本倾向是肯定儒学，并且要复兴儒学，这是他的一个基本态度，这个态度他一生都没有改变，所以他到了西方考察以后，又重新回来肯定中国的文化，这个肯定主要是对中国文化的一个基本价值取向的肯定，他认为虽然在科学与技术方面，中国不如西方，但是中国文化还是要比西方的好，这就是一般常识所理解的西方虽然物质文化发达，但是中国精神文明发达。在这一方面，梁启超当然有他的见解，但是这个见解，我觉得还是要具体地分析，你不能说这一方面，中国人就一定比西方人的好，就比西方人的高，我认为东西文化就价值上讲，各有各的优长，这个需要具体分析才可以确定。

听众：黄老师您好，我想请问您现当代海外儒学跟海外汉学的关系。

黄勇：应该说是有交叉的，但很显然是不一样的，汉学也会做儒学，但是我觉得有两个不一样的地方，一个就是研究的范围不一样，汉学还会研究儒学以外的文化。最主要的方面，在汉学，主要是一种学术研究。儒学，当然你也可以完全作为学术研究，但是我们刚才讲的这些儒学，基本上都是将儒学作为一种宗教、一种信仰、一种价值。比如我们刚才讲到的海外的一些学者杜维明、刘述先、成中英，甚至余英时等，他们对儒家的一些基本价值是坚持的，这个跟海外的一些汉学家不一样。

听众：我是诗经推广者子张，我差不多听了有一半的深圳学人的夜话，一共 10 期，个人的看法，大部分老师非儒家在谈儒家，因为他们的立场不是儒家。南书房夜话有两句话叫"全球视野，民族立场"，我说的整体不是针对在座的三位，是"全球视野有余，民族立场不够"。今天下午我去做诗经推广，我是特意穿了汉装。我想儒家的核心就是五经，如果不涉及五经，那是没有触摸到儒家的精髓。而且我想儒家形式上，我们汉人应该穿汉装，现在我们每个男人家里都有两套西装甚至更多的西装、西服，而汉装一套都没有，这是很大的问题，所以我对儒家的观点，我希望今后的 10 讲，如果有的话，一定要回到儒家的精髓，要回到孔子时代，孔子说"兴于诗、立于礼、成于乐"这三样东西，"诗、礼、乐"文明才是儒家的精粹，所以我想如果有机会，今后 10 讲让民间儒者，像子张这样的民间儒生也发发言，我们可以不妨来一个学院派的儒家和民间的儒家坐在这里由主持人来做一个对话可能更精彩、更能碰撞、更有味道。我的问题是,你们三位学者觉得,你们是儒家学者吗?你们是真儒家吗?请三位都回答。谢谢。

黄勇: 这需要人家来评价,不能自己评价。

王兴国: 我可以肯定我是一个儒家学者,或者是儒学学者,这是没有问题的,但是我是不是真正的儒家,刚才黄教授已经回答了,这个自己说了不算,所以这个我不能讲。

王绍培:

　　子张说的问题,首先要肯定,你提出的确实是一个问题。我们10期的南书房夜话来过的嘉宾,比如景海峰,深圳文学院的院长,他肯定是一个儒者,你看他的风度、看他的接人待物,他不会说用"儒家是我的信仰"这么重的话来表述,但你看他的接人待物就是一个儒家的风范,他对儒家的文化是肯定的。王立新教授显然也是,对孔子的论语研究那么深透。像秋风,秋风现在是新儒家文化的领军人物、代表人物,你说他不是儒者吗?他当然是儒者。黄勇教授,过去我们对他不是很了解,我们讲座开始的时候,我跟黄教授在交流,我说你有宗教信仰吗?你信仰基督教吗?因为他是神学博士,他说他不是,是不是说研究基督教就必须是一个基督教徒呢?我们讲儒家文化是不是必须是一个儒者呢?可以是,也可以不是,是有是的讲法,不是有不是的讲法,哪一种比较好,要从研究角度讲,不是的人往往更有一种客观的立场和态度,比如说儒教是不是宗教?儒家在全世界文明中应扮演什么角色?在我们国家现代化的过程中它能够起一个什么角色,并不是说我非要是一个儒者我才可以讲,我就是批判儒家的人也可以研究它,我也可以讲,而且可能讲得更好,所以像你那样的说法是有问题的。你既然讲一个儒家文化,你自己就必须是儒者,好像你是一个汉人,你就必须要穿汉服,穿西装你就不是了,穿西装你就不应该来讲传统文化了,这是比较狭隘的理解,就把一个事情弄得很僵化。当然有的时候像你这样比较热爱也有好处，把所有的业余时间都拿出来推广《诗经》，你把《诗经》当作宗教，"《诗经》是中国的圣经"，而且跟所有人讲话都说你必须要用《诗经》来跟我聊，除了诗经就没有什么好说的了，当然广义一点就是四书五经都拿出来说，但是，无论"四书五经"多么博大、多么广阔，新的文化和新的知识的增量更多。如果老是用一个传统的东西来讲的话，你就是一个古人，就不是一个活生生的现代的活人，这是我对你的回答。

黄勇： 在 20 世纪后半叶，美国一些公立大学开始办宗教研究系。原来都是在私立大学有神学系，现在在公立大学有宗教研究系了。但美国是政教分明的，公立大学怎么能研究宗教呢？所以他们要证明公立学校对宗教的研究与私立学校对神学的研究是不一样的。神学院研究的基督教是带着信仰学的，我们在公立大学研究基督教是从一种科学的角度研究的。后来发生了一场争论，持续了很长的时间，就是原来私立大学研究神学的教授和公立大学宗教系研究基督教的人发生了争论，就是说谁能够真正研究基督教？原来神学院的那些人，说你自己都不是基督教徒，你怎么可以研究基督徒，是不可以的，只有自己有信仰才能理解这个信仰。宗教研究的教授则说，你自己有的信仰，你怎么可以客观地研究，你肯定看不到自己的缺陷，所以我们是一个客观的研究。所以这个都有争论，实际上两个各有利处。从研究方式来看，有一个非儒家的人去研究儒家有他的好处，一个真正儒家信仰者也有他的好处，所以不能一定说是某种人可以研究、某种人不可以研究。

听众： 我想问诸位，儒家文明有哪些比较缺陷的地方？为何在这种文明主导下，在我们这个国土上发生了非常不好的事情？这种文明我们应该警惕什么？未来应该怎么样去改善或前途到底有多大？

王兴国： 这个问题非常复杂，在我看来，你提的这个问题，就目前中国的情况来说，我认为是一种文化震荡中的现象，与现在的股市很相像，它就是处在一个震荡期，各种思潮都有。为什么呢？我们这 100 多年以来经历了太多的灾难。我刚才讲到的一个社会大背景，我们一直受强势西方文化的压制，受到西方文化的冲击，中国文化在这个背景下的光辉时代似乎已经没有了，其实不然；我认为中国文化现在正在酝酿一个新的光辉时代，所以出现的这些混乱我认为是非常正常的。这100多年以来，从新文化、五四运动到"文革"，把人的思想全都搅乱了，而最近这几十年以来，人欲横流，现在许多人的心没有灵明的主宰，他不知道自己怎么为自己做主，且也做不了主，所以这个主宰的灵明需要重新寻求回来的话，我认为还需要一段时间，也许要的时间会很长。在这样的情况下，我相信各种思潮会随波而起，人云亦云，各种情况都会出现。牟宗三说过一句话，我觉得很有意味，他说：现在就是一个战国时代。我们现在的人心与战国时代是非常相似的，譬如说一心追逐金钱与色欲、追逐权力和利益的满足，有利益的事情什么都可以干，什么礼义廉耻全部都可以不要，掌握一点权力就什么都敢干，想怎么干就怎么干，只恨不能把全天下的好处都捞到自己手中。所以，在这种情况下出现混乱是非常正常的。要经过混乱后，中国才能寻求一种道德感、文明感、秩序感、稳定感，重新努力走上孔子所指出的富而有教的轨道。在目前的状况下，我认为还会混乱一段时间，但就总的结论讲，我认为中国也罢，中国文化或中国文明也罢，在未来应该是大有前途的，所以它一定会有复兴的未来。

王绍培：

斯塔夫里阿诺斯的《全球通史》这本书里面有一个观点，它将文明分为三种形态，一种是古代文明，一种是古典文明，一种是近现代文明，每一种高一级的文明是一定会淘汰低一级的文明。西方文明出来之后，它作为近现代文明，比古代文明和古典文明高级，所以它理所当然将其他的文明淘汰掉了，这个过程有的时候是比较温和的过程，但很多时候是一个很残酷的过程，比如说需要包括战争来实现，比如包括要很多人付出生命代价，我觉得儒家文化和中国传统文化作为古典文明的一个集大成，总体上它是会被西方文明淘汰掉，是会被它消灭掉，这个过程其实到现在基本是这样的。所以我们现在中国人，我们说现在的主体文化是什么文化，当然是现代的西方文明，比如科学，科学是我们的日常意识，是我们的普遍意识，那么科学这种价值是从哪里来的呢？当然是从西方来的，这种取代是一个既成事实，正是在这个既成事实的意义上，我们才重新回过去看已经被淘汰的文化里面有没有有价值的部分，有没有可以拿出来在今天作为一种补救的文化资源或养分，这是基本的立场，是一个很重要的视野。从这个角度看，儒家文化有一个独特的价值，我刚刚在特区报上发表了一篇文章，我说有三个方面的价值，一个是作为一种身份认同，我说我们是中国人，我们的文化身份是什么，我们的文化身份，比如按亨廷顿的说法就是儒家文明，就是儒教文明圈里面的一个成员，这是我们的文化身份，而这个文化身份是全世界共同的，都这么看你，那么总体来说，你就是儒家文化圈里面的人，这是我们的文化标识和身份标识。第二，我们的文化乡愁需要用传统文化来告慰。在社会发展很快的时候，我们去拥抱很多现代文明的时候，我们把我们的很多出发点和我们的根忘掉了，我们一些似曾相识的东西，我们小时候受到的很多教育，在潜移默化中受到的是儒家的一些教育，这种东西对我们来讲是很有亲切感的，是我们的家园，我们有一种乡愁在里面，我们有时候可以回望它，这是情感上的一种需要。还有就是作为我们生命的终极关怀和终极意义的问答，尽管我们现在很多人受到西方文明的熏陶，但我们还有很多生命的困惑，好像不是这种文明可以回答的，而往往是很多古老文明解释得更加清楚。从这个角度来说，我们看看儒家是如何解释我们的生命的意义和价值的，包括儒释道传统文化都有很多回答。从这个角度说，他们都还是有价值的，所以综合起来就是两点，我们现在要把儒家文化、儒家文明作为我们的主流文明是不可能的，但是作为一个很有意义的部分，把它接纳到我们的现代文明，尤其是中国人的现代文明的构成中，它还是有很大的价值的，还是有很多的地方可以利用的。

黄勇：刚才两位讲得很好，刚才这位先生提出的问题，是针对我们这些对儒学价值基本上持肯定态度的人的。在中国社会中，特别是近代以来，碰到了这么多的问题，而儒家也是在中国文明中占主导地位，是不是应该要担负起责任？这个我觉得特别是对儒学进行客观研究的人是否更能提出好的回答？我在想，假如在中国文明中，儒家总体来说是占主导地位的，但近代以来也已经不是了。而即使是在占主导地位的时候，是不是里面发生了一些问题，都应该由儒家来担负？因为有些问题，人类社会、任何社会中都会碰到的，而且为什么儒家会出现，可能正是想要解决这些问题。这并不是说儒家或任何思潮传统好像是灵丹妙药一样一进来就可以解决问题，当然这也不排除儒家本身可能也有一些问题，是不是儒家对中国社会中出现这些问题有它的责任？假如是对儒家真正喜爱的话，也不能拒绝客观地去研究，看到底有什么问题，然后在这个过程中，我们才可以对儒家有所发展。

王绍培：

今天是南书房夜话儒家系列的最后一期，10 期就这样结束了。将来我们要进行另一个系列，应该会是"四书五经"。感谢所有的听众，有些听众几乎是每期都来的。非常感谢大家！今天的夜话到此结束！